臨朐馮氏年譜

萬繩楶 題

本书为山东省教育厅项目"临朐冯氏与山左文坛"
（项目编号：J10WD86）结项成果

临朐冯氏年谱

张秉国 著

人民文学出版社

图书在版编目（CIP）数据

临朐冯氏年谱/张秉国著．—北京：人民文学出版社，2015
ISBN 978-7-02-011151-0

Ⅰ.①临… Ⅱ.①张… Ⅲ.①家族—文化研究—临朐县—明清时代 Ⅳ.①K820.9

中国版本图书馆 CIP 数据核字（2015）第 263070 号

责任编辑　葛云波
装帧设计　崔欣晔
责任印制　王景林

出版发行　人民文学出版社
社　　址　北京市朝内大街 166 号
邮政编码　100705
网　　址　http://www.rw-cn.com

印　　刷　三河市鑫金马印装有限公司
经　　销　全国新华书店等

字　　数　250 千字
开　　本　880 毫米×1230 毫米　1/32
印　　张　9.25　插页 2
印　　数　1—2000
版　　次　2016 年 10 月北京第 1 版
印　　次　2016 年 10 月第 1 次印刷

书　　号　978-7-02-011151-0
定　　价　32.00 元

如有印装质量问题，请与本社图书销售中心调换。电话：010-65233595

目 录

凡例 ·· 1

临朐冯氏世系 ·· 1
传略 ·· 1
临朐冯氏年谱 ·· 1

附录
  冯氏世家著述考略 ·· 228
  参考文献 ·· 262

后记 ·· 271

凡 例

一、本谱首列冯氏世系,夭折者不列,自第四代起因纸幅有限,只择要列入,如冯子复有子五:瓒、瓛、瑶、珑、玧,表内只列瓒。次列《传略》,著录冯氏家族中重要人物之生平。正文为编年部分,始自冯裕,止于冯协一,共二百余年;后附冯氏世家著述考证。

二、本谱纪年,月、日则皆用阴历。

三、本谱是临朐冯氏之综谱,故以冯氏家族中重要人物之事迹为纲,多记其行履仕宦,兼及其文学活动。

四、本谱引用之资料,皆标明书名、卷数,所用版本则见于参考文献,文内不注。另外,本谱征引《明实录》、《国榷》、《明史》、《清实录》、《清史列传》、《东华录》、《清史稿》等国史文献多系影印本,为注释方便,亦只注卷数,不标页码。家乘《冯氏世录》有青州冯氏藏本、临朐冶源车家沟藏本、临朐七贤梨花埠本,分别省称为青州本《世录》、车本《世录》、梨本《世录》。

临朐冯氏世系

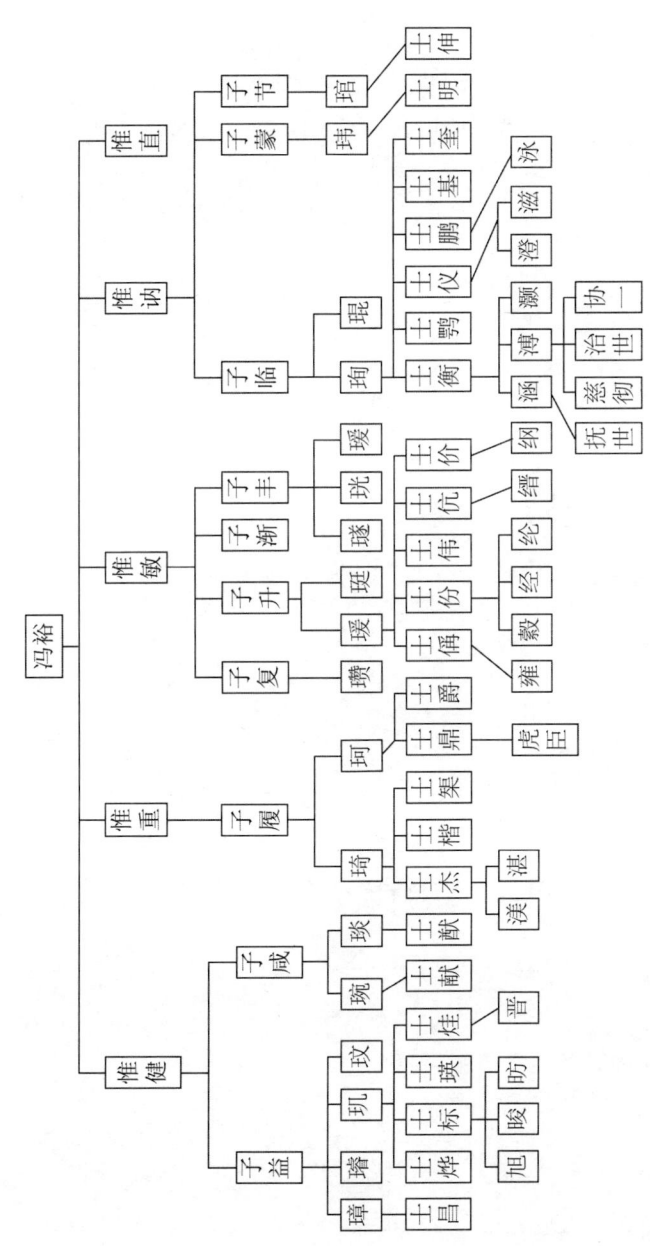

传　略

　　临朐冯氏为明清时期山左之显赫世家。王士禛称:"予乡文献旧家,以临朐冯氏为首。"(《居易录》卷十)冯氏发祥始自冯裕,至康熙朝之冯协一,七世才人辈出,是海内闻名的"北海世家"。兹将家族内文行可称者,据史志记载胪列于下。

　　明洪武间,诏山东民三户出一丁戍辽,临朐有冯思忠者应征,遂寄籍于广宁左卫。子福通,袭广宁军籍。正统己巳之变(1449),瓦剌入寇,广宁首当其冲,福通及四子兴皆遇难,而长子春、三子旺幸免。次年,春子振生。振(1450—1490),字文举,性好施予,有德于乡里,以子裕贵,赠奉直大夫、南京户部员外郎,以孙惟讷贵,加赠奉直大夫、陕西右布政司右参政。由振上溯至思忠,世充广宁军籍,是为冯氏世家之祖先。

　　振子裕(1479—1545),字伯顺,号闾山,成化己亥七月十五日生于广宁。天性颖异,好攻读。年十二失父,寻又失母,依于叔祖母池氏,家贫而攻读不辍。年十七,充广宁卫学生,时诸生务于文辞,裕独不屑,往义州师贺钦,从事于身心之学,动静语默,虽细必谨。冯氏理学之发端,肇于此焉。叔祖母池氏卒,为持丧;赴举日,友人赆之金,捐其半以赡童蒙师。其笃行仁义类如此。弘治十七年举乡荐,正德三年成进士。四年,仕华亭令。理政廉平,不事严察,清慎正直,名动一时。县大水,民赋故重,田复淹没,民苦催科不自保,裕简上田代输逋租,民困以苏,而长吏诬以欺岁加赋,年余,事始得白。时华亭张文冕为刘瑾腹心,横行乡里,授意欲裕祖纵,裕至,以法裁之,无所徇庇。文冕诉于瑾,瑾使人伺裕阙失,将逮系之,裕略不为

1

动。(《光绪临朐县志》卷十四本传)已而瑾诛,裕改知萧县。

裕治华亭有惠政,其去也,民为歌曰:"大水横发高树低,人死为鱼公凄悲,谁使公去伤哉离!"(《崇祯松江府志》卷三二《国朝名宦绩》)后入名宦祠。沈恺《间山冯公名宦祠记》叹美曰:"公性坦率无他肠,不为矫貌以悦人。以进士来令吾华,诚心率物,视百姓如视亲子弟,遇事辄吐肺肝,无面背。诸所规画,一视民所便所不便,不务更张。俭出薄入,持己尤峻洁,俸外一毫不染。居常语利与禄,恂恂若口讷不能词,至及古人风节,率又慷慨激烈,若驭风驱霆,亟欲与俱……在华二年,薄名植内,奉职循理,虽古循吏何加焉。"(《环溪集》卷三)

调萧县,萧时被兵,裕拊循流民,修葺黉序,民歌其德。(《嘉庆萧县志》卷十二《名宦》)擢知晋州,剔蠹刮陋,振刷无遗。尝见晋民凋耗状,愀然曰:"贫非惰业也,第长吏弗良,徭坐不均,豪胥得缘此为奸以致之耳。"即亲校版图,度田入租,量口收庸。城垣学舍倾圮,裕为萃料,时加修葺。(《康熙晋州志》卷五)迁南京户部员外郎、郎中,出纳一任法制。数忤权贵,权贵密遣人侦伺阙失,踰年无所得,乃益重之。(《嘉靖青州府志》卷十四《人物》)嘉靖初,北上述职,携家复籍临朐。寻擢知平凉,以赴任后期,改知石阡府。时贵州凯、播二酋相攻,连兵十数年,裕为正其疆界,责偿所杀伤,皆稽首不复为乱。(欧阳德《副使间山冯公墓碑》)迁贵州按察副使,屡建平蛮功,南裔赖之以安。然性质直,不好干谒以游声誉,终以被论解官。

致仕归青州,赁屋以居,生计拮据,而以吟咏为事,不事家人生产。时与石存礼、陈经等诸耆宿结海岱诗社。裕性重厚刚介,人不敢干以私。晚年端坐陋室,手不释卷,不忘忠爱之念、切偲之学。尝为《医闾先生集》序,疾亟,犹更定字义,命笔是正,俄而正冠敛衽而卒。历官所至,著冰檗声。既归田,尤凛凛自守,非义一毫不染。(《嘉靖青州府志》卷十四)

冯裕理学,得贺医闾真传,为学在主敬以收放心,尝自概其生平:"希宠者负君,媚人者负己,谋身者负人。生平盖三无负矣。"(欧阳德《副使间山冯公墓碑》)"三无负"可谓冯裕生平之大概。

裕妻伏氏,育七子三女,三子、六子早夭,七子惟直青年早逝,而长子惟健、次子惟重、四子惟敏、五子惟讷俱以文学擅名于时，号称"临朐四冯"。

冯惟健(1501—1554)，字汝强、汝至，号冶泉、陂门山人。生于广宁，长为广宁卫诸生，后随父宦游至南京，与当地文人陈凤、许毂辈结青溪诗社。惟健才情骏发，纵横捭阖，弗狥时好，超然绝尘，诸人士心折服之。(陈凤《陂门集叙》)嘉靖初，父调平凉，以途远多事，遂返籍临朐，惟健奉母弟居青州。青之士人睹其文笔，异焉，以为野王再生，敬通复出，争相引重，摹其点画，拟其体裁。(《陂门集叙》)嘉靖七年举山东乡荐，屡上南宫不第。父以副使罢归，宦囊萧然，不能自给，惟健以心计经营生产，供二亲甘旨，诸弟妹婚嫁以时举。每天日清晏，帅诸弟奉篮舆游于郊墅，欢晏赋诗，姻党谓其贫而能养。(《光绪临朐县志》卷一四本传)弟惟重卒于庐江，匍匐数千里，触冒冰雪归其丧。数岁之间，丧发妻及两弟(惟重、惟直)，惟健料理家事，奉养双亲，备极色养。暇则温习经史，然七上春官不第。友人陈凤曰："既龃龉于时，奇思健气，溢为词章……本其志，殆不徒以文人自命，思欲为国家输诚效节，著功业于《春秋》，退而抒意缀词，成一家言，卒未之能待也。"又评其诗文曰："《南征》、《圣泉》二赋，杨班俦也，余得之汉魏、《骚》、《选》为多；《拟四愁诗》虽效法张平子，然根柢伦彝，意义过平子远甚。五七言近体一似开宝以上名家。书启诔赞，超轶峻整，使出晋宋人口，皆成奇语。至于记叙诸篇，命意深厚，敷言尔雅，不类文士之词。"(《陂门集叙》)

有明海岱诗坛，始自冯裕等人结海岱诗社。然海岱诗人"皆以闲散之身，自适性情，不事声气，故《海岱诗集》雅正有余，边幅稍隘。迨惟健兄弟踵起，以海涵岳负之才，竞爽一门，掉鞅坛坫而诗派始大。惟健怀才早世而作述率厉，蔚起群从，其功尤不可没。古选导源陶、谢，醲情藻思而出以迥韵远度，近体严整，音响高亢，不及石门、光禄集之才气纵横，而都雅过之；赋感物造端，才智深美，殆刘彦和所谓'受命于诗人，而拓宇于楚骚'者欤！"(《续修四库全书总目提要(稿本)·陂门集提要》)

冯惟重(1504—1539)，字汝威，号芹泉。生而敏慧，十岁能文，有隽誉。弱冠,与兄惟健成广宁卫诸生。清河令蒋某奇其文,以女妻焉。随父官南都,与兄惟健讲业青溪,一时名公如许石城縠、邢雉山一凤辈与其游者,皆逊谢以为不及,名日益起。(余继登《芹泉冯公暨蒋太安人墓志铭》)返籍临朐,为青郡诸生,郡诸生闻其名,竞走问业,惟重为剖析疑义,齐鲁间执经为弟子者日众。丰颐修干,谈说倾其座人,然常抑逊无矜奋之容。刻意为诗,无大历以后语,书遒逸有晋人意。(李维桢《冯氏家传》)嘉靖甲午(1534),举山东乡荐,戊戌(1538)成进士。授行人,值世宗南巡承天,惟重奉节驰告,盛夏瘅热,至庐州而病痁,或劝急归以就医药,惟重以王命为辞,遂不起。

惟重有《大行集》一卷,文名逊于昆季,钱牧斋称:"兄弟四人,三人皆有集,以才名称于齐鲁间,独惟重无闻焉。"(《列朝诗集小传》丁集上《冯举人惟健》)是牧斋未见此集。然山左诗坛雅重其诗,清人王苹、宋弼皆推为"四冯"之冠,宋弼称"予观《大行集》,清新俊逸,直逼盛唐,特未深厚尔……昔历下王秋史(苹)以《大行》为五集之冠,盖先予论定云"(《山左明诗钞》卷七)。民国间耆宿评云:"王秋史谓惟重诗'五律直逼少陵',推为诸冯之冠。今观其集,精研声律,才藻骏发,不作大历以后语,堪与信阳、武功角逐中原。以视东渚、海亭诸老,声光迥异,亦可知海岱诗派之变迁也。"(《续修四库全书总目提要(稿本)·大行集提要》)

冯惟敏(1511—1578),字汝行,号海浮山人。幼而颖异,天植稜稜,异凡儿。少长,即励志读书,留心古文词。(石茂华《明故保定府通判海浮冯公行状》)总角,父官石阡,力不能携家,独以惟敏行。至宦邸,则朝夕温清,得父欢心。余暇则博考群籍,六经、诸子百家,靡不精研。摅为文词,汪洋闳肆,万言立就,人以为苏长公复生,殆不过也。既而遣婚北来,受业于刘山泉(澄甫),尤为朐令褚宝所重。(《海浮冯公行状》)晋陵王慎中督学山东,自谓无书不读,犹逊其才也。嘉靖十六年举于乡,既屡上南宫不第,结茅冶水之上居焉,放舟上下,浩歌自适,望之如神仙中人。(李维桢《冯氏家传》)久之,谒选,授知涞水县事,清静不扰,所食用取诸俸,不以烦里甲,出则箪食壶浆自随。缮学宫,浚城隍,树以榆柳,行道之人歌咏之。(《冯氏家传》)邑人富者为将军、为校尉、为力士,大姓巨族为执金吾、为中贵人,兼并土地无算而逋租契,惟敏摘其最负者惩之,贫民以为德,而豪右谤四起矣。谪镇江府教授,聘典云南试,录文多出其手。稍迁保定府,奉檄修府志,整理杨继盛文稿为集《杨忠愍遗文》行于世。陈郡利害十六事,皆中窾綮。寻迁鲁王府审理,遂自免归。构亭冶源之上,命之曰"即江南",日与朋辈觞咏其中。(《冯氏家传》)暇则课子侄耕读,朔望率少长诣祠堂瞻拜,风雨不废。属纩之夕,侍者以朱衣进,摇首曰:"不当服此",盖时有侄之丧也。(《海浮冯公行状》)

惟敏生平孝友,与人不立崖岸,待贵贱如一。交游遍天下,皆当世闻人。为文自立机轴,少事奇古,晚就平淡,必本之物理人情,不为斩岩刻削之语。诗出入汉魏盛唐诸家。(《海浮冯公行状》)友人许毅评其诗文:"旨深而词爽,体峻而气和""宣之声律,情致婉曲,节奏疏畅,庶几风雅之音;布之文章,条理分明,幅尺宏阔,出入董、迁之矩。取材于古人而标格甚正,证体于作者而蹊径全消。"(《山堂缉稿序》)而惟敏之曲,成就又在诗文之上,王世贞谓北曲"近时冯通判惟敏独为杰出,其板眼、务头、撺抢、紧缓,无不曲尽,而才气亦足以发之"(《艺苑卮言·附录》),王骥德则称"冯才气勃勃,时见纰颣,常多侠而寡驯"(《曲律》)。李维桢称其"填词尤号当家"(《冯氏家传》)。至近世任中敏,则以为"《海浮山堂词稿》四卷,生龙活虎,犹词中之有辛弃疾,有明一代,此最有生气,最有魄力之作矣。……所异于康王者,在怨愤便索性将全部怨愤痛快出之以示人,较少做作,而才气之横溢,笔锋之犀利,无往而不淹盖披靡,篇幅虽多,各能自举,不觉其滥,亦非康王一派之所及也"(《散曲概论》)。梁乙真、刘大杰、郑骞、赵景深、罗锦堂诸家皆拟之为宋词中之苏辛、元曲中之关马,其为元明曲家之第一流,已为学界所公认。另有杂剧《僧尼共犯》《不伏老》颇得时誉,祁彪佳称前者"字句皆独创者,故刻画之极,渐近自然"(《远山堂剧品》),孟称舜评后者"有气蒸云梦、波撼岳阳之概,此剧堪与王渼陂《杜甫春游》曲媲美,置之元人中,亦未尝低眉也"。有集《山堂缉稿》、《山堂词稿》、《燕山稿》、《南游稿》及《保定府志》、《临朐县志》等。

冯惟讷(1513—1572)，字汝言，号少洲。生有奇质，风神秀彻。既长，开敏沉毅，辨悟绝伦，名起齐鲁间。一试辄受廪，嘉靖甲午与仲兄惟重同举于乡，戊戌，同成进士。除宜兴令，宜兴多大猾，持吏短长，善逋赋，有逋至数十年者。讷至，按籍而摄逋，逋赋大集，以数万计输之郡，郡守以为能，大爱重之。部使者乘间行邑，以事中之，调魏县。时虏犯塞，畿南震恐，惟讷增筑城邑，城双井镇。未几，迁蒲州，魏人拥车下不得发，乃为更定牧马法而去。(余继登《明通奉大夫光禄寺卿少洲冯公墓志铭》)蒲多强宗大姓，其政情法相得，众咸服。暇则与诸生谈道论文，寒暑不辍，得人为一时冠。(《冯氏家传》)迁扬州府同知，寻以外艰归。补松江府，督赋入京师，舟中惟图书数卷而已。迁南京户部员外郎、郎中，曹务简，日手不释书。以内艰归，服除，补兵部车驾郎。(《冯氏家传》)出为陕西佥事，分巡陇右，兼督学政。在镇五年，武备文教，种种毖饬，边圉无事。迁河南右参议，分守河北。擢浙江提学副使，广布条教以示左质右文之意，士习翕然，咸归于正。升山西参政、按察使，三晋号曰"神君"。(《少洲冯公墓志铭》)迁陕西右布政使，清屯田，得万余顷，有白金文绮之赐。转江西左布政使，出纳明允，核上供瓷器之浮费，民悦，肖像事之。入觐阙下，精核下吏能否，无所依违。寻请老，天子惜之，特进光禄寺卿，予致仕。逾年逝。

讷天性孝友，历官所至，皆奉母以行，兄弟之间，自相师友，友爱备至。交游遍天下，皆当世闻人，相与考德问业，各取所长。然性严重，不可干以私，仕宦三十年，囊无长物。历官有声，在魏有德政碑，在蒲、陇右皆有去思碑，在江右则士大夫叹服谓"二百年所未见"。(《少洲冯公墓志铭》)生平嗜书，无所不读，政暇则手一卷不置，博涉而深思，闳积而约取，发为文章，温醇尔雅，古诗取则建安，近体在天宝、大历之间。(同上)所撰有《风雅广逸》、《楚辞约注》、《古诗纪》、《文献通考纂要》、《唐音翼》、《杜律删注》及《冯光禄集》等，于"四冯"中最称宏富。

李本宁传父子五人，论曰：裕学以从政，临事不惑，身远与寡，厄穷无怨，白首耆艾，魁垒之士也。诸子道术通明，赡于文辞，抱功修职,缘饰儒雅,又皆漂然有节,概知去就之分。语曰:"依世则废道,违俗则危殆",此古人所以难受爵位也。以彼父子质行齐鲁,诸儒莫及,位不过藩臬,甚者左官蚤世,光曜晻而不宣,其在《屯》、《蒙》之际耶?天降时雨,山川出云,"五世其昌,莫之与京",岂不宜哉!(《冯氏家传》)

冯氏三世中,以冯子履、子咸名声较著。冯子履(1539—1596),字礼甫,号仰芹,惟重子。惟重以行人奉使湖湘,妻蒋氏于京邸举子,百日而孤。归青郡,父友宋一川来吊,遂女焉。稍长,颖敏绝伦,日诵万余言,为文词,援笔立就。(于慎行《仰芹冯公墓志铭》)隆庆丁卯举山东乡荐,戊辰成进士。授固安知县。固安大邑,理繁治剧,迎刃而解,目无留牍,庭无滞讼。讼者不得尽其辞,猾吏不敢缘以为奸。暇则延见士大夫,问民疾苦,或晋诸儒生,论析疑义。固安多盗,籍良家子悬赏格令捕盗,以故盗发辄得所,终其任,桴鼓不鸣。(余继登《冯仰芹墓表》)迁兵部车驾司主事,进职方员外郎。擢山西按察司佥事,治兵大同。大同自嘉靖以来兵数变,郎吏隐蚀兵饷,兵阘门而躁,势张甚。子履谕以理而按诛其倡乱者,众徐解散,一镇获安。值大旱,继以霖雨,谷石翔贵,亟悬厚值召诸商米,远近辏集。又发仓赈济,岁不为灾。(《光绪临朐县志》本传)俺答孙把汉那吉入市,意轻汉兵,自以善射请与士角。子履以那吉素骄,非胜之不足以慑其志,我兵无与抗者,阴计房矢重不能及远,密移弸百步外,而身与那吉耦约,负者矢输一物。子履引满中的,观者欢呼雷动。那吉连不胜,尽输其衣裘鞍马,面发赤。子履徐令移侯稍前,使独射,以次尽还其所输物。那吉搏颡悦服,谓天朝有人,终其任,贡市无敢哗者。(《光绪临朐县志》本传)累迁参议、副使,治兵如故,大计被诬,解组自免。丁内艰除,言官交荐,起知和州。迁陕西佥事,尤多惠政,秦民为置生祠。迁易州兵备副使,训练士马,会有兵事,诏使视师,易为上选。有妖徒惑众,聚众千余,长吏走白两台,计且请兵。子履曰:"此一亭长力耳。"为檄下邑逮其魁即讯,谕遣余众各散归农。迁河南参政,子琦已授侍读学士,有盈满之畏,乃致仕归。家居孝友,从弟子咸卒,哭之哀,遂病而卒。

子履以儒将著闻,多有边功。为人豪爽俊迈,才器绝人,机锋神敏,事无难易,迎刃立解。剖析利害,人所不了,片语可决。(《仰芹冯公墓志铭》)居尝谓人:"使吾居官守法,蹈常习故,无以逾人。若当倥偬之会,事变狎至,卒然起而卒然应之,飚发电迈,不失肯綮,似当有一日之长。"(冯琦《上王老师》)然晚年惕于盈满,未及大用。

冯子咸(1548—1596),惟健次子,字受甫,号望山,后更号曰本轩。少失怙,事母至孝。侍母疾,衣不解带逾年,母殁,哀毁骨立。与兄处,爱敬兼至,财产惟兄所择。稍长,娶妻冀氏。再上礼部不第,退隐于冶水之上,以绍明道统为己任,读书力耕,以没其年。初从岳父冀炼习廉洛之学,以庄敬为旨,一切积习,力祛之,世俗所共趋,力矫之。(冯琦《贞静先生行状》)时二氏说方盛,士大夫多溺之者,独力辟之,所诵法自孔孟后宋濂洛诸贤、河汾薛氏,以为此淳乎儒者已。为文朗俊,根理黜浮。(钟羽正《冯贞静先生诔》)常叹俗失世败始于礼亡,欲酌古今纂为礼书,推行宜自宗族始。修家庙,定祭仪,立族约,设好会曰"敦睦"。治家宗《颜氏家训》。(《贞静先生行状》)居乡导以礼让,乡人率其教,多为善良。倡立义仓,差其等而赈贷之。徙家而依之居者以百数,远近交口称之。造次以礼义自防。友人马君卒,哭之恸,徒行风雪数十里送葬,自是病,遂不起。

子咸以理学闻名,所著书有《日进札记》、《自警私录》、《耕余笔谈》、《读礼抄记》,往往有深识精诣,然不欲以著述名。或问为学,曰:"须刚须恒,不刚不决,不恒不久。"问敬,曰:"惺惺之谓敬,检束非敬也。"问廉,曰:"静则廉。"问应事,曰:"凡事归之当然,欲高人则害本体。"问处人,曰:"和气诚心,不可出理之外。"问立身,曰:"有志士不忘在沟壑之意,则能立矣,事无与人相干涉,则洒然矣。"平居议论类如此。大略行谊似曹月川,涵养似陈白沙,平居论学以程朱为归。(《贞静先生行状》)友人私谥为贞静先生。钟羽正称曰:"若夫子舆养志,薛包让长,信道忘仕则漆雕生,循经蹈古则高子羔。贞不抗俗,隐不肆志,使居孔门则四科之英,在虞廷必九德之列。"(《冯贞静先生诔》)冯氏家族之理学,始自冯裕,经"临朐四冯",至子咸始专究理学,于家学之传承,功莫大焉。

子履、子咸而外，子益、子复、子升、子渐、子临或为廪生，或为庠生，多无闻。

冯氏四世中，冯琦以文章经济大儒卓立一时，冯瑗以边功继踵于后，冯珣以诗闻名海岱，另有冯珂、冯璋、冯玑、冯琬、冯琰、冯瓒辈，或以廪贡出仕，或世袭武职，始称"北海世家"。

冯琦（1559—1603），字用韫，号琢庵，祖惟重、父子履两世皆赠尚书、礼部侍郎兼翰林院学士。诞夕，祖母蒋氏梦一朱衣贵人当户，自名韩琦。已而举男，遂以名之。在襁褓，伟重异常儿。六七岁读书，日诵千言。嗜学出于天性，寒暑手不释卷。一经目，终身不忘。十岁能属文。（冯瑗《先兄行实》）常翳灯帷帐中，默诵竟夜，惟恐父母知。（王锡爵《礼部尚书兼翰林院学士赠太子少保琢庵冯公墓志铭》）十六岁入郡庠，万历四年举于乡，明年成进士，年才弱冠。改庶吉士，授编修，与修《大明会典》。丙戌，同考会试，寻编纂六曹章奏兼起居注。丁亥，升侍讲，掌文臣诰敕。戊子，主考湖广；己丑，充经筵讲官，寻补日讲官。癸巳，升少詹事兼翰林院侍读学士，掌院事。乙未，升礼部右侍郎。转吏部右侍郎。故事，翰林佐吏部，优游养望而已。琦独慨然以人材为己任，尚书李戴倚重之，一时吏治称得人。每月揭官俸最深者于壁。二十九年，主计吏。时神宗久不视朝，吏部推举人材多不点用，天下藩臬员缺至七八十人，行取到京者或三年不补。琦具疏极言，创为计吏条教，且请准京察例增"浮躁"一款，时论韪之。（《琢庵冯公墓志铭》）寻主会试，诡衺者不得参，文体为之一变。是时矿税使横甚，颇侵黜陟权，琦以进退大权宜在朝廷，中官论荐渐不可长，屡疏抑之。寻进左侍郎，协理詹事府，教习庶吉士。九月，廷推内阁，上已点用琦与朱国祚，而沈一贯密揭"二臣年未及艾，曷少需之，先爰立老成者"（谈迁《国榷》卷七九），遂止。

时皇长子年十九，未行冠婚册立之礼，郑贵妃方有宠，潜谋夺嫡。三王并封议出，廷论嚣然，琦移书王锡爵力止之。神宗意久不决，琦先后执谏，大略言列圣元良之建，自四五岁至十余岁，若十九而不婚不冠，前此未有。上年群臣吁请册立，谕以来春敕行。今三春已过，未闻传语。合疏上言，不蒙批答，伏望念国家根本之计不可久虚，朝廷鸿巨之典不可太缓。谕旨不可屡更，群望不可再拂。于是册立诏下，以大礼属琦，拜礼部尚书。（《光绪临朐县志》本传）先是，琦请建储、止矿税，疏且数十上，所以密赞宫庭间更多苦心，至是以大礼属之，士大夫咸欣欣庆其遭焉。迫期，司设传经费不给，时冯瑷辇辽饷四万已出都门，琦令追还，以成册立礼。逾月，皇太子冠、上慈宁皇太后徽号，明年，皇太子婚三大典，琦皆一手主持，终以积劳成疾。病将殆，犹手条四方灾异，陈弭救之策，比于尸谏之谊。即奄忽中与友人昆弟相决绝，语惟报国之为惓惓焉。（《琢庵冯公墓志铭》）年仅四十六。遗疏请厉明作，发章奏，补缺官，推诚接下，收拾人心。语极恳挚。帝悼惜之。赠太子少保，天启初，谥文敏。（《明史》本传）

　　琦于学无所不窥，而以实用为主。常曰："性命渊微，奥突未易测；名物象数，耳目未易该。博古期于可行，穷经要在致用。"故其文章关于世务者为多。（公鼐《琢庵冯公行状》）每奏疏出，人竞传录。王锡爵称其文："大抵直如贾谊而温，达如陆贽而约，邕如苏轼而巽。深语欲涕，微言可思。尤善因事纳忠要以迎上善，机连引端，类讽一而劝百，虽造膝末由，或不能尽见施用，而后世荩臣良宰，必有取以为法者。"（《琢庵冯公墓志铭》）友人公鼐谓历代文学之臣，必有以议论为功业者，如汉之董、贾、晁错，唐之魏玄成、陆敬舆，宋之欧、王、司马，其文皆尚于经世，而有用与不用。琦之在明，当比于数子，惜用而未尽，其贾长沙、陆敬舆之俦乎！（《琢庵冯公行状》）于慎行亦将冯琦比于苏轼，曰："其修学博而不滥，其抽思深而不谲，其综藻华而不雕，其称名奥而不晦，其议论辩说，邈探惚恍，冥造希夷，愈入愈深，愈出愈邕，而不可端倪，有庄而无之也；其指画政体，陈说机宜，密策决于一言，硕画陈于万里，名实必中，权正相资，有韩而无之也；其奏对之疏、献纳之章，辨官敦典，考古究今，理侈而核，辞亮而惋，可以纳牖宸衷，光华玉度，有贾而无之也；其铺叙事理，操纵阖闢，虹流波诡，而绳尺森然，无少遏佚，有迁而无之也。轶而至于百家之说、六代之体，皆有而未尝有，皆用而未尝用，滔涵吐纳，刊削澡涤，衡之不得其垠，纵之不得其首。故夫眉山氏之后，化秦汉而为虚者，吾独以冯公之几之也。"（《宗伯冯先生文集叙》）钱谦益亦谓冯琦与于慎行在万历馆阁"学有根柢,词知典要,二公其卓然者也"(《列朝诗集小传》)。

琦之诗,以情真为宗,次传声调,长篇感激沉壮,类老杜,五七言和雅会心,绝不如当时名家,以浮音亢节自喜。(《琢庵冯公墓志铭》)于慎行称曰:"公之为古体,渊源汉魏而轶出于唐,其为近体,沈浸盛唐而致极于杜。兼备众美而出以一窍。其究华而若敛,冲而若余,大而不陵,细而不底,神在象先而辅之以气,情悬物外而运之以辞。"(《冯宗伯诗叙》)其诗未臻一流,而足以名家。其诗文及著述有《宗伯集》、《北海集》、《经济类编》、《宋史纪事本末》等。

冯瑗(1572—1624),字德韫,号栗庵,惟敏孙。父子升以瑗贵,封户部云南司郎中。生而卓荦颖异,早从叔父子咸受书,子咸既名儒,故以名理相劘切,不沾沾帖括义。出试,督学李化龙即以"大气识,大学力"誉之。(董可威《栗庵冯公行状》)万历二十二年(1594)中举,次年成进士。授湖广茶陵州知州。茶陵犷悍多盗,瑗密计擒其渠魁,狱成解府,其党期于路篡劫之,瑗先期为檄遣,而中夜载舟中密发,比盗至,已过矣。凶党熸灭,桴鼓不鸣,远近传其方略。(钟羽正《栗庵冯公墓志铭》)调泽州,诸宗杂沓,挟势骫法,瑗于法无所纵舍,宗人凛然。(《栗庵冯公行状》)时岁久不雨,闾里萧然,生计靡托,瑗莅之以静,休养生息,还定安辑,邑无流亡。(《光绪临朐县志》本传)时矿使四出,州邑供应不暇,然望泽辄遁去,曰:"此官强直,且必抗我,勿往也"。大计至都,垂橐而入,不以尺缣馈人。时兄琦为少宰,门绝筐篚。都人称之曰:"兄不受人馈,弟不馈人,兹其家素风乎!"(《栗庵冯公墓志铭》)二十九年,升户部员外郎,尚书赵世卿深相爱重,奏章多出其手。出兑浙漕粮,晋督京粮,疏陈商民疾苦。搜剔吏胥奸弊,无不洞中窾会。(《栗庵冯公行状》)寻丁内艰,哀毁骨立。服除,升山西参政,念父老病,不肯行。逾年父殁,依依丘垅,有终焉之志。修治浮山冶水,徜徉自得。亲友屡劝之,乃起。补湖南道。比行,冢宰郑继之以为其材可当要地,遂调开原。

开原三面逼虏,兵不满数千,皆罢老不任干戈。时努尔哈赤久蓄异志,而将吏玩敌,略不为备。瑗行视亭障,阅士马刍粮,益自振厉,夙夜治兵,常如寇在门庭者。军气日振,边人恃以无恐。然其策当事者多不能听。既屡策不行，知辽必丧败，独抱忠悃，无以自明。又四郊多警，往来驰应，眠食城上者月余，内外焦劳，形神枯瘁，遂以病归。归居临朐，居常忽忽若有所亡，寝食为废。然一与人谈及辽事，即在疾病偃卧中，未尝不掀髯戟指而欲语，若欲灭此朝食者。部使者方奏荐起用，竟背发疽而卒。(《栗庵冯公行状》)

瑷性乐易坦直，不设城府。平生所最鄙者自媚之态、两可之言、萍凫邀誉之行。议论风生，屑注蜂涌。天性孝友，重义轻财。平生嗜古史传，寒暑披阅不辍。骑射精巧，即名将未之先也。(《栗庵冯公行状》)所著有《晋楚从政录》、《使越录》、《黄龙纪事》、《黄龙焚草》、《开原图说》等。

冯珣(1563—1640)，字季韫，号璞庵，惟讷孙，子临子。幼博综群籍，季父子履、从兄琦深器赏之，与从兄瑷(按：珣长于瑷)等一门群从，交相砥砺，知名于时。以选贡谒选陕西长武知县，县瘠而冲，三年不雨。珣至，自引辜曰："天人相召，理或不爽，岂非牧民者之罪邪？"为清刑狱，缓征输，斋沐祈祷，澍雨立应。循声达于两台，迁咸阳，百姓吁两台，遮留塞路。咸阳多豪族，宄法为民害，吏不敢问。珣执法无所姑息。丁母忧，归，箧无长物。服阕，补交河县，升兴安知州。兴安属邑多缺，珣以州治代莅，恢有余裕。迁汉中同知，值瑞王修建府邸，中贵人倚势强占民宅，冯珣多方调剂，使民不苦于转徙。中贵既不得逞，阴衔之，中以他事，归。奉亲备极孝养，敦睦任恤，以著述自娱，有《韫璞斋稿》。以孙溥贵，赠尚书。子士衡、士鹗、士仪、士鹏、士基。(《光绪临朐县志》本传)

冯珂(1579—1644)，字用鸣，号范吾。冯琦异母弟。自幼倜傥不群，不屑举业。万历二十六年服除，随兄入都，时部务繁多，珂多所襄助。皇太子冠婚礼毕，珂归。旋以兄琦病重赴京，琦卒，珂经纪其丧，扶梓而归。生平轻财重义，乐为人谋。于天下形势，边徼要害，胸中无不洞了，抵掌而谈，历历如在目前。与兵部尚书王象乾为方外交，象乾学既该博，性好为游艺之谈，珂于三略、六韬、六甲、奇门、阴阳、音律、星历、医卜无所不窥，兼诣其妙。谈兵说剑，悉中奥秘，象乾见而奇之。资性明敏，读书辄数行下，读一过，不再读。及至感时触事,或形之笔楮,或矢诸谈论,都能举似,无不恰合字句之间、齿颊之末。至于假借、转注、象形之异,纤悉自辨。读《礼》之暇,杜门著述。所著之书,俱分门类,各有名目,惜多毁于兵火。(房可壮《明隐君冯公范吾行状》)

冯瓒,字德元,惟敏孙,子复子。幼聪颖,善属文,党庠有声。久之,弃举业,赴广宁袭世爵指挥佥事。甚有威惠,士民爱之。职满拂衣归。赋性旷达,而尊严畏慎,无嬉言惰行,戚党胥敬惮之。居家坦夷自适,阖扉独处,罕与俗接。遇流辈,劝勉以德,人乐其谦和而服其忠信。族侄孙大学士溥尝为谱牒,称其"廉静寡欲,老而弥慎,不问生业,不履公庭,登山临水,吟风弄月,以自颐养"(《光绪临朐县志》本传)。

冯琬(1587—1649),字叔坚,子咸子。嗜古笃学,博极群书。所著诗、古文词,人争传之。(《益都县图志》本传)琬弟琰(1588—1635),字叔白,号慎庵。幼孤,事母至孝,母病,侍汤药,衣不解带。及卒,哀戚逾常。里党闻其号痛,莫不流涕。事兄琬,曲尽爱敬,邑人化之,以阋墙为耻。崇祯六年(1633)谒选,授四川璧山县令。政尚宽简,不事苛察,吏民怀德。时流民入川,所至焚掠。琰缮城隍,治守具。以刚直忤当事指,至谪教谕,感愤卒于官。(《光绪临朐县志》本传)

冯士衡(1583—1641),字于平,号宗远,珣子。少博极群书,十七岁入府学,蜚声青州。九赴乡试不第。泰昌元年(1620)选贡,崇祯二年(1629)授浙江孝丰知县。县在万山中,地连瓯粤,民刁犷难治。士衡廉平和易,讼者对簿,辄以情理开谕,民至感泣。自奉淡泊,丝粟不以扰民。期月讼简,民安其政。(《光绪临朐县志》本传)爱民如子,均徭役以正版图,禁追呼以省差费。修学宫,培士气。以孝丰掇科名者寡,为构金光、镇北二楼,从形家言也。是年获隽者二人,作人明效也。公余,课士谈经,所甄拔皆名俊,称人伦冰鉴。(《光绪孝丰县志·名宦》)俗嫁女极奢侈,至倾其家。家相戒勿生女,生即溺之。士衡严为厉禁,生女即报官。里长以时访察,无敢匿不举。有以聘财妆赀讼者,必痛绳以法。自是弊俗以革,全活甚众。(《光绪临朐县志》本传)崇祯九年举卓异,入觐,以讹误罢归。孝丰人思之,祀之名宦。

冯士标(1610—1655),字端明,号宗尼。冯玘次子,子咸孙。幼负奇气,抗爽不羁。稍长,淬厉于学,读书多至丙夜。崇祯六年(1633)中举,十三年(1640)成进士。以父病归,杜门不出。岁大饥,流亡载道。士标节家食以给乡邻,赖以全活者甚众。顺治二年谒选,授兵部武选司主事,分巡关内道。李自成党贺珍围西安,士标率众登陴,昼夜防守,应变百出。商州刘二虎破城劫掠,总督孟某以士标娴方略,檄往剿之。士标拣精锐,出奇计,身先士卒,连城克捷,以次收复诸城。迁右参议,备兵庄浪道。明约束,广招徕,轻刑薄税,远迩悦服。又捐俸修学宫,日与诸生讲绎经义,手著词赋,示之轨程。九年,升四川兵备副使。十二年改福建按察司副使,行至浙江,病卒。

冯溥(1609—1692),字孔博,号易斋,士衡子。八岁受《左氏春秋》暨秦汉以下古文,即能贯穿根柢。稍长,穷极经史,凡天文图纬及兵书地志,罔不博综。顺治三年进士,次年补殿试,改庶吉士,授编修。屡迁秘书院侍读学士,世祖幸内阁,指溥谓阁臣曰:"朕视冯溥乃真翰林也!"未几,擢吏部右侍郎,会各省学道缺,部郎不副,以知府补之。给事中张惟赤以徇私劾溥,世祖曰:"吾固知冯溥不为也"。(李元度《冯文毅公事略》)康熙元年转左侍郎,时尚书孙廷铨病目,右侍郎石申亦以事注籍。凡一切推补,溥独主之,悉秉至公,无所曲庇。有旨令溥等考察满员,溥以素与满员不习、无从定优劣辞,特旨命会同五部尚书及都察院考察,其见重多类此。康熙初,四大臣秉政,议各省遣大臣二人廉察督抚,溥以督抚重臣,复遣大臣稽察,权既太重,势必相轧,恐有伤政体,执不可。侍郎太必兔与之力争,声色俱厉,溥独抗疏陈之,乃止。(《光绪临朐县志》本传)六年,充会试副考官,明年擢都察院左都御史。时有红本已发科钞,辅政鳌拜欲改批,冯溥疏言不宜改批,几得罪。在台二年,言事最切,又顾惜大体,有申严职任、省刑薄税等疏。迁刑部尚书,授文华殿大学士,特荐魏象枢、成性。又请发帑备荒。屡疏乞休,不许。

康熙十二年，任武会试主考。以吴三桂反，阁事旁午，不敢言去。十七年，福建平，溥复上疏求去，不许。十八年，主考会试，复主博学鸿词试，溥所荐法若真、曹溶、施闰章、沈珩、叶舒崇、曹禾、陈玉璂、米汉雯等各授侍读、编修，而毛奇龄、朱彝尊、陈维崧一时皆出其门，得人极当世之选。在阁二载，开诚布公，不矫激诡随，商略大政，或金谋可用，即庶僚不遗；若义所不可，虽贵近交口，必力争改正，求裨国是而无成心。（《光绪临朐县志》）二十一年，乞休益切，既得请，复疏列五事：不宜费财、不宜远出、勿轻遣官、台湾不宜轻剿、关税盐课不宜增额，帝嘉纳之，遣使赠御制诗一首、"适志东山"印章一方及墨刻《升平嘉宴诗》一册，并遣使护送回乡。（毛奇龄《易斋冯公年谱》）归家，辟园于居第之南，曰偶园，优游其中者十年。寻加太子太傅。卒，谥文毅。

溥性严毅刚直，在朝屡忤权贵。性尤爱才，己未博学宏词，前后应召至者皆海内耆宿，溥皆倾心延揽，贫者为授馆，病者馈以药，丧者赙以金。闻人有异才，辄大书名姓揭座隅，汲引如不及。天下士归之，如百川之赴巨海焉。（《冯文毅公事略》）

冯协一（1661—1737），字退庵，溥子，以荫生选浙江绍兴府同知，升江西广信府知府。值耿精忠乱后，协一抚绥倍至，流民渐复。兵燹之余，版籍亡缺，豪右田多隐占而漏其赋，小民无田而多赋，逃亡相继，无所责偿，协一力行清丈法，官民称便。丁父忧归，服阕，补广州府知府。尚之信初平，人怀疑贰，盗贼肆行，协一智驭而德绥之，骤得民和。连州生猺为乱，协一请用明王守仁离剿法平之，巡抚倚重焉。寻以吏议去官，又补福建汀州府知府。会漳州陈显五等倡乱，宁化曹祖乾应之，延及清流、永定诸县，协一会汀州总兵陈有功捕之，然后闻于上官，民建生祠祀之。寻调台湾府知府，旋乞归。著有《友柏堂遗诗》。（《光绪临朐县志》本传）

临朐冯氏，自冯裕至协一，前后七世，文学事功代代相继，乃明清著名文献世家。

临朐冯氏年谱

明宪宗成化十五年己亥(1479)　裕一岁

七月,冯裕生于广宁(今辽宁省北镇县)。

欧阳德《欧阳南野文集》卷二六《副使闾山冯公墓碑》(以下简称《闾山冯公墓碑》):"(裕)母赠宜人李也,成化己亥七月十五日生公于广宁。"车本《冯氏世录·奉祀神主》:"显考……府君讳裕,字伯顺,行一,神主生于成化十五年己亥七月十五日酉时……孝子惟敏奉祀。"

成化十九年癸卯(1483)　裕五岁

二月,裕祖母张氏卒。

车本《世录》载冯裕《冯氏世系》:"祖妣张氏讳妙果……卒于成化十九年二月二十六日。"

弘治三年庚戌(1490)　裕十二岁

二月二十四日,裕父冯振卒。

《闾山冯公墓碑》:"年十二失父,寻又失母。"冯裕《冯氏世系》:"父讳振,字文举,生于景泰元年岁庚午(1450)七月十四日辰时,不仕。年四十一,卒于弘治三年二月二十四日申时。"

弘治五年壬子(1492)　裕十四岁

四月初九,裕母李氏卒,从祖母池氏育之。

冯裕《冯氏世系》："母李氏讳妙明，……年三十九。卒于弘治五年四月初九日未时，并父葬于广宁城东北。"

李维桢《大泌山房集》卷六五《冯氏家传》："裕少孤，父之叔母池育之。池卒，为三年丧。"亦见《（光绪）临朐县志》卷十四《人物》。

弘治八年乙卯（1495） 裕十七岁

裕选广宁卫诸生。

《间山冯公墓碑》："年十七，选充卫学生。"青州本《冯氏世录》载张之象《贵州按察副使间山冯公传》（下简称《间山冯公传》）："年十七，补学宫弟子。"

弘治九年丙辰（1496） 裕十八岁

约是年，或明年，往义州师事贺钦，学理学。

《间山冯公墓碑》："时诸生务涉猎为词章，独往谒义州贺医间先生，事身心之学。"

是年，裕成亲，妻伏氏。

青州本《世录》载王崇庆《明贵州按察司副使间山冯公暨配宜人伏氏合葬墓志铭》（下简称《间山冯公暨配伏氏墓志铭》）："宜人伏氏，辽东广宁人，生于成化己亥十月十二日。间山公幼在襁褓，伏翁见而奇之，遂许聘。年十八，归公。公时已游庠校，然孤贫独立，宜人躬操井臼，力佐卒业。"按，裕妻伏氏（1479—1552），辽东广宁人。

弘治十四年辛酉（1501） 裕二十三岁，惟健一岁

二月二十六日，冯惟健生于广宁。

车本《世录·奉祀神主》："显考乡进士冯公讳惟健，……生于弘治十四年辛酉二月二十六日未时……孝子子益奉祀。"

弘治十六年癸亥（1503）　裕二十五岁，惟健三岁
裕叔祖母池氏卒。

　　冯裕《冯氏世系》："三叔祖妣池氏，……年八十三。卒于弘治十六年五月十四日丑时。"《闾山冯公墓碑》："叔祖母卒，持丧三年，当道敦迫应举，不赴。"徐阶《世经堂集》卷十六《贵州按察副使闾山冯公墓志铭》（下省称《闾山冯公墓志铭》）："少孤，育于叔祖母池氏。及为诸生，池卒，为持三年丧，有司就辟之。"《闾山冯公小传》："少失父母，叔祖母池媪养之……池媪卒，为持丧三年，郡县交辟之，不赴。"按，冯裕于下年中举，则持丧三年、不赴应举等记载失实。

弘治十七年甲子（1504）　裕二十六岁，惟健四岁，惟重一岁
正月初七日，冯惟重出生。

　　余继登《淡然轩集》卷六《明行人司行人赠承德郎兵部主事芹泉冯公暨配蒋太安人墓志铭》（下简称《芹泉冯公暨配蒋太安人墓志铭》）："公生于弘治十七年正月七日。"车本《世录·奉祀神主》："显祖考……冯公惟重，……生于弘治十七年甲子正月初七日酉时。……孝孙琦奉祀。"按：李维桢《冯氏家传》云："惟重少伯兄一岁"，误。

秋，裕中举人。

　　《闾山冯公墓碑》："弘治甲子，山东乡荐。"《（光绪）山东通志》卷九二《举人表》："弘治十七年甲子科：冯裕，益都人。"按：裕以广宁卫籍应试。

弘治十八年乙丑（1505）　裕二十七岁，惟健五岁，惟重两岁
春，裕会试下第。

正德三年戊辰（1508）　裕三十岁，惟健八岁，惟重五岁
春，裕举进士。

《嘉靖临朐县志·科贡》，欧阳德《间山冯公墓碑》，徐阶《间山冯公墓志铭》。

青州刘澄甫、黄卿亦中进士。

按：据《明清进士题名碑录》，裕中三甲第151名，刘澄甫中三甲第64名，黄卿三甲第216名。

正德四年己巳（1509）　裕三十一岁，惟健九岁，惟重六岁

裕授华亭令。

《间山冯公墓碑》："己巳，令华亭。邑剧，不事严察，用廉平为理。"《间山冯公传》："年三十登正德戊辰进士，明年出为华亭令。政尚宽平，必听民所便，不以鸷击为治。"

《（崇祯）松江府志》卷二六《守令题名·知县》："冯裕，伯顺，临朐人，进士。正德四年任，七年调萧县。"

《光绪华亭县志》卷十一《职官》："冯裕，正德四年任，有传。"

约是年，裕三子徐哥生。

按：冯裕三子乳字"徐哥"，在惟敏之前，当较惟敏年长两三岁。惟敏生时裕仍在华亭，则徐哥之生，极可能在本年裕南下履任途经徐州时。冯惟健《哭六弟晋哥于凤台门蒿里》云"昔徐哥葬于晋上，尔今复埋于凤台"，据此可推，徐哥当生于冯裕赴任途中，而夭于晋州。

正德五年庚午（1510）　裕三十二岁，惟健十岁，惟重七岁

裕在华亭，颇多惠政。以豪右讹言加赋，待理。寓居鹤城书院。

《（崇祯）松江府志》卷三二《国朝名宦绩二》："冯裕，号间山，山东临朐人，正德戊辰进士。令华亭，性笃实，薄于自奉，廉于取民，好执法，不肯毫发少假人。刘瑾更张旧法，内差添设私员，民间大有诛求，他令皆通融，而裕独坚挺不应。邑大水，西田多漰没，东田稍收，顾岁租不能全蠲，尚征其半。适部使者至，又加以

租外新派,民哗言裕加赋于民,抚台张公惑之,下裕于狱。既而察裕无他,改知萧县。待理时,寓居鹤城书院岁余,空囊不充朝夕,士大夫往往有馈遗相周者。裕日惟赋诗,吟咏自得,无怨尤不平之气,人尤贤之。"方贡岳等论曰:"闾山冯公裕治华亭有惠政,其去也,民为歌曰:'大水横发高树低,人死为鱼公凄悲,谁使公去伤哉离!'公去华亭几四十年,其子少洲公名惟讷,复来治松,请祀公于学宫。徐献忠《记略》曰:昔在正德己巳,公来治民,任真履平,不事绩饰,事有利者即力任之。方是中官操窃名器,郡长吏有出其门者,颇事敛括。公不承其意旨,遂为所不乐。是岁秋大水,自邑以西潒为巨壑,民饥饿死者甚众,而粮额不蠲减,监司者又适去任,乃不待报请,移其税于高乡。继而监司者至,郡长吏乃从中搆之,几中于祸。民相率声其冤,仅得调萧县去。"

《(乾隆)华亭县志》卷九《职官志下·名宦传》:"冯裕,……正德戊辰进士,任县事,执法不假,刘瑾专横,长吏有出其门者,大肆敛括,裕不应。会邑大水,西田多潒没,岁租不能全蠲,请移其税于高乡。或讹言裕加赋,郡邑府吏构之,巡抚下裕狱,既而民声其冤,改知萧县。去当待理时,寓鹤城书院,岁余不谋朝夕。裕赋诗自得,无几微不平意,人尤贤之。"亦见《(嘉庆)松江府志》卷四一《名宦二》。

八月,刘瑾败,张文冕伏诛。

《明史·武宗纪》:"(五年)八月甲午,刘瑾以谋反下狱……戊戌,治刘瑾党,吏部尚书张彩下狱。己亥,曹元罢。丁未,革宁王护卫。戊申,刘瑾伏诛。己酉,释谪戍诸臣。"

《(嘉靖)临朐县志·乡贤·冯裕》:"除宜兴令,时瑾竖扇祸,邑人张文冕为刘瑾心腹,以家托公,不答。计日祸及而逆党伏诛。历萧县、晋州,所至多惠政,民多去后之思。"

《(嘉靖)青州府志》卷十四《人物·冯裕》:"时瑾竖扇祸,邑人张文冕任近侍,为瑾腹心,以家托之。裕至邑,一无所私庇,冕怒,诉于瑾,将逮系之。裕知祸在旦夕,略不为动。已而逆党伏诛。历萧县令,知晋州,所至多惠政,民怀去后之思。"

《(光绪)益都县图志》下册卷七《外传·冯裕传》:"县大水,下田多逋赋,裕令上田代输其什之一。大吏坐裕加赋,百姓争奔走言其状,乃得白,犹改知萧县。"

是年,惟重就学于广宁。

青州本《冯氏世录》载宋伯华《赠承德郎兵部主事芹泉冯公暨配太安人蒋氏行状》(下省称《芹泉冯公暨蒋氏行状》):"公生七年,就外傅,十岁能属文。"按,惟重就学于广宁,惟健就学当更早。

正德六年辛未(1511)　裕三十三岁,惟健十一岁,惟重八岁,惟敏一岁

裕携家寓居华亭鹤城书院。

九月初一(1511年9月22日),冯惟敏生于华亭。

车本《世录·奉祀神主》:"显考……府君冯公讳惟敏,……生于正德六年辛未九月初一日子时,……孝子子升奉祀。"

青州本《世录》载石茂华《明故保定府通判海浮冯公行状》(下省称《海浮冯公行状》):"间山公筮仕吴松,公生于吴松。"

《海浮山堂文稿》卷五《祀灶告文》:"主人生于吴松,长于建业,游于楚粤燕赵之区,而归耕于海岱之隩,殆非诚齐人也。"《海浮山堂词稿》(下简称《词稿》)卷一《庚午春试笔序》:"余生于正德辛未。"

正德七年壬申(1512)　裕三十四岁,惟健十二岁,惟重九岁,惟敏两岁

裕赴萧县任,携家至萧。

《(崇祯)松江府志》卷二六《守令题名·知县》:"冯裕……七年调萧县。"

徐阶《间山冯公墓志铭》:"事竟白,犹改知萧县。萧,故丰砀之区,俗犷悍,尚豪侠,又新被兵。公厚抚之,其强者得不去为盗贼,弱者以不饥死。"

欧阳德《间山冯公墓碑》:"(萧)县新被兵,加意附循,民用安集"。

《(嘉庆)萧县志》卷十一《名宦》:"冯裕,山东临朐人,正德三年知萧县,岁饥,发廪以赈□,日煮豆粥三百釜食之,又抚流移垦芜莱,补助不给,邑人依若慈母焉。裕起家进士,知萧县,敷政慈惠,操守端洁,修葺黉序,振兴文教,在任八年,民歌其德。子惟讷、惟贤皆登甲第,为当时名臣。"按,此记载多有讹误:"正德三年"当为"七年";"在任八年"亦误;"子惟讷、惟贤"亦误。

正德八年癸酉(1513) 裕三十五岁,惟健十三岁,惟重十岁,惟敏三岁,惟讷一岁

六月十九日(1513年7月21日),冯惟讷生于萧县官舍。

车本《世录·奉祀神主》:"显考……府君冯公讳惟讷……生于正德八年癸酉六月十九日未时……孝子子临奉祀。"

青州本《世录》载惟敏《明通奉大夫光禄寺卿少洲冯公行状》(下简称《少洲冯公行状》):"正德癸酉,先大夫自华亭令调萧县,弟生于萧。"

余继登《淡然轩集》卷六《明通奉大夫光禄寺卿少洲冯公墓志铭》(下简称《少洲冯公墓志铭》):"正德癸酉宪副公为萧令,生公于萧。"

是年,裕迁知晋州。

《间山冯公墓碑》:"擢知晋州,滹沱河……徙城南而赋犹踵旧,公立排众言,视地腴瘠益损之,流民相继来复。"

《间山冯公墓志铭》:"迁晋州知州,黄河自城北徙而南,北地日瘠而赋乃视南高,公更其额,民大悦。"按:"黄河"当为"滹沱河"之讹。

《(康熙)晋州志·名宦》:"公字伯顺,正德中由进士知晋州,资禀英迈,识见博洽。比知晋,剔蠹刮陋,振刷无遗。尝见晋民凋耗状,愀然不悦曰:'贫非惰业也,第长吏弗良,徭坐不均,豪胥得缘此为奸以致之耳。'即亲校版图,度田入租,量口役庸,凡力役挽

运之金,无不协舆论者……及升任,晋人多德公而吏胥尤畏其威云。"

按:《(康熙)晋州志》卷五:"冯裕,山东临朐人,由进士正德六年任,见《名宦》。"又《(乾隆)正定府志》卷二六《职官》:"冯裕,临朐人,进士。正德六年任。有传,见《名宦》。"卷三〇《名宦》:"冯裕,临朐人,进士。资禀英迈,识见博洽。正德六年知晋州,剔蠹刮陋,振刷无遗。"二志皆载冯裕正德六年(1511)知晋州,与其它记载相迕。裕正德七年始调萧县,而惟讷本年又生于萧县(见上冯惟敏撰《行状》、余继登撰《墓志铭》),则裕升晋州知州当在本年秋冬。

约是年,裕三子徐哥夭,葬于晋州。

按:冯惟健《陂门山人集》卷八《哭六弟晋哥于凤台门蒿里》:"昔徐哥葬于晋上,尔今复埋于凤台。骨肉散于异域,孤魂沉于蒿莱。"徐哥生于冯裕携眷赴华亭任时,夭时约六岁左右。

正德十年乙亥(1515)　裕三十七岁,惟健十五岁,惟重十二岁,惟敏五岁,惟讷三岁

约是年,裕六子晋哥生。

岁末,裕离开晋州,进京述职。擢南户部员外郎。

按:裕六子"晋哥"在惟讷后,当生于本年或上年(1514)岁末。郑骞《冯惟敏及其著述》考定此年裕自晋州迁南京户部员外郎,"《晋州志》,裕后任知州尚继美正德十年任"。考《乾隆正定府志》卷二六《职官》:"尚继美,东平人,举人,正德十年任。"可知冯裕本年调离,进京述职后即返回广宁。回广宁安顿后,再启程赴任。

正德十一年丙子(1516)　裕三十八岁,惟健十六岁,惟重十三岁,惟敏六岁,惟讷四岁

是年,裕由广宁携家赴凤阳。惟健、惟重就学于广宁卫学。

按:惟健、惟重早已就学于广宁,并相继成为广宁卫诸生。余继登《芹泉冯公暨配蒋太安人墓志铭》:"方居辽时,已为广宁卫诸生",惟健显然更早于惟重入学。冯裕携妻伏氏、四子惟敏、五子惟讷赴任。

正德十二年丁丑(1517) 裕三十九岁,惟健十七岁,惟重十四岁,惟敏七岁,惟讷五岁

裕督储于中都(凤阳)。

《闾山冯公墓碑》:"丁丑,擢南京户部员外郎,督储中都,居守中官骄甚,秉礼不为下。其人怒,阴侦所间,欲中之,逾年竟无所得,乃叹服。"《闾山冯公墓志铭》:"迁南京户部员外郎,督储中都,留守中贵人素骄,公不为下,中贵人怒,阴伺公,逾年无所得,乃已。"

四月,惟直生。

车本《世录·奉祀神主》:"显叔考……府君冯公讳惟直……生于正德十二年丁丑四月二十九日□时……侄子益奉祀。"

正德十三年戊寅(1518) 裕四十岁,惟健十八岁,惟重十五岁,惟敏八岁,惟讷六岁

惟健护侍外祖母刘氏归广宁,并与高氏完婚。秋,携妻南下。

《闾山冯公暨伏氏墓志铭》:"伏翁亦早逝,每闾山宦处,辄奉母刘以行。在留都时,刘年高,念乡土,遂归广宁。后公移家青州,山海阻越,宜人岁时怀望,涕泗不绝。及刘卒,讣至,哀毁执丧如礼。"

惟健《哭六弟晋哥于凤台门蒿里》:"昔在凤阳,吾归故园。汝同诸昆,送我于门……既谐婚媾,遽欲南还。"

按:惟健上年随父到凤阳,本年北上完婚,兼送还外祖母刘氏。完婚后即携妻南下,途中因逢宁王宸濠之乱,至南京已在次

年秋。

惟敏、惟讷进学。

《海浮山堂诗稿》卷一《舍弟留滞陇西屡岁不迁,山居驰念怅然有作》其三:"少小同笔札,出入学雁行。一时诵古文,三岁不成章。七岁娴礼仪,洒扫辟中堂。八岁问奇字,十岁谐宫商。"

李维桢《冯氏家传》:"冯惟讷,字汝言,六龄就外傅,诵书声朗朗如成人。"惟敏《少洲冯公行状》:"甫六龄就外傅,同余受句读,余呐呐不能读,弟朗诵佔毕如成人。质问敢言,先大夫命名之义,实教之也。"本年惟敏八岁,惟讷六岁,正是"少小同笔札,出入学雁行"也。

正德十四年己卯(1519)　　裕四十一岁,惟健十九岁,惟重十六岁,惟敏九岁,惟讷七岁

春初,裕六子晋哥夭折。秋,惟健携妻抵南京。

惟健《陂门山人集》卷八《哭六弟晋哥于凤台门蒿里》:"昔在凤阳,吾归故园。汝同诸昆,送我于门。谓斯别之不久,声欲失而复吞。遥遥万里,行路实难。眷彼故国,孰云同欢。既谐婚媾,遽欲南还。中途阻绝,雨水茫然。江右乱起,势焰烁天。望消息而不可见,欲赴难而不敢前。心死寒灰,泪如奔川。日月奄逝,遂及一年。今春西来,尚愁风烟。载行载止,屡避屡迁。舟抵国门,音信始传……己卯抆泪书于金陵客舍。"

按:本年惟健南还,途中适逢宁王之乱起,东西走避,因而至秋方回南京。《明史·武宗本纪》:"(十四年)六月丙子,宁王宸濠反。巡抚江西右副都御史孙燧、南昌兵备副使许逵死之。戊寅,陷南康。己卯,陷九江。秋七月甲辰,帝自将讨宸濠,安边伯朱泰为威武副将军,帅师为先锋。丙午,宸濠犯安庆,都指挥杨锐、知府张文锦御却之。辛亥,提督南赣汀漳军务副都御史王守仁帅兵复南昌。丁巳,守仁败宸濠于樵舍,擒之。"宁王之乱结束后惟健方抵南京,时间约在八月。晋哥生于晋州,夭于南京,年约五六岁。

正德十五年庚辰（1520）　裕四十二岁，惟健二十岁，惟重十七岁，惟敏十岁，惟讷八岁

秋，裕诣京师考绩，上表请封父母，得旨如所请；乞归广宁省墓，不许。迁南京户部郎中。冬，由京师南返，道经临朐，祭先祖之墓。

　　车本《世录》载冯裕《冯氏先陇表》："庚辰秋，裕以考绩诣京师，始得诰赠先君及太宜人如例。是冬，裕南还，道临朐，求远祖之墓而祭之。"

　　《陂门山人集》卷八《广宁先陇建华表告文》："及除郎中，得赠吾祖奉直大夫，乃遂上疏乞归省。当宁谓膂力有可以奔走国事者，不许。自咎累日，乃遂抆泪撰文，布写衷曲，寓金俾表章墓道，不图付托不效，徒用悼悔，其事遂寝。"

　　《陂门山人集》卷六《游冶泉记》："家居(君)官南都，以事至京师，道临朐，省坟墓，还语健曰：'吾将复矣。'余应曰'诺'，退而号冶泉，成父志也。"

　　按，临朐七贤梨花埠本《冯氏世录·诰命敕表》（下简称梨本《世录》）存"南京户部湖广清吏司署郎中事员外郎冯裕父母诰命"及"南京户部湖广清吏司署郎中事员外郎冯裕并妻伏氏诰命"残文，后者开列冯裕履历："初任直隶松江府华亭县知县，二任徐州萧县知县，三任真定府晋州知州，四任南京户部福建清吏司员外郎，五任今职。"时间均为"正德十五年十一月十五日"。本年岁暮，冯裕在归南途中转道临朐祭远祖之墓，遂生返籍之念。

正德十六年辛巳（1521）裕四十三岁，惟健二十一岁，惟重十八岁，惟敏十一岁，惟讷九岁

裕携全家在南京。

惟健作《冶泉说》，遂以"冶泉"自号。

　　按：《冶泉说》注"辛巳岁作"，而《游冶泉记》称其首次游冶泉

11

在戊子(1528)冬,则作此文时惟健尚未到过冶泉,或父裕在去年考绩时惟健曾随行,道经青州而未及访游也。

惟健、惟重参加南京士人陈凤、许毂等人的清溪诗社。

陈凤《陂门集叙》云:"(汝强)随宦南北,游学金陵。先闻山翁时为南户部郎也。方弱冠,文名崭崭起,声闻士林,乃都人士无不知有冯汝强者……汝强偕其仲氏大行君汝威因马子原明以交予,汝言兄弟尚幼也。予方与所善诸文学缔为文社,修业清溪之上。若今杨参知全卿、卢冏伯国贤,则又与予同栖郊坛之野,汝强最先识二君。亡友金方山子有、令弟子坤适归自大召,又因识两金子。乃后为马竹山承道、陈淄川孟锡、许奉常仲贻诸君亦无不愿交冯氏者。"青州本《世录》载王家屏《明行人司行人赠承德郎兵部车驾司主事芹泉冯公暨配封太安人蒋氏墓志铭》:"间山公宦留都,公从而南,讲业清溪,一时名公如许石城、邢雉山辈与公游者,皆逊以为不及,名益日起。"

按:青溪结社事在何年俟考,惟健、惟重参与其活动暂系于本年。陈凤,字羽伯,一字元举,号玉泉,镇江人。嘉靖十四年进士,累官陕西参议。许毂(1504—1586),字仲贻,号石城,上元人。嘉靖十四年会元。历官户部主事、吏部郎中、南太常少卿、江西提学佥事、南尚宝司卿,遭谗言罢归。有《省中稿》、《归田稿》等。

嘉靖元年壬午(1522)　裕四十四岁,惟健二十二岁,惟重十九岁,惟敏十二岁,惟讷十岁

春,惟健长妹适傅氏,随夫归广宁。

《陂门山人集》卷八《祭亡妹傅冢妇文》:"嘉靖乙巳三月癸酉,冯子有女弟伯氏之丧……昔我父间山府君与而翁凌川君自少为莫逆交,后以官会京师,杯酒谈笑,不俟媒妁,一言缔好……自府君怀水木之思复我邦族,居间阳者惟吾妹耳……吾母自留都江上别汝,汝顾不得一入室宁母,子母是时天涯摧割,苦不可喻,然又岂知竟为永诀也哉!今二十有三载矣。"

按:嘉靖乙巳上推二十三年,则其妹适傅氏正在本年。其夫

乃傅钥之子傅伟。傅钥，字希准，号凌川，正德六年进士，广宁左卫人，官至河南巡抚。傅伟，字伯奇，生平不详。

冯裕疏请归辽省墓，不报。撰《冯氏先陇表》，遣惟重赴辽东扫祖墓。

  冯裕《冯氏先陇表》："呜呼！我先君既葬之三十二年，不肖裕遣儿惟重刻兹石表。""今上改元，疏迄（乞）还辽展墓，弗获报……大明嘉靖元年岁次壬午六月朔日立石。"

约是年，惟重入广宁卫庠。

  沈一贯《喙鸣文集》卷十七《行人司行人累赠礼部尚书兼翰林院学士芹泉冯公暨配封太安人累赠夫人蒋氏神道碑铭》："弱冠补广宁生，倾其曹。"按：惟重本年归广宁省墓，然后补广宁卫庠生，当在本年或下年，暂系于此年。

嘉靖二年癸未（1523）　　裕四十五岁，惟健二十三岁，惟重二十岁，惟敏十三岁，惟讷十一岁

约是年，惟重完婚。旋携家室南行，居于青州。

  青州本《世录》载宋伯华《赠承德郎兵部主事芹泉冯公暨配太安人蒋氏行状》（下简称《芹泉冯公暨蒋氏行状》）："弱冠补卫庠生。故清河令蒋公者，读其文异之，请见之，揖让周旋，娴然也，曰：'子也必将显者！'遂以女适公。逾月，间山公将南迁，伏夫人以为无如新妇归宁何也，计犹豫未有所决。太安人闻之，曰：'奉父母言，使事夫子，则固胸人也。惟舅姑之命，敬共以往。'于是尽室行。"

  按：据此《行状》，惟重完婚时父母曾主持其婚礼，然当时冯裕任职于南京，回广宁当非易事。冯裕是否曾回广宁，俟考。

嘉靖三年甲申（1524）　　裕四十六岁，惟健二十四岁，惟重二十一岁，惟敏十四岁，惟讷十二岁

冬，裕携家自南京北上诣京师考绩，调平凉知府。

冯惟健《陂门山人集》卷五《书海翁哀挽册后》言返籍临朐,借住于张氏:"先大夫以嘉靖甲申为郎留都六载,考绩上京师,道睹邸报,擢守平凉。时上方用兵洮庆间,边鄙震耸,未敢挈家;欲往还闾阳,则关塞阻修,不能具道里费。因计曰:'是未可以复我邦族乎?'遂取道徐、滕,抵朐山,谋诸乡里长老。张海翁则毅然曰:'仆第宅之在郡治者,唯君取之。'时先大夫囊无长物,唯空券相符,非海翁则先大夫之志莫偿也。"

　　按:陈凤《陂门集叙》云:"岁甲申,闻翁出守予(平)凉,从而北省墓临朐,遂定居。明年,予及杨子、许子、金子举于乡。"冯裕本年北上考绩,然定居益都事已在下年(1525)。

嘉靖四年乙酉(1525)　　裕四十七岁,惟健二十五岁,惟重二十二岁,惟敏十五岁,惟讷十三岁

正月二月间,裕率家小抵青,赁屋以居。

　　《陂门山人集》卷六《游冶泉记》:"乙酉,家君移官平凉,遂留家人居青。"王崇庆《闾山冯公暨配伏氏墓志铭》:"乙酉春,公将之平凉,始复于青。"

惟健、惟重就学于青州府学,以文名显于青州。惟敏、惟讷亦就学。

　　陈凤《陂门集叙》:"冯子初自江南归青也,青之人士睹其文笔,异焉以为野王再生,敬通复出,争相引重,摹其点画,拟其体裁,朴棫之俗,纷纷藻雅。"

　　余继登《芹泉冯公暨配蒋太安人墓志铭》:"既徙家,即复为郡诸生。郡诸生闻公名,竞走问业,公为人剖析疑义,无弗满意去者。"沈一贯《芹泉冯公暨配封太安人累赠夫人蒋氏神道碑铭》:"归齐,又倾齐中生。齐鲁文学天性而翻从辽来者禀学,屡交错于户也。"

　　惟敏《少洲冯公行状》:"嘉靖乙酉,先大夫移家青州,同余学《毛诗》,自是敦厚沉毅,笃信好学,名起齐鲁间。"

三月,裕率隶仆赴任,途中得知窦明补平凉知府,遂东还。

五月,闻窦明调凤翔。九月,率惟重再赴平凉。至平凉,时本府同知任守德已升任知府。裕遂东还。

《陂门山人集》卷六《上王稽勋顺渠书》述冯裕官平凉事:"曩时甲申(1524)寓留都六年,考绩居最。僚友咸趋之行,家君曰:'无所愿,不敢侈以吾年资将叨转郡,必复磨勘而进邪?'……北上,岁杪至徐,得守平凉报。时适有西事,不敢携家以行,欲令还闾阳,又无以供仆马费,则还青,立券僦屋以居,日用尽假于今,今乡士所共知者。乙酉三月,始定居。方欲偕平凉隶仆之任,忽得窦某补平凉之报,则尽遣仆马使归。及五月,闻窦君调凤翔,时丧子染疾,百事壖坎。九月,力疾西行,至则杨总制邃庵(按:杨一清)所保升者已视篆三日矣。远地孤立,且贫窭无肯为一处者,则又驱驰东来,俟查行覆奏,殆历三年。夫始也待命江浒,于垣故都,继则窦君补平凉,莫测所自何得者行。迨窦君五月得调,家君九月赴任,罪固难逭。以事势揆之,不为甚迟,岂意任守德从容领郡耶? 奔驰万里,坐受困屈,当道不察,谓为避难,益致石阡之役。"

《平凉府志》卷一"知府"栏:"冯裕,山东临淄(按:当为临朐)人,进士,四年户部郎中升任。"《益都县图志·外传》:"(裕)道过青州,省先人冢墓,乃还旧籍而居益都焉。以后期,改知石阡府。"《(光绪)临朐县志》卷十四裕本传:"道出青,裕乃大治具,上先人冢墓,会其乡党父老,欢洽道故,复还家临朐,命子惟健以眷属居郡城,而独之平凉。以后期,改知石阡。"

按:《平凉府志》卷一"知府"中,冯裕前任"孙聪,直隶开州人,进士,二年刑部郎中升任",裕后任"任守德,山西灵石县人,举人,五年本府同知升任"。冯裕前任孙聪离职,冯裕又迟迟未至,因平凉多事,总督杨一清奏请先升窦明为知府,后又得知冯裕已经赴任,又将窦明调知凤翔。然冯裕仍未至,杨一清以为冯裕畏惧艰险,又奏请将本府同知任守德升任知府。任守德就任三日,冯裕始达平凉,只好待命。杨一清《关中奏议》卷十四《为擢用繁难府分正官以从民便事》云:"陕西平凉府所属三州七县,地薄粮重,民少差多,田无丰厚之获,岁多霜雹之灾。逃移者无顾恋而不归,见在者坐包陪而亦困。内而宗室繁衍,岁增祭葬圹价不下千百余两;外而节被敌骑,深入杀掳人口,抢掠头畜殆尽,举目萧然。加以番汉杂处,盗贼不时窃发;敌众在套,馈运自不容缓。"故疏请荐人以代,"于任守德、王旸二人内择用一员升任平凉知府,则人才器使不致于枉用,小民称便,得藉以聊生,不胜幸甚。……查得陕西平凉府知府,先经推升南京户部郎中冯裕,后访得本官事故未任,又经推升池州府同知窦明,续又访得冯裕无故起程赴任去讫,已将多余窦明调补凤翔府知府。""平凉府知府已经升补南京户部郎中冯裕。切思本府缺官将及一年,其冯裕未知何月日升补,至今尚未到任,恐亦畏险惮难,不肯前来,或别有事故,亦未可知。见今西北二边,各有大敌警报,知府百责所萃,政务浩繁,似难久待。除王旸已经升任外,如蒙乞敕,吏部再为议处。合无准将本府同知任守德升任知府,以从民愿,以济时难。其冯裕该部别为查处,实为便益。"此疏可印证惟健所述。另外,惟重《大行集》中有《雪中次苏长公韵寓固原作》、《瓦亭道中再次前韵》、《寓平凉复雪再次前韵》皆言往平凉路上雪景,可证惟重亦随父至平凉,郑骞《冯惟敏及其著述》云嘉靖六年冯裕"携惟重、惟敏赴平凉",惟敏集中无记平凉者,恐未赴平凉。

嘉靖五年丙戌(1526)　　裕四十八岁,惟健二十六岁,惟重二十三岁,惟敏十六岁,惟讷十四岁

春,裕进京申述。惟健率家人居青,期间代父打点活动。

　　按:冯惟健《上王稽勋顺渠书》记冯裕至平凉后:"远地孤立,且贫窭无肯为一处者,则又驱驰东来,俟查行覆奏,殆历三年。"说明冯裕到平凉后因任守德已升任知府,不久便东还。还青州后,又进京申述,至嘉靖六年改知石阡,首尾三年(1525—1527)。因冯裕不擅于活动,惟健代为打点,陈凤《陂门集叙》:"间翁留青久,及之平凉,平凉业已置佗守矣。艰关途路,往来齐鲁燕赵之墟,叩阍白其事,因获移守石阡。"

嘉靖六年丁亥（1527）　裕四十九岁，惟健二十七岁，惟重二十四岁，惟敏十七岁，惟讷十五岁

裕改知石阡令下，率惟敏赴任。冯氏本年始落籍临朐。

　　按：郑骞《冯惟敏及其著述》以为改知石阡当在明年（1528），并于十二年（1533）迁贵州按察副使，此说似误。裕居石阡共六年，惟健《陂门集》之《南征赋》："盖太守之来也，六年于兹矣。"裕迁贵州按察副使在嘉靖十一年（详见该年条），故本年即赴石阡。而冯惟敏《石门集》之《宦适轩赋》序云："嘉靖戊子春，余方束发，从家君薄游南中，盖自司徒大夫出守平凉，寻调石阡。"郑骞以惟敏之言为据，认为冯氏父子嘉靖七年至石阡。若如此，至十一年裕调离石阡首尾共五年，则与惟健之说相左。事实当是本年朝廷命下，戊子春始达石阡。

　　石茂华《海浮冯公行状》："间山公官石阡，盖西南穷徼地也，不能携家。公时方总角，毅然曰：'万里外，奈何令大人独往哉？'从之行。至宦邸，则朝夕温清，得其欢心。间山公忘其身在万里外云。"

　　李维桢《冯氏家传》称冯惟敏"总角时，父官石阡，力不能携家，惟敏曰：'万里外，奈何令大人独往？'从之"。

　　王崇庆《间山冯公暨配伏氏墓志铭》："及改石阡，宜人留青州。当是时，公素未有基产，宜人率妇子躬绩以业诸子。"

九月三十日，惟健长子子益生。

　　车本《世录·奉祀神主》："显考临朐县学生……府君冯公讳子益，字谦甫，行一，神主生于嘉靖六年丁亥九月三十日申时……孝子璋奉祀。"

　　按：子益（1527—1598），字谦甫，号仰山，惟健长子，县诸生。冯琦《宗伯集》卷二三《伯考仰山公墓志铭》："冯氏迁于北海七十有二载，始迁之岁而公生……公少治《礼》，为县诸生，试高等，受廪于学宫。试于乡辄不利，岁丁卯偕先君往；癸酉偕孝廉公往；丙子携余以往……公少犹及见我曾大父宪副公官三十年，归而不能自食,居常衣韦布,补缀如衲衣,时举以诏我后人,历历如目睹。后人即不能尽籙,然闻其说,无不洒然变色、嘿然内愧者……公内行修洁,被服无所纷华。与人处,不为崭绝崖异,怀抱倾竭,饮人以和。善形家言,抵掌而谈甚辩。"据此可知,冯氏正式落籍临朐在本年。

益都朱润授巢县令,友人牛鸾请惟健代为作文送之,惟健有《送朱伯雨尹巢序》。

按:朱润,字伯雨,嘉靖五年进士,历官巢县令、南户科给事中、松江府知府,左迁宁波府同知,卒于任。《陂门山人集》卷五《送朱伯雨尹巢序》:"丙戌(1526)朱伯雨登第,越明年丁亥夏,有自京邸来者告予曰'伯雨尹巢邑',予闻之喜而不寐……予尝尹益都,治邑之政,实所与闻。"题下注"代牛竹坡作",则是以牛竹坡语气为之。有明牛姓尹益都者,惟牛鸾一人,则竹坡为鸾无疑。牛鸾,字鸣世,献县人,正德三年进士。正德中任益都知县,时刘六、刘七等起事,所过望风奔溃,鸾奋力拒之,事闻,擢青州兵备。历官至副使。

约本年,惟讷入临朐县学为庠生。

惟敏《少洲冯公行状》:"甫总角,一试受廪,游朐庠。"本年冯氏正式落籍临朐,惟敏随父宦游,而惟讷入县学,当为情理中事,惟讷入庠暂系于此。

嘉靖七年戊子(1528) 裕五十岁,惟健二十八岁,惟重二十五岁,惟敏十八岁,惟讷十六岁

春,惟敏随父至石阡。

冯惟敏《宦适轩赋并序》:"嘉靖戊子春,余方束发,从家君薄游南中。"

《(万历)贵州通志》卷十七《石阡府·名宦》:"冯裕,嘉靖间任知府,爱民如子,执法不挠。治城被火,民舍荒残,裕多方招集,翕然成聚。平播、凯之争,二酋服罪;督芒部之饷,三军悦心。"

《闾山冯公墓碑》:"改石阡,播凯二酋相攻,连兵十数年,被檄

往,为正其疆界,责偿所杀伤,皆稽首不复为乱。"

《(乾隆)石阡府志》三卷《职官·知府》:"冯裕,嘉靖十一年任,山东临朐,进士。"按:此记载误,冯裕任石阡当在嘉靖六年。

秋,惟健中举。李开先亦同榜中举。

四库全书本《山东通志》卷十五、《光绪山东通志》卷九二《举人表》。

张敦仁《临朐编年录》卷六:"嘉靖七年戊子,大旱。秋举乡试一人:冯惟健。惟健,字汝强,号冶泉。从父游南都,方弱冠,有声于南都。父罢官,家徒四壁,惟健拮据生业,供举(养)无乏,弟妹婚嫁以时。举于乡,屡试南宫不第。弟惟重卒庐江,方岁晏,触冰雪归其丧,又反其妻孥京邸。所著有《陂门集》,学士大夫亟称之。"

冬,惟健游临朐冶泉。

《陂门山人集》卷六《游冶泉记》:"齐地游观之所,临朐最盛。吾自居青,独不忘游冶泉。不忘游冶泉者何?泉,吾所取号也。号冶泉者何?志故乡也……乃戊子冬,余乘暇携乡人始观于泉,偿夙愿也。"

嘉靖八年己丑(1529) 裕四十九岁,惟健二十七岁,惟重二十四岁,惟敏十七岁,惟讷十五岁

春,惟健赴京会试不第,入国子监读书。时妻子归辽,惟重、惟讷奉母居青郡。

《陂门山人集》卷六《与同年董励卿书》:"己丑,奉陪同年游太学,旅食京邸,友天下髦俊。上谈古昔,傍及世务。虎视凤骞,赵孟不易辙,李郭不让操,岂非哲士大观耶!"按:董三余,字励卿,历城人,嘉靖七年与冯惟健乡试同榜。惟健此书当作于下第后入国子监读书期间。

惟健《拟四愁诗序》云:"北海冯惟健,赋命蹇坎,守道自信,皇皇京国。于时父守石阡,母弟侨于青,妻子还闾阳,朝夕怀念,不宁厥居。乃若所愁,真四愁矣,故拟而赋焉,然衡托物之兴远,余

述事之意多,期于道实,不论工拙。览其作者,可以流涕矣。"诗云:"我所思兮在衡阳,欲往从之湘水长。父兮驱车五马良,为国经营筋力强。坐纡筹策驯蛮羌,指挥军饷收夜郎……;我所思兮在青州,欲往从之路阻修……母兮缲丝妹结绅,弟兮刈麦行西畴……;我所思兮在医间,欲往从之路崎岖……妻兮抱子愁独居,昨闻边关飞羽书。"按:可推知此诗作于落第时,而在冯裕石阡任期内惟健有两次赴试可能(本年和嘉靖十一年)。在惟健给王道的书信中(作于嘉靖九年)言"上所尝为《四愁诗》",可知此诗作于本年无疑。

嘉靖九年庚寅(1530)   裕五十二岁,惟健三十岁,惟重二十七岁,惟敏二十岁,惟讷十八岁

裕及惟敏在石阡。

八月,惟健致书友人王道,请求为父量移近地。

《上王稽勋顺渠书》注"庚申八月十三日",中云:"惟健敢窃告于下执事,家君移居裔土三年矣,不肖怀忧结虑,无所控诉"。

按:王道,字纯甫,号顺渠,山东武城人。正德六年进士,历官至吏部侍郎,卒赠礼部尚书,谥文定先生。著名理学家。事迹具《明儒学案》卷四二。

冬,惟敏作《宧适轩赋》。

《〈宧适轩赋〉序》:"嘉靖戊子春,余方束发,从家君薄游南中。盖自司徒大夫出守平凉,寻调石阡,实为贵州支郡,土夷并隶,故号难治。居亡何,骎骎乎中华风俗矣。三载政成,奏最当行,乃郊庙复古,庀材未备;又境外屡多事,诏可久任,有擢毋移,督郡如故,繇是上下安焉。"

按:冯裕自嘉靖七年至石阡,至本年已三年,秋八月惟健活动于京师,冯裕治绩奏最,但有诏毋移。惟敏一直随父居石阡,《宧适轩赋》有"冯子学《礼》闻《诗》,从适于此者,四三年矣"。亦可证惟敏仍居石阡。曹立会《冯惟敏年谱》编年曰:"约于是年春,惟敏奉父命北还青州完婚。"此言不确,详见下年。

是岁,褚宝任临朐县令。

  《(光绪)临朐县志》卷十三《宦绩》:"知县褚宝,字光楚,一字凤台,河南偃师人。进士,嘉靖九年任。通达治体,政以教化为先,整庙庑,缮学宇,起日新、时习两斋于明伦堂侧。政暇,进诸生讲学谈艺……复创立朐山书院。"张敦仁《临朐编年录》卷六:"九年庚寅,知县褚宝至,字光楚,又字凤台,进士,出湛井泉先生之门,河南偃师县人。文雅修洁……修葺学宫,兴起士类,邑无少长远近,皆知向学,自是科第相继有人。"

秋冬之际,惟健赴广宁省墓,于岁末归青州。

  《陂门山人集》卷八《广宁先垅建华表告文》:"自父某禄仕于外不得归省者,今二十七年矣。自父某以王官上疏不得归省者,今又十年矣……继除石阡,夷方险远,不能携家以行;欲令东来,又无以供仆马费,妻孥遂侨于青,即今限于官守,相望万里……惟健荷祖宗阴德灵贶,嗣守先业,得偕妇子东来,少致蘋蘩。足迹登垅,睹荒草翳丘,樵苏罔禁,深惟父某之意,潸然出涕。乃遂承厥志,建兹华表,立屋墓左,置守茔人。"

  按:若自正德三年(1508)冯裕中进士出仕算起,"今二十七年"则当在1535年,然文中有"继除石阡……即今限于官守,相望万里"云云,则冯裕此时犹任石阡知府,而1535年冯裕已致仕归青州,且1534年惟重省墓,次年亦不致"荒草翳丘,樵苏罔禁"。另据"父某以王官上疏不得归省者今又十年矣"推算,冯裕于正德十五年(1520)乞归省墓(朝廷不许),至本年恰好十年,故"今又十年矣"所记不误,而"二十七年"当为"二十二年"之误。

嘉靖十年辛卯(1531)　裕五十三岁,惟健三十一岁,惟重二十八岁,惟敏二十一岁,惟讷十九岁

春,惟健奉母居青,作《山云》诗思父。

  按:惟健《陂门山人集》卷一《山云》,望父也。父居南五年,其子思父不见,远游至七盘山而作是诗也。冯裕自嘉靖六年赴石阡至本年首尾五年。

裕因制碑事遭弹劾。惟敏奉命回青完婚。

《陂门山人集》卷六《启东渚》："闻荣即台司，眷遇日重，休问章布，幸甚幸甚……昨石阡家人至，言家君为御史所论制碑事，不识所论云何？碑亭自去岁十月迄工，首先诸郡，不知何以论之？疏直之性，动致尤愠，命矣何言！"

冯惟敏《南京礼部司务一川宋君行状》："时余弱冠，方从先大夫薄游南粤，闻君名于万里外，心窃慕之。已而命婚北还，未谒故旧，独先访君于委巷间。"石茂华《海浮冯公行状》："间山公官石阡……公时方总角……从之行。至宦邸，则朝夕温清，得其欢心。间山公忘其身在万里外云……既而遣婚北来，青之人士见者惊异，悉愿纳交。时刘山泉公以侍御家居，授以举子业。其为文有《史》《汉》风格，不类举子口语。山泉公极称许之，尤为朐令褚凤台所器重。"

按：陈经以本年（1531）升任通政使，则惟健《启东渚》此书作于本年无疑。其中说"昨石阡家人至"，当指惟敏携仆归青。惟敏上年岁末仍居石阡，此年"命婚北来"，当为情理中事。妻石氏（1514—1553），石存礼之女。惟敏回青，受业于父挚刘澄甫（范泉），不久进临朐县学，受到临朐县令褚宝的赏识。惟敏《海浮山堂文稿》卷三《贺旧令尹褚凤台八裘叙》："曩余弱冠，不屑举子业，愿受一廛而为翁氓。翁弗许，使游乡校。督学使君阅卷，置上等应试。翁固为请廪，弗许。翁出，以膝示余曰：'为尔固请，此膝屈于人者久之。然尔必博科名，无庸此为也。'既而果如翁言，乃余至今不即为翁氓者，谁之赐也？"褚宝为惟敏请廪而屈膝于人，可见对惟敏之赏重。

宋锐擢贵州铜仁知府，有书与惟健，惟健有《答宋铜仁书》。

《陂门山人集》卷六《答宋铜仁书》："忽奉教札，知荣擢铜仁。铜仁密迩石阡，家君得以乡谊旧雅，日夕旋侍，领教言矣。幸甚幸甚！第念家君以謇薄远适夷方，固其所宜。……尝闻家君言，贵石风土亦自不恶，其民鄙质而畏上，其政简静而上宽，其地僻介山谷中，风气宜人。冬不沍寒，夏无酷暑，其物鳞鲜秔稻四时蔬菜不绝……其誉至京师,万里传播,恒后他人,其官宜守,故人当道,念且不及,其思怀君恋国,徒抱忠悃,妻子不见者四五年矣……自顾荒陋,明春之事万不敢望,倘得駙骥,是所愿也。"

按:宋锐,字进之,山东新城人,正德十二年进士。惟健书信中"明春之事"当指十一年(1532)的会试,由此则知此书作于本年。《冯惟敏年谱》系于十一年,误。

嘉靖十一年壬辰(1532)　裕五十四岁,惟健三十二岁,惟重二十九岁,惟敏二十二岁,惟讷二十岁

春,惟健会试下第。适逢冯裕迁副使令下,惟健由京师回青州。

秋,惟健奉母往石阡省亲。

《陂门山人集》卷五《赠许涧泉先生考绩北上序》:"愚仲春居京师,大人有贵臬之命。大人盖穷处裔郡者五年矣。……愚退而束装戒仆,安车奉母,发齐鲁,涉河济,历大梁之虚,并荆汉,乱于湘澧,窥九疑,躐夜郎,自秋徂冬,冒履霜雪,穷历险阻盖数千万里,乃始见大人祥舸之馆。"王崇庆《间山冯公暨配伏氏墓志铭》:"及改石阡,宜人留青州。当是时,公素未有基产,宜人率妇子躬绩以业诸子。比升贵州按察副使,宜人一日谓诸子曰:'汝父宦游中州,母子咸从侍,今久处炎荒,久不赴,无乃非人情耶?'惟健乃奉宜人南省,弥年同归。"

冬,惟健至石阡,有书致陈经、黄卿、陈子羽等。

《陂门山人集》卷七《上东渚书》、《上黄海亭书》、《与陈子羽书》皆言及奉母南行事,如《上东渚书》:"健奉母南来,虽险阻备历,然忧患免矣……所深幸者,家君安土加餐,视昔顾益厚胜,但须发种种耳。"

按:据梨本《世录》所载惟讷《祭苋泉弟》:"呜呼我弟,少即英爽。贵州归来,神形日期。"则知惟直亦同赴贵州。

岁末,裕赴按察副使任,携家人往贵筑。

《间山冯公墓碑》:"壬辰,迁贵州按察副使。整饬威清戎政,规令严明,战守有备。土酋龙里死,其兄介与里妻整兵争夺,远近骚动,单车往谕之。"《间山冯公墓志铭》:"迁贵州按察副使,饬兵威清。土酋龙里死,其兄侵之,里妻率其众据险以御,兵各数万人,远近震恐。公单车往谕,皆散去。"《(光绪)临朐县志》卷十四冯裕本传:"龙里土酋死,其兄侵之,酋妻率众与角,合兵数万,兵各震恐,谓将用师,裕乘单车往谕,即听命解散。"

按:"龙里"实为龙里卫,洪武二十三年置,清改龙里县。上引墓志将"龙里"误为土司酋长,《益都县图志》承袭其误,《光绪临朐县志》不误。

《黔记》卷二八"总督抚按藩臬表"之"藩臬二司":"十一年壬辰:马裕(按:当为"冯"),伯顺,副使,有传。"卷三九"宦贤列传":"副使冯裕:冯裕,山东临朐人。由进士嘉靖中出守石阡。清贞绝俗,城中火,居民穴屋延烧,多离散者,公焦然,为之拊循,寻乃益集。凯、播二酋交恶,兵连祸结,公讨平之。尝督芒部饷,转输神速,于是军无脱巾,盘江之役,茂著奇伐,一时士民讴颂不忘。久之,迁黔副使,橐装惟图书公服,无长物。居无何,解组角巾东归海岱,所栖潇然蓬户,衣无完襟,饭一脱粟茇葟,不自知其惨于腹蜚于口也。北海间富民类得食胡饼鼎裔,公兼旬尚不能及。终其身,啸咏清恬,荆扉昼掩,晏如也。后子孙昌炽,足世其家云。"

《(万历)贵州通志》卷二《名宦·副使》:"冯裕,临朐人,嘉靖十一年任。先知石阡府,清介绝俗,爱民如子,历官虽久,囊无余赀。里居敝衣粝食,淡如也。并祀石阡府名宦祠。"

韩士英由贵州按察副使迁贵州参政,惟健代父作文贺之。

按:《陂门山人集》卷五《赠石溪韩公擢参贵藩序》:"石溪子与冯子同为郎留都,后冯子守石阡,石溪子副贵臬,建节威清。乃石溪子参藩政,则冯子代建节焉。"可知,此文是惟健代父作。韩士英,字廷延,南充人,正德九年进士。历任户部主事、郎中,出为岳州知府,迁贵州按察副使、参政、按察使,转湖广,升工部右侍郎,转南户部侍郎,进右都御史,转南京兵部尚书,推户部,未任致仕。

嘉靖十二年癸巳（1533） 　裕五十五岁，惟健三十三岁，惟重三十岁，惟敏二十三岁，惟讷二十一岁

裕及妻伏氏、子惟健、惟直在贵筑。

　　惟健《陂门集》之《南征赋》叙石阡父老歌裕之功德云"太守之来也，六年于兹矣。……今持宪台，省核廉墨"，继云"于是乎我仆彷徨，乃临睨夫牂牁之江，见间山夫子于贵竹之馆"。裕自丁亥至此，已六年。惟健另有赋《圣泉赋》、诗《春日牂牁馆中》皆作于此年。

是岁，贵阳书院落成，惟健作《贵阳书院碑记》。

　　《陂门山人集》卷六《贵阳书院碑记》："乃予自京师来，见之叹曰……书院建于癸巳，巡抚养斋徐公实倡之。"按，徐养斋，即徐问，字用中，号养斋，武进人。弘治十五年进士，累官至南京户部尚书。《明史》有传。有《山堂萃稿》。嘉靖十一年以治行卓异拜右副都御史，巡抚贵州。

初夕，惟讷与熊氏成婚。

　　惟讷《光禄集》《〈忆昔〉序》："外舅前溪熊公昔倅秦淮，余以癸巳除夕行奠雁礼于馆舍。"

　　按：熊氏（1518—1543），惟讷《祭亡妻熊文》："自余媾子，十年于兹。"熊氏卒于嘉靖二十二年（1543），上推十年，正在本年。

嘉靖十三年甲午（1534） 　裕五十六岁，惟健三十四岁，惟重三十一岁，惟敏二十四岁，惟讷二十二岁

裕因制碑事被论解官，惟健有书告陈经，言及父罢官事。

　　《间山冯公墓碑》："甲午，被论解官。人莫知其罪，或曰：'公亟清邮传绎骚，赎金月令主藏吏人之总司，怨若忌者媒蘖之。'公怡然曰：'仕宦三十年，幸数脱奇祸，归老牖下，吾复何求？'"

秋，裕率家人归青。惟健书寄友人黄臣、李开先。

　　《陂门山人集》卷六《上黄安厓中丞书》："某寓京师，三谒门

下,未尝得一奉桥席……嗣后不肖往来并燕之域,奔走滇济之檄,殆无停轨。执事荣即宪台,镇抚关中,位望日隆,益复不敢望大君子门墙矣。昨随侍家君还自南裔……家君被论,戆直之性,不能事人,自当有此,敢辱高谊?……兼之两弟至自鹿鸣,同时承欢,不期而合,天其有以处我矣!塞翁之见,良亦不诬,又何为不豫哉。"

按:冯裕本年以贵州按察副使致仕,诸方志均有记载。如《嘉靖临朐县志》卷三"乡贤":"出守贵州,升按察司副使,屡有平蛮功,汉夷贴服。复以忤时弃官归临朐。"《明史·冯琦传》称冯裕"终云南副使",实承袭王鸿绪《明史稿》之误。

《陂门山人集》卷六《与李伯华吏部书》:"仆居京,数辱下榻,令高谈知执事进友天下士,非仆所及。执事且有大德于仆,仆未有以报。自执事之论倡家君平生,颇见知于士君子,皆曰:'冯君守身为国人也,但不谐于俗耳。'《语》曰:'生我者父母,知我者鲍子。'仆虽为执事死,宁有怨悔哉?执事致身枢要之地,乃能一破尝(常)调,不忘故交,今人未见有此高致者……仆东归见父于淄渑之间,伏而言曰:'不肖健无能轻重,使父负不稽之谤。'父曰:'嗟乎,是何言哉!吾得全要领,完其心以归,幸矣。汝忘吾居石阡,吁天求归不得时耶?人贵知分,不可忘意也。汝能无替父操,亦复何憾?'"据此可知,冯裕受谤,惟健曾求助于李开先。

秋,惟重、惟讷举山东乡荐。

《光绪山东通志》卷九二《举人表》。

张敦仁《临朐编年录》卷六:"(嘉靖)十三年甲午,知县褚宝建东钟楼,复修冶源、五井社学。秋举乡试二人:冯惟重、冯惟讷。"《少洲冯公墓志铭》:"领嘉靖甲午乡荐,登戊戌进士。"

秋,惟重赴广宁省墓,岁末归。

宋伯华《芹泉冯公暨蒋氏行状》:"甲午,举于乡,归从家宴,酒数行,间山公顾诸子曰:'自余返临朐,每饭意未尝不在医间下也,先人之丘墓寄焉。以道路之不易,谁往视之?'公请行。于时虏数入寇,行旅阻绝,公逾关而东,马上左右视望,隐隐烽火起,辄趋蔽匿荒城中,月余始达广宁。既展墓,则芟荆蔓,筑周垣,刻石而树之。乃还报命,间山公大喜称善。"余继登《芹泉冯公暨配蒋太安人墓志铭》载:"甲午,举于乡,归从家燕。时广宁苦兵,间山公顾念先人丘垅,临食而嗟,谓诸子:'谁其展视者?'公请行,间关烽火中,逾月始得达,竟芟荆蔓,筑垣立石而还。"

嘉靖十四年乙未(1535) 裕五十七岁,惟健三十五岁,惟重三十二岁,惟敏二十五岁,惟讷二十三岁

春,惟健、惟重、惟讷进京赴试,皆落第。南都友人陈凤、许穀中进士。惟健与友人共悼亡友邢沂,有《邢企鲁诔》。

时惟健滞京师,观新进士谒太学释褐,有《乙未四月六日观进士释褐》,其中有"伫看玄化浃,长铗未须哀",可见其艳羡之情与不拔之志。《陂门山人集》卷六《启汝洲徐公书》:"愚兄弟同时下第,功名非失自非所论,第以衡茅不足栖息,田亩不足饘粥,逋负之夫日索于门。某年逾三十尚不能博升斗,以为亲忧,将焉用操管毕为哉?"

《陂门山人集》卷八《邢企鲁诔》:"嘉靖甲午年□月□日,邢企鲁君卒。越明年二月,其同年友会京师,设位,哭之成礼。"按:邢沂(1495—1534),字企鲁,号鲁泉,临邑人。嘉靖七年举人,未仕而卒。

惟健兄弟返青州。陈经迁礼部右侍郎,惟敏有《送东渚陈丈之京师时为礼部侍郎》。陈旋以丁忧还。

王世贞《弇山堂别集》卷六〇"通政使":"陈经,山东益都人,由进士十年任,十四年加礼部右,本年丁忧。"

约十月,裕与友人在青州城北郭禅林结海岱诗社。

按,海岱诗社创立,成员各条其生平,并订立社约。《海岱会集》附《海岱会集名氏》:"石存礼,字敬夫,年六十五岁,九月十三日生,弘治庚戌进士,历任行人、员外郎、郎中,知府致仕。号来山,益都人。蓝田,字玉甫,年五十九岁,二月初六日生,嘉靖癸未

进士,任监察御史闲住,寻除名闲住,号北泉。即墨人,有《北泉集》,已著录。冯裕,字伯顺,年五十七岁,七月十五日生,正德戊辰进士,历任知县、知州、员外郎、郎中、知府、副使致仕,号闾山,临朐人。刘澄甫,字子静,年五十四岁,九月二十四日生,正德戊辰进士,历任行人、监察御史、佥事,参议致仕,号山泉,寿光人。陈经,字伯常,年五十四岁,十二月初三日生,正德甲戌进士,历任给事中、参议、通政使、礼部左侍郎,号东渚,益都人。黄卿,字时庸,年五十一岁,十一月初四日生,正德戊辰进士,历任知县、知州、员外郎、郎中、知府,参政致仕,号海亭。刘渊甫,字子深,年五十二岁,正月初九日生,庚午乡贡进士,号范泉,澄甫之弟,正德戊午举人。杨应奎,字文涣,年四十九岁,三月初二日生,正德辛未进士,历任知县、主事、员外郎、郎中、知府致仕,号渑谷,益都人。"《海会集条约》订七条会约:"一、会地:每会北郭禅林,取远阛阓;一、会期:每月一会,初一日至初五日为止,轮流主者先日传约以午前为期,违者有罚;一、会馔:每会主者预办素食一餐、酒一二樽,随量饮。是日不许棋槊音乐;一、课业:每月拟赋题一道,古今诗十首,作完写册,至日携赴约,所品评审定以次登簿,篇数少者有罚;一、会日:主者探题,各赋五七律一首,或绝句二首;一、正会外,其余庆吊乡约各随人便,不须约行;一、会友各备私课簿一册,大小格式相同,转相钞录,不许将会内诗辞传播,违者有罚。"

冬十一月初一,裕与同郡石存礼、蓝田、刘澄甫、刘渊甫、黄卿、杨应奎七人首次聚会。

《海岱会集》冯裕《长至日海岱会集序》:"嘉靖乙未日南至,于是石子、蓝子、二刘子、黄子、杨子、冯子七子者相与会,寻诗盟也。……嘉靖十四年十一月之吉旦闾山冯裕序。"

嘉靖十五年丙申(1536)　裕五十八岁,惟健三十六岁,惟重三十三岁,惟敏二十六岁,惟讷二十四岁

三月九日、五月五日、七月七日、九月九日,裕与诸友会诗于青。是年,陈经亦入社。

见刘渊甫《上巳日海岱会集序》、刘澄甫《五月五日海岱会集序》、杨应奎《七月七日海岱会集序》、黄卿《九月九日海岱会集序》。

嘉靖十六年丁酉(1537)　裕五十九岁,惟健三十七岁,惟重三十四岁,惟敏二十七岁,惟讷二十五岁
秋,惟敏举山东乡荐。友人宋延年亦中举。

四库全书本《山东通志》卷十五;《光绪山东通志》卷九二《举人表》。

《嘉靖临朐县志·科贡》:"嘉靖丁酉科冯惟敏。"

按:时王慎中为山东提学佥事,见惟敏文,赞赏有加。石茂华《海浮冯公行状》:"丁酉,遵严王公校士东土,卷未拆,谓人曰得二佳士,及唱名,公其一也。遵严公雅负时望,自谓于天下书无不读,然犹逊其才,曰:'是非吾所及也。'是秋,中东省乡试高等。"《(光绪)临朐县志》卷十四《人物》:"晋陵王慎中督学山东,自谓于书无所不读,少所推许,及见惟敏文,乃大赏异,以为其才不能逮也。"冯惟敏《海浮山堂文稿》卷四《南京礼部司务一川宋君行状》:"丁酉,晋江王遵岩公以文望视学山东,奇君之才而廉得其行谊,大器重之。尝语诸生云:'自吾东巡,得隽二人',谓君与余也。是岁省闱,以《春秋》魁七十子,大方伯杨方城公由状元及第提调试事,既燕鹿鸣矣,语七十子云:'吾所举皆海岱知名之士。'盖以自多,意实在君也。"王慎中1536年至山东,《嘉靖山东通志》卷十《职官》:"佥事王慎中嘉靖十五年闰十二月到任。"1538年离任,《明世宗实录》卷二〇九"嘉靖十七年二月乙巳朔":"丙午……升山东按察司佥事王慎中为江西布政使司参议。"

八月二十一日,惟健发妻高氏卒。

车本《世录·奉祀神主》:"显妣孺人高氏,行二,神主生于弘治十五年壬戌(1502)十月初三日,卒于嘉靖十六年丁酉八月二十一日,享年三十六岁……孝子子益奉祀。"

十月初三日,惟讷长子子临生。

车本《世录·奉祀神主》:"显曾祖考……府君冯公讳子临,字正甫,行二,神主生于嘉靖十六年丁酉十月初三日辰时……孝曾孙溥奉祀。"按,冯子临,字正甫,小字阿阳,庠生。

嘉靖十七年戊戌(1538)　裕六十岁,惟健三十八岁,惟重三十五岁,惟敏二十八岁,惟讷二十六岁

春,惟健兄弟四人同赴京师会试。惟重、惟讷举进士,惟健、惟敏落第。

余继登《芹泉冯公暨配蒋太安人墓志铭》:"戊戌,举进士,授行人。"

冯惟敏《少洲冯公行状》:"戊戌登第。吾朐自马澹庵(马愉)及第后,百一十年乃继,自此彬彬,科第不乏人矣。"余继登《少洲冯公墓志铭》:"领嘉靖甲午乡荐,登戊戌进士。"

《嘉靖临朐县志·科贡·进士》:"正德戊戌科:冯惟重,行人司行人。冯惟讷,常州府宜兴县、大名府魏县知县,山西蒲州知州,扬州府、松江府同知,南京户部员外、郎中。"

按:惟重举三甲66名,惟讷举三甲186名。是科会试主考为顾鼎臣、张邦奇。

石茂华《海浮冯公行状》:"戊戌北上,人咸谓一第芥取耳,已而下第,皆拟之刘蕡云。时公仲兄芹泉公、弟少洲公并第,公为经画其事,至秋乃归。"

惟健有《两弟登第志喜》、《三月十五日群士应制吾视弟于阙门遇雨》和《十九日传制,两弟为余道其事,喜而述焉》纪其事,又有《将东还示两弟戊戌》。惟敏有《上巳日作时落第客京师》等。

惟敏《海浮山堂诗稿》(下简称《诗稿》)卷二《上巳日作,时落第客京师》:"三月三日东风恶,满城桃李都摇落。……飞空不解作红雨,着土岂得为香泥。……花开花落会有时,抵死不分狂风吹。……"

> 按：惟健《十九日传制两弟为余道其事喜而述焉》："拜舞乾坤何以报，敢于江海效微涓"，郑骞《冯惟敏及其著述》因此云"叙两弟登第事，诗中无应试不第语意，盖屡试不第，已绝意进取，其入京乃监视诸弟也。"此论未确。《陂门山人集》卷二《将东还示两弟》云："黄鹄游四海，悲鸣长恋群……日月流云汉，客心怆以醺……吾归事含菽，汝党策高勋。远哉大夫业，况当圣明君。"诗中勉弟之情与失意之悲并存，可知本年惟健亦曾赴试。惟健一生未曾绝意仕进，谢榛《哭冯汝强》序云"九上春官不第，竟以病死"，则知冯惟健自嘉靖八年（1529）至嘉靖三十二年（1553）九赴会试，其间从未中断。

茅坤、胡宗宪亦举进士。

四月，世宗巡天寿山，惟健兄弟在京，惟健有《驾巡天寿山歌》十首。

> 按：据《明史·世宗本纪》，世宗曾于十五年春三月、秋九月、冬十月，十六年春二月，十七年春二月、夏四月、秋七月，十八年秋九月八次赴天寿山阅陵，其中本年（1538）春惟健恰在京师应试，故此组诗当作于本年无疑。又其九有"秋李花开春气柔，长随雕辇伴春游"之句，北京春迟，二月还不会"秋李花开"，故此组诗当作于四月。

秋，诸兄弟赴辽省墓，同游医无闾山。

> 按：惟敏《词稿》卷一《复儿度辽省墓》后注："余戊戌东归一展墓，逮今四十年，始遣子复"，又其诗《题闾山观音阁壁》有"高人四五雅有情，登临正是悲秋候"，可知为是年秋。惟重亦有《登观音阁》诗。

八月，衡王朱祐楎卒于青州。惟健、惟敏作文祭之。

> 《国榷》卷五八"世宗嘉靖十七年"："（八月）丁未，衡王祐楎薨，谥曰恭。"张敦仁《临朐编年录》卷六："（嘉靖）十七年戊戌，敕葬衡王祐楎于临朐三阳山之原，赐谥曰'恭'。"
>
> 按：见《陂门山人集》卷七《祭衡恭王文》、《海浮山堂文稿》卷四《祭衡恭王文》。

是岁,胡宗宪任益都县令。

《(光绪)益都县图志》卷十八《官师志四·益都县知县》:"胡宗宪,绩溪人,进士。嘉靖十七年知益都县,严信赏罚,民咸服之。擢监察御史,按两浙,以平倭功擢佥都御史,终少保、兵部尚书。说者谓宗宪经略已概见于益都云。"

嘉靖十八年己亥(1539)　裕六十一岁,惟健三十九岁,惟重三十六岁,惟敏二十九岁,惟讷二十七岁,子履一岁

二三月间,世宗幸承天(治湖北钟祥),惟重奉命告祭湖湘。是夏,至徐州,染病。

《国榷》卷五七"世宗嘉靖十八年":"(二月)乙卯,上发京师,后妃从。有卒孙堂夜入御座前,言沿途治行幄,劳苦吏民,非便。下狱……辛酉,次真定。癸亥,发岳州……南京御史胡宾等疏止南巡,不听……戊辰,郑王厚烷朝于新乡……谈迁曰:中原饥甚,一时供亿之苦,有郑侠所不忍绘者。乘舆甫驾,劳扰半天下,然孝思所迫,虽疲民勿恤也。或曰上有昼锦之意,非所敢出矣。""三月己巳朔,祭河而渡,过荥泽……辛未,徽王厚爝朝于钧州……戊寅,至承天丰乐县。庚辰,宿旧邸庆云宫,谒皇考于隆庆殿。辛巳,御龙飞殿受朝……甲申,上作乐章,享上帝于龙飞殿……庚寅,回銮,辞皇考于龙飞殿……壬辰,上发承天,作《思恩赋》……(四月)己亥,次荥泽,发帑金二万赈饥民,时道上啼号相续……壬子,上还京,入宣武门,群臣失迎者千一百四十二人,罚俸有差。"亦见《明世宗实录》卷二二一"嘉靖十八年二月"、卷二二二"嘉靖十八年三月"与《明史·世宗本纪》。

五月,陈经服除,以礼部右侍郎起。冯惟健有诗《送少宗伯东渚翁还朝》,冯惟敏有《送东渚陈丈之京师,时为礼部侍郎》。

王世贞《弇山堂别集》卷六〇"通政使"称陈经"十八年再起原职"。《国榷》卷五七"世宗嘉靖十八年":"(五月)丙子,起户部尚书梁材、礼部左侍郎署通政司陈经原秩。"

闰七月十八日,惟重子子履生于京邸。

车本《世录·奉祀神主》:"显祖考……府君冯公讳子履,字礼甫,行三。神主生于嘉靖十八年己亥闰七月十八日亥时……孝孙士璩奉祀。"

十月二十八日,惟重卒于庐州。

《大行集》中有《湖南杂题》二首、《武昌书怀》、《楚中候驾》、《驾狩承天》等诗,皆作于此时。宋伯华《芹泉冯公暨蒋氏行状》:"肃皇帝南狩,奉命告于湖湘道中,一切馈遗无所受,日夜驰驱烈暑中,及庐而病。疽发于背,同年潜溪张公、霞峰董公视之而泣……数日,竟不起……大行公以嘉靖十八年十月二十八日午时卒。"余继登《芹泉冯公暨配蒋太安人墓志铭》:"会肃皇南狩,简命公往告湖湘。湖湘暑湿,盛夏瘴热,公日夜驰驱,风雨罢劳,不少休。至庐而病疽发于背……遂卒于庐……卒于嘉靖十八年十月二十八日,享年三十有六。"车本《世录·奉祀神主》:"显祖考……府君冯公惟重,……卒于嘉靖十八年己亥十月十八日□时,享年三十六岁。……孝孙琦奉祀。"按:《世录》"十八日"前当脱"二"字。

十一月,讣至,惟健往庐州奔弟丧;惟敏赴京,迎嫂侄归乡。惟健作《哭亡弟汝威文》。

《陂门山人集》卷八《哭亡弟汝威文》:"嘉靖十有八年春王二月,冯仲子汝威以大行人躬从南狩。式奉纶綍,率彼江浒,旬宣南国。冬十月壬辰日,疽发背卒。其兄自齐千里言奔于庐。憾骨肉之睽绝,恸少哲之凋徂,爰祭以酒而吊以文曰:弟耶梦耶,其亡矣夫!伤哉痛乎,天其丧予!彼苍藐藐,又曷吁诸,不一视汝,恨毒焉如。汝疾来报,言何泄泄。我读汝书,心独惊异。挈衣于迈,遄征不日。诘朝汝嫂,忽遘危疾。提携别墅,遴选仆隶,驰骑中都,形留神怵。还书报我,谓无复患,舒南揽辔,庐江扣舷。数询南旅,咸谓其然。曰睇安陵,问询幽燕,孰是一疾,竟沦九泉。汝疾再剧,何靳一使!乃独兀兀,抱病旅次。所欲告语,微言畴识?脱有不讳,殓谁临视。弗虑弗图,伊胡云智。兄乎不仁,顾重汝戾。汝则长往,吾悔何既。大人于仕,急国振民。田无负郭,橐靡余缗。东驰西骛,干蛊亨屯。中更十载,维予二人。欢言尔禄,藉以娱亲。昔少年日,股肱相依。一啜必招,跬步不违。或觏我劳,攘臂趋之。一日不见,彷徨栖迟。……七月之吉,尔子实生,祖闻燕喜,诏以命名。汝知之耶?庶惬旅情。谓尔式训,以视厥成。粤自童龀,天资特颖。……人亦何贵,所贵者德。马革裹尸,丈夫懿烈。尸以致命,贞臣高节。王命在躬,不敢遑息。力疾驰驱,以死报国。我视尔忠,尚亦无阙。汝之诸孤,吾成育之。矕矕诸弟,既义且慈。远哉南土,不可久羁。魂其来归,汝兄是依。"

石茂华《海浮冯公行状》:"己亥岁,肃皇帝巡狩江汉,芹泉公以大行奉命播告南国,卒于官,妻子居京师。公冒历冰雪,迎归其丧,人皆义之。"

友人宋延年、益都令胡宗宪来吊。

车本《世录》载冯琦《显考河南布政使司右参政诰封通议大夫礼部右侍郎兼翰林院侍读学士府君行略》:"一川宋公与大父同年,来吊丧,哭失声。就几前许以女归府君。益都令梅林胡公闻而高之,实代行聘定礼。"

十二月九日,惟健抵庐州。十九日,由庐州扶榇东还。途经临淮,受知县刘某、友人褚子兴兄弟祭奠。

《陂门山人集》卷七《庐州还留谢蔡可泉郡丞书》:"舍弟不禄,过辱执事。轸念王人,哀其孤远,榇殓丧具,百务周悉。至诚恻怛,泽逮枯骨。伏念舍弟何修,身殒异域而遭际乃尔?愚父子兄弟何啻感恩,且报颜于执事矣。某十二月九日始克抵庐,闻诸道路舆台、妇人小子无不诵高谊者。家君、讷弟有不腆书启,某有百拜忧悃,匍匐上谢,少馨万一。然下吏有淮泗之行,伏惟五日至七日十日,而熊辕藐无还信。必欲躬俟,然客邸丧次,道远岁穷,实有难久居者。谨将原赍书仪献诸台下,望门稽首,不胜犬马缱绻之私,冀于中途尚得攀奉旌旐,一纾胸臆,恸哭愤懑也。《哀亡弟文》一首呈览。家务琐语,不足辱教,庶见衷曲耳。"按,蔡克廉

(1511—1560),字道卿,号可泉,嘉靖八年进士,历官至户部尚书,有《蔡可泉集》。惟健至庐州停留十日,没有等到知府,遂留书府丞蔡克廉而去。至临淮,县令刘某临吊并作祭文,同卷《启刘临淮》:"亡弟魂魄得履仁人之境,执事赐之吊慰,兼以赗赆,手御翰墨发之衰素,伤恸恳恻,情文两极,此斯文之至痛、达人之施遇也……执事暂卧淮扬,行复召还,讷弟必待于京邸,稽首致谢悃也。"友人褚子兴、子行昆仲来吊,同卷《谢褚子兴、子行昆仲》:"道出中都,得奉教左右执事,深惟昔欢情好逾笃。连永累夕,燕惠踵至。亡弟丧寓临淮,昆玉同与芹、春塘诸子不远数舍,俨然辱临,宠以哀辞,情逾骨肉,足以辉赉泉壤,生恤而死哀之,谊笃不遗,德逮存殁矣。"

嘉靖十九年庚子(1540)　裕六十二岁,惟健四十岁,惟敏三十岁,惟讷二十八岁,子履两岁

正月,惟敏迎嫂侄(惟重妻子)归自京师。二十四日,惟健自庐州扶柩至青州。惟健有书信《寄谢庐州友人》。

《陂门山人集》卷七《寄谢庐州友人》:"仆仗远庇,輀绋无警,道不沾濡,以正月二十四日克还乡里。四弟迎亡弟妻子亦至自京师。历问寒暄,独少一人,心宁不悲痛哉。"

二月十九日,葬惟重于尧山。二十二日,惟讷赴京受职。二十五日,惟直因伤心呕血卒,三月四日葬。

车本《世录·奉祀神主》:"显叔考……府君冯公讳惟直……卒于嘉靖十九年庚子二月二十五日□时,享年二十四岁。葬于尧山之东。孝侄子益奉祀。"

《陂门山人集》卷七《与内兄高四墅昆弟》:"汝威弟卒于王事,以二月十九日归骨西山之麓。而七弟以悲号过甚,六日暴亡,复以三月四日即窆南城之阿。不及半岁亡两壮弟,门祚世事,何期至此!……所幸汝威生儿八月颇壮。后方其将葬也,吾与地师相地,得诸河浒,识者曰:'是可以保艾厥后。'愚曰:'唯若是,足矣。'汝敬妇亦有遗孕,冀其生子,天佑之,不使朴淳之人乏后也。"

冯琦《宗伯集》卷七三《寄吕新吾》："先叔祖母陈者,大司马公女,宪副公妹也,归先叔祖苋泉公。先祖以大行卒于庐州,叔祖往扶柩痛哭,呕血而卒,卒时叔祖母年二十矣。"

三月初,惟讷至京,除宜兴令。在京闻讣,旋南下赴任。

梨本《世录》载惟讷《祭岘泉弟》:"往岁之冬,兄逝庐阳。春言归槥,东郭是藏。惟我诸昆,勉厝厥祥。筋肤外弛,性情中戕。骨肉死别,途人涕雾。弟遽丧生,无乃太伤!衰绖在途,躃踊临穴。讵知旦暮,泉途共歇。吾襄兄事,勉赴王期。弟遘小疢,含意即辞。勖哉加餐,进学是规。容不变常,言不称诀。褰裳出门,呜呼生别。我行三辰,弟遽永世。父兄狂瞀,乡间惊悸。拥衾挥毫,箕踞论艺。俄顷祸生,奄然而逝。居者疑梦,况隔远地……呜呼我弟,汝有弱妇在室,遗孤在抱。抚成汝孤,吾窃自效。汝兄不仁,悲衅众委。死不躬殓,葬不掩薶。京邸闻讣,肝裂魂褫。奋意欲旋,弟已葬矣。洒涕南悲,枯形北倚。吾授此官,弟冥不闻。仲秋夜归,月照霜魂……吾之南来,奄忽数月。爰及兹辰,弟服当阕。醴以荐馨,文以示诀。地久天长,魂兮来格。"

三四月之交,惟讷至宜兴。

《少洲冯公墓志铭》:"庚子,除宜兴令。"惟敏《少洲冯公行状》:"庚子,授宜兴知县。时方弱冠,能除强暴,捕数十年粮犯,悉收其逋。任未久,租赋大集,躬督解者输郡帑。守阅解牒数,数万,疑弗信,曰:'果有之乎?遽若是多乎?'言未竟,银楑满庭下……自是巨猾无敢侵渔者。"

八月仲秋,惟讷作《祭岘泉弟》文。

按:上引《祭文》有"仲秋夜归""吾之南来,奄忽数月"等句,证明此文作于仲秋之夜。

冬,惟健外祖母卒,惟健、惟敏赴闾阳。惟健作祭文。

按:《陂门山人集》卷七《祭外祖母文》:"嘉靖十九年十月二日,有人自闾阳来者,传伏母讣音,某及妻宜人率子妇缟素为位哭奠。越二十八日,则遣子惟健、惟敏赍赙布奔数千里。将会葬于医巫闾之阳,惟讷厥领县务,亦遣人自阳羡来赴。"玩味此文语气,乃惟健代父而作。

嘉靖二十年辛丑(1541)　裕六十三岁,惟健三十九岁,惟敏三十一岁,惟讷二十九岁,子履三岁

春,惟敏进京赴会试不第。

夏,惟讷调魏县。

《少洲冯公行状》载:"尝率诸生就岁试,趋江阴。巡江使者乘间行邑,阳怒不候已而阴有所希,久之不如意,乃论调魏县。时北房初犯塞,畿内震恐,乃增筑邑城,城双井镇,民心始安。"《(光绪)临朐县志》卷十四惟讷传:"知宜兴县,捕治诸豪右侵牟官租者,得金巨万,白当事。部使者行邑,不时谒,坐蜚语,调知魏县。"

按,本年七月,俺答遣使款塞求贡,诏却之,俺答始入寇。《明史·世宗本纪》:二十年"秋七月丁酉,俺答、阿不孩遣使款塞求贡,诏却之。是月,俺答、阿不孩、吉囊分道入寇,总兵官赵卿帅京营兵,都御史翟鹏理军务,御之。九月……辛亥,俺答犯山西,入石州。"

《陂门山人集》卷七《答胡承休书》:"讷弟少年为邑,不能事人,被论薄谴,理自宜然。归来省过,每念朋旧,辄为浩叹,然不能一候下从,何辱命焉。夏初得调魏县,其心事官理,稍稍见知当道,是以尚复尔尔。"

秋,惟敏途经章丘,访李开先、谢九仪等。

按:时李开先罢官归,惟敏访之,作套曲《李中麓归田》,其序云:"吾乡中麓李公,博学正谊,予心慕之。都中邂逅,彼此尘鞅,未缘请益。顷抗疏归田,娱情述作,绍作大雅,讨论秘文,杂兴所及,时涉新谱。"(《词稿》卷一)可证两人相识于京城。曲后小注:"是年北房始寇边",则证此曲作于本年。

惟健三妹病卒。

《陂门山人集》卷八《祭亡妹傅冢妇文》:"辛丑秋,三妹适朱伯源者,一疾竟至不起。"按,朱泗,字伯源,益都人,诸生。其兄朱润,字伯雨,嘉靖五年进士,官至松江府知府,左迁宁波府同知。

嘉靖二十一年壬寅（1542）　　裕六十四岁，惟健四十岁，惟敏三十二岁，惟讷三十岁，子履四岁

益都令胡宗宪以母丧归，不久去任，惟健有诗《五歌赠胡益都梅林》，惟敏有文《贺梅林胡先生两荐叙》。

胡桂奇《胡公行实》："壬寅，太夫人弃养，士民上书挽留，奔走悲号，如失父母。衡府图《青齐十异政》为赋，百姓作《三挑破笼谣》而悲歌之。及行，老幼万余持筐筥，扶携送百里外，哭声震野。"

《陂门山人集》卷二《五歌赠胡益都梅林序》："冯子躬耕云门之麓、沧溟之野，澹焉自守，脱略世故，顾独胡子与相心知。于是胡子有母之丧，冯子不胜为胡子悲。既胡子将解位去，则又不胜为齐民悲，爰作五歌以拟之，以纾我东人之思焉。"

冯惟敏《海浮山堂文稿》卷一《贺梅林胡先生两荐叙》："梅林胡君英年擢第，来长益都，性笃而敏，温而介，殆有所以待之矣。视事两期，动静不扰，人己不失，得令长体，又何易易然也。惟今天子仁圣，注意亲民之吏，抚按宪臣，有所推荐，辄加召录。梅林之贤，荐者再矣，且夕迁矣。"

秋，因俺答寇边，募兵于直隶、山东、河南。

《明史·世宗纪》："二十一年……闰五月戊辰，俺答、阿不孩遣使款大同塞，巡抚都御史龙大有诱杀之。六月辛卯，俺答寇朔州。壬寅，入雁门关。丁未，犯太原。秋七月……己未，俺答寇潞安，掠沁、汾、襄垣、长子，参将张世忠战死。八月辛巳，募兵于直隶、山东、河南。"《陂门山人集》卷五《赠东岗苏少尹叙》："曩东川张子令吾朐，励精综核，政治日举。既而东冈苏子来佐之，警敏恭顺，故能师善让能，相与有成……壬寅之岁，边报日急，天子旰食，重臣率师，内外臣工，咸奔走御侮，青齐之境僻处东海，房臣所及，视中原稍后，郡县皇皇，各为营卫。监司之督，迫于星火。官用不足则敛诸闾里，丁壮不足则役及妇人。房骑未入云中，而海嵎之民已极困敝矣。"按：东川张子，即张鹏汉，号东川，陕西章县人，监生。东岗苏子,名时球,福建人,时任临朐县丞,本年张鹏汉迁去,苏氏曾摄县事。见《嘉靖临朐县志》卷二。

约岁末,惟讷迁蒲州知州。

> 惟敏《少洲冯公行状》:"调魏县……未几,升蒲州守。邑民走留,更定牧马法。遂至郡,理烦治剧,有条不紊,宗藩缙绅下逮吏民,罔不悦服。暇则与文学诸生论道考古,寒暑不辍。癸卯,领乡荐者十三人矣,前后得士,于斯为盛。"

嘉靖二十二年癸卯(1543) 裕六十五岁,惟健四十三岁,惟敏三十三岁,惟讷三十一岁,子履五岁

三月,惟讷由魏县奉母归乡,四月,至青州。夏,携侄子益至蒲州。

> 《陂门山人集》卷七《吊王邦仪丁外艰》:"老父居间康胜,诗酒为娱。老母夏初至自魏……四弟(惟敏)尚未举子,时累鄙怀。五弟一子阳儿。近刺蒲,蒲虽号山西,然僻近西南,去边患为益远耳。小儿子益随阿叔读书蒲廨,年十七矣,方为经理娶事。"按:子益本年十七岁,可知惟讷自上年调任,本年春始奉母归青,寻携子益赴蒲州。

> 《(乾隆)蒲州府志》卷六《职官·知州》:"冯惟讷,山东临朐进士。"

> 《少洲冯公墓志铭》:"调魏令,……未几,迁蒲守。"《(光绪)临朐县志》:"(调知魏县),稍迁知蒲州。"《益都县图志》:"久之,升蒲州知州。"

> 按:余继登《少洲冯公墓志铭》言惟讷在蒲时,"尝见博士弟子俾执经问难,为剖疑义,士争奋励,举于乡者视昔三倍。"据冯惟敏《少洲冯公行状》"癸卯领乡荐者十三人矣"。

秋,惟讷赴乡试阅卷,有诗《癸卯九月归自省闱,卧病太原纪怀一首》。

十月,惟健营祖兆于洋水之北(今青州市西)。

《陂门山人集》卷八《迁枯骨文》:"嘉靖癸卯十月之吉,冯子营祖兆于齐城之北。启卜命锸,见有旧域,冯子恻然,工且暂息。使者报曰,掘毁有日,乃命迄工,迁子遗骸。"可知惟健营建新茔时发现前代枯骨。

十一月二十日,新兆成,惟健作告文。

梨本《世录》载冯惟健《营洋溪北新兆告文》:"维嘉靖二十二年岁次癸卯十一月辛丑朔,越二十日庚申,孝孙惟健谨以牲醴庶品之奠,敢昭告于显祖考赠奉直大夫南京户部湖广清吏司署郎中事员外郎府君之灵。"

二十二日,惟讷发妻熊氏卒于蒲州。二十五日,惟讷作《祭亡妻熊氏文》。又作《哀逝诗五首》。

车本《世录·奉祀神主》:"显妣诰赠夫人熊氏,行一,神主生于正德十三年戊寅(1518)五月十九日辰时,卒于嘉靖二十二年癸酉十一月二十二日巳时,享年二十六岁……孝子子临奉祀。"

梨本《世录》载惟讷《祭亡妻熊氏文》:"呜呼宜人,余今裂心断肠,为子一言,子其听之:自余媾子,十年于兹。夙昔燕婉,每以白首为期。乃今仙姿不留,倏尔长别。呜呼痛哉!方子卧病经旬,忽觉娠动。余切忧子旧疾,乃集医储饵周谀。厥后少孽,产而不育,则又勉为劝慰。既稍安定,谓可缓摄无恙也。讵谓重损之后,感恻于情,宿疾为厉,痛喘终夜。忽尔变作,言不及诀,衣不及展,呜呼痛哉!……子不余负,余实负子。微名相牵,越乡千里。内外亲党,举不及见。吾昔与子,形影相依。乃今独见背弃,吾内孰持,吾儿孰抚?呜呼痛哉!子有弱息,余勉字之,懿则未亡,余勉循之,子不在犹在也。今三日吉,将殓子于殡宫。芳音既远,淑容永绝。地久天长,呜呼死别。情难具陈,聊此将诀。辞不能展,五内摧裂。呜呼哀哉!尚飨。"

《哀逝诗五首》其三云:"阿阳七岁儿,昔为母所怜。生长怀抱中,不识嗔怒颜。"按,阿阳乃冯子临乳字。

嘉靖二十三年甲辰(1544) 裕六十六岁,惟健四十四岁,惟敏三十四岁,惟讷三十二岁,子履六岁

春,惟健、惟敏进京赴试皆不第。友人陈凤在刑部、许毂在吏部,惟健数访焉,有诗《京邸邂逅金方山、陈玉泉、许石城》等。冬,许毂迁南都奉常,惟健送之。

  陈凤《陂门集叙》:"甲辰,再上南宫,复下第。予守比部,数过予,夜谈语及时事,辄抵掌自奋,有四方志,若愤世不已用者。谋谒选,予沮止之。会奉常(许毂)在铨部,亦沮止之。"

  《陂门山人集》卷三《冯子郊居,未及与许子别,于其行甚相念也。冯子闻之,追而送之河之许(浒)复即卷中诸韵聊抒别思四首》注云:"时许石城自铨部迁南奉常";卷四有《冯子与许子别清溪书舍二十年矣,乃后数会京师。甲辰之冬,许子自铨曹迁南奉常,冯子嘉其孝能致主,宦不辞家,君子三乐,可谓不悖,甚为许子乐之》。

冬,惟讷开始编纂《古诗纪》。

  张四维《古诗纪原序》:"始事于甲辰之冬,集成于丁巳之夏,凡十四稔,先生宦迹且遍四方矣。"又:"方甲辰始事,先生始守河中(即蒲州),维于分雠之列。"

是年,惟讷继娶魏氏。

  按:魏氏(1524—1588),青州本《冯氏世录》载李用敬《诰封夫人冯母魏氏行状》:"夫人魏氏……处士菊亭公次女,青州卫人,世业儒术。……年二十一,乃适光禄公。公元配熊氏卒时,子甫七岁……嘉靖甲辰岁也,时公为蒲州守,夫人初事之。"

是冬,裕染疾。岁末,惟讷迁扬州府同知令下。

嘉靖二十四年乙巳(1545) 裕六十七岁,惟健四十五岁,惟敏三十五岁,惟讷三十三岁,子履七岁

正月底,惟讷自蒲州返青州省父,二月抵家。

三月清明,惟讷同年孟淮来访,惟讷有诗《乙巳清明日与孟

豫川同年对酌》。

按：孟淮，字豫川，河南祥符人。嘉靖十七年进士，历官都御史巡抚山西，改应天府尹，性抗直，忤时归。有《卫原集》、《入蜀稿》等。时为山东按察司佥事。

裕病，惟讷不欲之任，裕促之，遂奉母伏氏南下。

惟敏《少洲冯公行状》："乙巳，迁扬州府同知，蒲人陈经正撰《去思碑》。时扬州阙守，摄府事，力当冲要，得为政体。"

惟健长妹病逝，惟健赴广宁奔丧。

《陂门山人集》卷八《祭亡妹傅家妇文》："嘉靖乙巳三月癸酉，冯子有女弟伯氏之丧，自青州千里匍匐而来，会葬于医巫闾之阳，乃抚棺而哭之曰：我父生我兄弟姊妹八人焉，皆至成立。迩岁不吊，骨肉沦丧。己亥之冬，二弟以王命客死庐州；明年春，七弟暴卒，止于茂才。辛丑秋，三妹适朱伯源者一疾竟至不起。乃今又哭吾妹也。七年之间，骨肉逝者半矣。"

六月二十四日，裕卒。

车本《世录·奉祀神主》："显考……府君讳裕，……卒于嘉靖二十四年乙巳六月二十四日亥时，享年六十七岁。葬于尧山之东。孝子惟敏奉祀。"王崇庆《间山冯公暨配伏氏墓志铭》："（公）六月二十四日卒于正寝，享年六十有七。"《间山冯公墓碑》："（公）岁乙巳七月二十四日卒，以其年十一月一日葬临朐洋溪之侧。"按，《墓碑》"七月"为"六月"之讹。

七月十二日，讣至，惟讷设位以哭，并作告文；十五日，又作《七月十五日祭先考文》。旋归丧。

梨本《世录》载冯惟讷《祭告文》："维嘉靖二十四年岁次乙巳七月辛酉朔，越十二日壬申，不肖孤儿惟讷谨泣血稽颡，虔告于显考中宪大夫贵州按察司副使间山翁府君之神曰：呜呼！儿尚敢言于吾考之前乎！……乃今以升斗之禄违亲千里之外，亲疾而不闻，终而不获受遗命也。呜呼，儿复敢言于吾考之前乎？儿春仲自蒲坂归，觐则闻客岁遘患之状，乃私心遂不欲南，以求养请，考曰：'国有常制，若干制罔合，其勿以我故爽大义！'遂督儿行。又念妇弱孙稚,命奉母太宜人之官。至则遣人往候起居,还报曰:大人以六月朔具冠服谒先祠,礼成,引使人见,谕以康宁。儿窃欢愉也,乃使至未旬日而遽闻讣,是儿不孝,不能侍疾,致母违永诀,抱终天之憾,儿罪尚何云哉。"又载《七月十五日祭先考文》:"呜呼!日月不居,奄及二旬。羁旅穷栖,儿怀如焚。惟兹中元,为考诞辰。追维往岁,彩衣献春。堂喧父老,膝绕诸孙。寿筵既醉,和乐且湛。今独何为,寂寞海滨。不见考兮,空瞻断云。悲风吹袿,群鸟号林。攀御莫从,涕泗淫淫。生容在庭,俎豆具陈。泪血告哀,考庶来陈!"

八月间,惟讷奉母归。

《少洲冯公墓志铭》:"乙巳,晋丞维扬,而公寻以外艰归。"李用敬《诰封夫人冯母魏氏行状》:"至乙巳,擢丞维扬,相携之任。副使赠布政公卒于家,以守制归。"惟敏《少洲冯公行状》:"乙巳,以先大夫见背,奉先夫人奔丧。"

十一月一日,惟健兄弟葬父于临朐。

《间山冯公墓碑》:"以其年十一月一日葬洋溪之侧。"《间山冯公墓志铭》:"公之先居临朐,明兴,曾大父某以选戍广宁,至公始复,故以其年十一月一日葬临朐洋溪之侧。"

十二月末,惟敏子子复生。

车本《世录·奉祀神主》:"显考广宁左卫指挥佥事府君冯公讳子复,字观海,行五,神主生于嘉靖二十四年乙巳十二月二十七日□时,卒于万历三十三年乙巳六月初二日……孝子瓒奉祀。"

嘉靖二十五年丙午(1546)　惟健四十六岁,惟敏三十六岁,惟讷三十四岁,子履八岁

十一月,裕神主祀府城乡贤祠。

《陂门山人集》卷八《先府君从祀齐郡乡贤告文》:"先中宪府君以嘉靖丙午十一月二十八日从祀群贤,不肖孤惟健、惟敏、惟讷率孙子益、子临、子履等,谨以牲醴之奠,敢昭告于神位前。"

嘉靖二十六年丁未(1547)　　惟健四十七岁,惟敏三十七岁,惟讷三十五岁,子履九岁

二月,裕神主从祀临朐乡贤。惟健、惟敏赴会试不第。惟讷家居,有《丁未二月朔至张子书屋,时方有仰泉之约,用家兄韵漫赋诗一首》。

　　《陂门山人集》卷八《祔临朐乡贤告文》:"嘉靖二十六年岁次丁未,二月癸未朔,不肖男惟健、惟敏、惟讷率孙子益等谨以牲醴之奠昭告于先中宪府君之神。"按,此文亦见梨本《世录》。

十月,惟敏次子子升生。

　　车本《世录·奉祀神主》:"显考诰封户部云南司郎中府君冯公讳子升,字慎甫,行六,神主生于嘉靖二十六年丁未十月二十四日午时……孝子瑷奉祀。"

嘉靖二十七年戊申(1548)　　惟健四十八岁,惟敏三十八岁,惟讷三十六岁,子履十岁,子咸一岁

正月,惟讷次子子蒙生。

　　车本《世录·奉祀神主》:"显叔考临朐县庠生府君冯公讳子蒙,字□,行七,神主生于嘉靖二十七年戊申正月十二日巳时……侄珣奉祀。"

惟讷家居,同年孟淮来访。

　　惟讷《光禄集》有《戊申春日孟观察见访村居即席分韵二首》。孟淮时为山东按察司佥事,由历下至青州。

五月,惟健次子子咸生。

　　车本《世录·奉祀神主》:"显考乡进士府君冯公讳子咸,字贞甫,行八,神主生于嘉靖二十七年戊申五月初三日亥时……孝子琬奉祀。"

　　《宗伯集》卷十九《贞静先生行状》:"叔讳子咸,字贞甫,别号望山,已,复更曰本轩,盖其志也。父冶泉翁,母李夫人。少而失怙,李夫人慈母也而严父。"

《明史》卷二一六《冯琦传》附冯子咸传:"子咸字受甫,少孤,事母孝,母疾不解衣者逾年。母殁,哀毁骨立。万历元年举于乡,再会试不第,遂不复赴。讲求濂洛之学,尝曰:'为学须刚与恒,不刚则隳,不恒则退。'治家宗《颜氏家训》,钟羽正称子咸'信道忘仕则漆雕子,循经蹈古则高子羔'云。"

按:子咸生母李氏,乃惟健继妻。

秋,惟讷补松江府同知,携母赴任,惟健、惟敏送之于弥水。

《少洲冯公墓志铭》:"服阕,补松江,迁南京户部员外郎郎中。"《(崇祯)松江府志》卷二六《守令题名·同知》:"冯惟讷,汝言,山东临朐人,戊戌进士,嘉靖二十七年任。"《嘉庆松江府志》卷三六《职官表》:"同知冯惟讷二十七年任。"《光禄集》之《送别二首》序云:"戊申中秋,讷奉母薄游吴淞,二兄送余弥水之阳,时积雨淹旬,黾勉就道,感别述征,言咏斯章。"

嘉靖二十八年己酉(1549)　惟健四十九岁,惟敏三十九岁,惟讷三十七岁,子履十一岁,子咸二岁

惟敏挚友马珩卒,惟敏作《国学生合川马君行状》。

按:马珩(1503—1549),字亚衡,号合川,临朐人。宣德丁未状元马愉曾孙。嘉靖十四年选贡。

夏,惟讷因吏事至宜兴,有诗《余解阳羡十年矣,己酉夏分牧吴淞,以吏事再至,作此示同游一首》。

秋,惟讷督运进京,因母病思归,携家以行。惟健迎于镇江,惟讷继妻魏氏奉母归青郡。惟讷至京师,与友人谢榛等相会,惟讷有诗《潞河中秋同谢茂秦言别得人字》。

惟讷有《己酉岁奉职上都,内子侍慈驾东还,别于沂水之侧》一首。另有《代内答》二首,其一有"落日沂水滨,秋风郯水郭",其二有"那能独自开,秋风飒檐瓦",可知时为秋天。至镇江,惟讷作《壬寅春余与叶以明登甘露寺留题,己酉仲秋言寻旧游,而叶已长逝,俯仰悲慨,重赋斯章》及《家兄省母南还,遭于京口,周陪探历,

再至甘露寺次唐孙鲂之作》。

《陂门集》之《南省四首》,其序云:"先府君尝令华亭,爰历三纪,季弟惟讷复佐松郡,奉母禄养,母怀归,迓之京口,而作是诗。"《陂门山人集》卷二有《余别金陵廿有六载,己酉秋南省载临江浒,慨然念旧,挐舟渡江,遂见故人,对月饮酒,感叹成诗》,卷七《上王尊师抚台书》:"迩闻节钺抚我东土,某窃自喜,以为得拜台下,道衷曲、展夙愿也,不意老母从季弟禄养于松,初秋欲归,某奉迎江浒,病痿卧在床蓐,某日侍汤药,不敢废离。"

李用敬《诰封夫人冯母魏氏行状》:"(惟讷)服阕,复补松江,又相携以行,奉姑太夫人伏氏于官邸。未期岁,公以督转输抵京,夫人侍伏姑东还。伏当暮境,抱疴癯甚,足痿不能践地,夫人常承颜色,供几杖、涤瀡具,无不毕备。在道,出入卧兴,先屏人,亲为扶持。太夫人往来长途,动计二旬,得免颠踣,归语人曰:'非妇之左右我,我其毙于途矣。'"

按:自冯裕正德四年(1509)知华亭至嘉靖二十七年(1548)惟讷补松江府同知,历三十九年,而惟健言"三纪"者,概言之,非确指三十六年。

年末,惟讷迁南京户部广东司员外郎。

嘉靖二十九年庚戌(1550) 惟健五十岁,惟敏四十岁,惟讷三十八岁,子履十二岁,子咸三岁

惟健、惟敏再赴会试落第。

惟讷在南京。

谢榛有诗《中秋寄南都冯户部汝言,去岁此夕会汝言潞阳,时警房变,感旧赋此》。按:去岁二月,俺答入寇,本年八月,俺答大举入寇,攻古北口等地,京师戒严。

约是年末,惟讷调广西司员外郎,署郎中事。

惟敏《少洲冯公行状》:"服除,补松江府同知……升南京户部广东司员外郎、广西司郎中。留曹务简,得游心学问。读《易》每至夜分,无异书生时。从有道者究圣贤性命之学,真实体验,求诸身心,尝以猎名干进为深耻。"按,惟讷上年调南京户部员外郎,约在本年以员外郎署郎中事。据梨本《世录》载《陕西布政使冯惟讷并妻诰命》冯惟讷履历:"……五任直隶松江府同知,六任南京户部广东司员外郎,七任本部广西司郎署郎中事员外郎,八任兵部车驾司署郎中事员外郎",可知惟讷以员外郎署郎中事。

嘉靖三十年辛亥(1551) 惟健五十一岁,惟敏四十一岁,惟讷三十九岁,子履十三岁,子咸四岁

子履补青州郡诸生。

冯琦《府君行略》:"年十三为郡诸生。又二年我母宋淑人来归。"

钟羽正《崇雅堂集》卷十三《故河南布政使司右参政诰封通议大夫礼部右侍郎兼翰林院侍读学士仰芹冯公行状》:"十三为诸生,有声黉序。"

于慎行《穀城山馆文集》卷二一《明故河南布政使司左参政诰封通议大夫礼部右侍郎兼翰林院侍读学士仰芹冯公墓志铭》:"十三,补郡诸生,未冠受廪,名伏一时。"

九月,潘恕撰《冯间山先生小传》。

青州本《冯氏世录》载潘恕《冯间山先生小传》:"恕旧闻间山高义,心窃向往。暇时辄次间山先生传藏之箧中,时观览焉,亦区区私淑意也。今岁秋,同门友张子、胡子追德慕义,哀海内诸名家言凡歌颂间翁者若干首,汇而成帙,题曰'德厚疏光',庶以表扬先哲,嗣是又有甘棠遗咏之什之作,抑可见间翁遗泽之在人心,没世犹不忘也。恕无能为役,庸书此以传界之,俾缀诸简末,殊恨庸劣无文,靡以发扬盛美为愧耳。辛亥重九日潘恕谨识。"

临朐训导严怡、夏云鹏离任,惟敏访严怡于县令王家士官舍。惟敏有诗《雪后走慰严石豀邂逅淮川王尹官舍夜归旅宿感而赋此》。

　　　　按:清张敦仁《临朐编年录》:"三十年辛亥三月,知县王家士修孔庙成。禁民射圃取土。与其事者升任教谕祝文、教谕李堂、训导严怡、夏云鹏。"而《光绪临朐县志》卷十一《秩官·训导》:"严怡(如皋举人)、夏云鹏:以上二名俱见三十年文庙碑,时均已升任。"严、夏二人当迁于本年岁末。

惟讷《风雅广逸》付梓。

　　　　按:《风雅广逸》本年由乔承慈付梓,藏地见《中国古籍善本书目》卷二六。

嘉靖三十一年壬子(1552)　惟健五十二岁,惟敏四十二岁,惟讷四十岁,子履十四岁,子咸五岁

二月,惟敏三子子渐(1552—1595)生。

　　　　车本《世录·奉祀神主》:"显考庠生府君冯公讳子渐,字进甫,行九,神主生于嘉靖三十一年壬子二月初二日子时……孝子璩奉祀。"

十月,惟健母伏氏卒,惟讷归家奔丧。

　　　　《少洲冯公行状》:"壬子,居先夫人忧。"《少洲冯公墓志铭》:"壬子,丁内艰。"车本《世录·奉祀神主》:"显妣诰封宜人赠夫人伏氏,……卒于嘉靖三十一年壬子十月十三日午时,享年七十四岁。……孝子惟敏奉祀。"

　　　　王崇庆《间山冯公暨配伏氏墓志铭》:"嘉靖壬子冬十月,年家冯子惟讷厥母伏宜人卒,将合葬乃翁宪副于尧山之麓,踵予以志铭请。"

是岁,惟敏与县令王家士等创修县志,此志即《嘉靖临朐县志》。

　　　　王家士在《嘉靖临朐县志序》中云:"是志也,邑之士大夫皆有商订,不克悉录,如少洲冯子尝之南都,过朐一阅,雅有是正,而石豁、海浮实专其任,可谓有功于朐矣。"

　　　　按:王家士,河南光山人,举人,嘉靖二十六年任。在《嘉靖临

胊县志序》中有:"嘉靖丁未之岁夏六月,家士奉命来临朐。"《光绪临朐县志》卷十三《宦绩》:"知县王家士,字汝希,河南光山人,举人,嘉靖二十六年任(三十二年去职,见卷十一《职官表》),兴学举废,好以儒术饰吏治。县故无志,旧闻阙如,家士始与邑人冯惟敏征文考献,勒为成书。"其"凡例"称:"旧志创于嘉靖三十一年,董其事者知县王家士,总纂者邑人冯惟敏。"

嘉靖三十二年癸丑(1553) 惟健五十三岁,惟敏四十三岁,惟讷四十一岁,子履十五岁,子咸六岁

春,惟健、惟敏会试不第。

是岁,县令王家士迁去,惟敏有《送淮川王尹入觐叙》。

七月十九日,惟敏发妻石氏卒。

车本《世录·奉祀神主》:"显妣孺人石氏,行二,神主生于正德九年甲戌(1514)八月初七日酉时,卒于嘉靖三十二年癸丑七月十九日戌时,享年四十岁……孝子子升奉祀。"

十二月初六日(1554年1月9日),惟健卒。友人闻之,纷纷为诗悼念。

车本《世录·奉祀神主》:"显考乡进士府君冯公讳惟健,……卒于嘉靖三十二年癸丑十二月初六日午时,享年五十三岁。……孝子子益奉祀。"

谢榛《哭冯汝强并序》:"北海冯汝强,少举明经,与予善。九上春官不第,竟以病死。闻讣怆然,情见乎辞。"李开先《李中麓闲居集》卷四《六十子诗有序》:"可惜大冯君,善书更善文。有才终不售,今又一刘蕡。"许毂《归田稿》卷六《冯汝强哀词》:"常怪嵇康书不至,乘云何意作仙游。龙墀未试三千字,鹤驾先寻十二楼。闲弄彩毫凌鲍谢,醉弹雄剑睨王侯。高风尚在交期尽,独把牙琴涕未休。"

49

嘉靖三十三年甲寅（1554）　惟敏四十四岁，惟讷四十二岁，子履十六岁，子咸七岁

正月，惟敏、惟讷将父母合葬于青州尧山。

>王崇庆《间山冯公暨配伏氏墓志铭》落款："嘉靖甲寅春正月二十日勒石。不肖男惟讷泣血稽颡书。"

嘉靖三十四年乙卯（1555）　惟敏四十五岁，惟讷四十三岁，子履十七岁，子咸八岁

正月，惟讷服阕，赴京候补。

二月，惟敏四子子丰生。

>车本《世录·奉祀神主》："显考处士府君冯公讳子丰，字亨甫，行十，神主生于嘉靖三十四年乙卯二月初八日辰时……孝子璲奉祀。"

春，惟讷补兵部车驾司郎中。

嘉靖三十五年丙辰（1556）　惟敏四十六岁，惟讷四十四岁，子履十八岁，子咸九岁

正月，惟敏赴京会试，遇惟健友陈凤，遂以惟健遗稿托序于陈。

惟讷在京，将《陂门山人集》付梓。

>陈凤《陂门集叙》："初，冶泉冯子卒于青……久之，予上京师，时其季氏驾部君适免丧待次公车。会其叔氏汝行上南宫，自其家携所遗稿授予，俾任后死之责……驾部将刻梓以传，属予为序。"落款为"嘉靖丙辰王正月南都友人陈凤元举序"。按，据《中国古籍善本书目》，此即"嘉靖三十五年冯惟讷刻本"。

春，惟讷出为陕西佥事，分巡陇右，兼督学政，驻秦州。有诗《将发秦中奉别三省诸僚长三首》。

>《甘肃通志》卷二十七"职官"之"分巡陇右道"。
>《少洲冯公墓志铭》："……复补北驾郎，出为陕西佥事，分巡陇

右,兼督学政。"《少洲冯公行状》:"壬子,居先夫人忧。三年,改兵部车驾司。未几,迁陕西按察司佥事,分巡陇右兼兵备道。陇右番胡杂处,民且贫敝。至则缮城堞、谨烽火、申法纪、平政令,生养休息,四民安业焉。乙卯,带管提学事。"青州本《冯氏世录》载刘应熊《陕西按察司佥事少洲冯公遗爱记》:"嘉靖丙辰,少洲冯公分臬陇右,驻节秦州。"

按:惟讷在陕西达五年之久,惟敏《词稿》卷一《忆弟时在秦州》序云:"余弟在秦州,五年不得调。"其跋语云"此词作于庚申(1560)之秋",则由本年春至庚申秋正五年。而梨本《世录》载《陕西按察司佥事冯惟讷敕》:"敕陕西按察司佥事冯惟讷,秦州地方系陕西要害处所。先因控制失宜,致有盗贼聚众劫掠。今特命尔前往,专在秦州驻扎,整饬巩昌等处兵备,兼营分巡陇右道地方,时常操练军快,修理城池,缉捕贼盗,抚安军民,问理刑名,禁革奸弊,仍听总督镇巡等官节制。"落款为"嘉靖三十年月日之宝",与惟敏、刘应熊所述不合,此敕命当为传抄致误。

十月,王世贞任山东按察副使,备兵青州。

《嘉靖青州府志》卷十一《兵防》、卷十三《宦绩》。

《明世宗实录》卷四四〇"嘉靖三十五年十月丙戌朔":"(癸卯)升刑部云南司郎中王世贞、山西布政司右参议马珮俱为山东按察司副使。"

冬,惟敏曾与王世贞等宴集青州。

惟敏《冬日凤洲西堂命酌观金虎集》注:"吴郡王公元美时镇青州。"

是年,子履受廪于郡学。

冯琦《府君行略》:"年十八受廪饩于学宫。"

嘉靖三十六年丁巳(1557) 惟敏四十七岁,惟讷四十五岁,子履十九岁,子咸十岁

夏,惟讷《古诗纪》编成。

王世贞《诗纪序》:"惟讷竭平生之精力为此书,书成而御史甄

敬刻之陕西行台，其刻既不能精，又无为之校订者，豕鱼之误相属。"张四维《古诗纪序》："始事于甲辰之冬，集成于丁巳之夏岁，凡十四稔，先生宦迹且遍四方矣。"

嘉靖三十七年戊午（1558）　惟敏四十八岁，惟讷四十六岁，子履二十岁，子咸十一岁，琦一岁

段顾言为山东巡按，大肆搜刮，百姓苦之。惟敏以曲刺之。

《词稿》卷四《吕纯阳三界一览》序有："戊午、丁巳间，有酷吏按治齐鲁，大猎民赀，以填溪壑，累岁无餍，人人自危，莫知所止。"《财神诉冤》跋语："嘉靖丁巳、戊午间，有墨吏某，每按郡县，辄罗捕数百千人，囹圄充塞，重足而立，夕无卧处。计民产百金已上，必坐以法竭之。凡告人命，虽诬必以实论，有厚赂，虽实必释。由是诬告伺察之风盛兴，而倚法强发民冢者不可胜计……某自谓山东之民易于残虐，密请于故相，独留二年，六郡之财悉归私室而后去。"

按：段顾言，号古松，遵化人，嘉靖二十九年进士，历官至浙江参政，以党附严嵩罢归。何出光《兰台法鉴录》卷十七："段顾言，字□□，顺天遵化县人。嘉靖二十九年进士，三十五年由祥符知县选河南道御史，三十七年（1558）巡按山东，三十九年巡按江西，四十年巡按广东，升浙江副使、参政，考察回籍。"段，字汝行，见《（嘉靖）山东通志》卷二十五《职官》。

惟敏被逮系历下，久之乃解。归途中惟敏访李开先、谢九仪，作小令《李中麓醉归堂夜话》十八首、《谢少溪归田》。时俞宪为山东左参议，因得纵观惟敏诗文。

惟敏《七歌行》跋语："历下作，时有墨吏煽祸齐鲁间，六郡甚苦之。予亦致之历下，久之乃解。"

俞宪《冯海浮集》序："予参东藩，海浮忽为一巡院所虐，逮系省城，因得纵观其诗文。……其所指巡院，即《七歌行》自注'墨吏煽祸齐鲁间，六郡甚苦之。予亦致之历下，良久乃解'者也。盖嘉靖丁戊间段侍御顾言云。"

  按：据惟敏《七里溪别墅》其五"非无五亩宅在邑多纠缠"及《燕州别驾行》"一朝乡里相驱迫，横加束缚婴其身"，极可能因田产纠纷而遭诉讼，适逢段顾言欲借机搜刮，遂致囹圄之灾。《词稿》附录《财神诉冤》序云："嘉靖丁巳、戊午间，……独留二年，六郡之财悉归私室而后去"，而《光绪临朐县志》卷十六《杂记》云："山东巡抚段顾言四十三年"系明显讹误。

十一月二十三日（1559年1月1日），冯琦生。

  车本《世录·奉祀神主》："显考资政大夫礼部尚书兼翰林院学士赠太子少保谥文敏府君冯公讳琦，字用韫，行二，神主生于嘉靖三十七年戊午十一月二十三日未时……孝子士璩奉祀。"

  王锡爵《王文肃公文草》卷十《礼部尚书兼翰林院学士赠太子少保琢庵冯公墓志铭》："公讳琦，字用韫，生于嘉靖戊午十一月二十三日。"

嘉靖三十八年己未（1559）　惟敏四十九岁，惟讷四十七岁，子履二十一岁，子咸十二岁，琦两岁

惟敏再赴会试下第。友人宋延年亦下第，于本年夏谒选，授魏县教谕。惟敏有《送宋一川之魏台六首》。

  按：惟敏《送宋一川之魏台》注云"初为邑博士"，其六："行行驱羸马，送子出长安。所期在平生，但言免加餐。彷徨不能辞，执手还相看。有时慰遐睇，高举云中翰"，可知两人在京师分别。惟敏《海浮山堂文稿》卷四《南京礼部司务一川宋君行状》："岁己未，公七上春官，仅得疏名乙榜，署魏博教事。命下之日，欣然就道，曰：'吾志也'，然实不能忘情于甲第间。"钟羽正《崇雅堂集》卷十三《赠承德郎兵部主事南京礼部司务一川宋公暨配太安人陈氏行状》云："岁丁酉（1536），乡试第四人。督学遵岩王公名士也，阅文少许可，顾独奇重公……公以高才博学七试不遂，最后列乙榜。及就署魏县教事，魏诸生素慕公，及得公而争就质经义，而公专以崇本尚实为训。"

惟讷任陕西佥事。六月，至省台西安。

《光禄集》之《赠别徐华原大参之广南序》："己未六月,余以事诣省台,时华原迁去已数月矣。古川程公出赠言册命书,怀念昔游,俯仰斯别,不辞芜谫,敬缀二章。"按:徐华原,即徐南金,字体乾,丰城人。嘉靖二十年进士,授桂林司理,升御史,巡按广西,历山东按察副使,转陕西,迁广东左参政、河南按察使、浙江右布政,累官至湖广巡抚、副都御史。本年以陕西按察副使迁广东左参政。

　　按:车本《世录·敕表》有"山西布政司分守冀宁道右参政冯惟讷敕",落款为"嘉靖三十八年十月初六日之宝",若按此敕表,惟讷迁山西右参政在迁河南参议及浙江按察副使之前。而落款为"隆庆二年(1568)七月十八日之宝"的"陕西布政司右布政使冯惟讷并妻诰命"(车本《世录·诰命》)中列惟讷历官"九任陕西按察司佥事;十任河南布政使司右参议;十一任浙江按察司副使;十二任山西布政使司右参政;十三任山西按察司按察使;十四任今职"。履历一目了然,可证此敕表之误。

本年,惟讷刻《汉魏诗纪》二十卷于武昌。

　　按:据《中国古籍善本书目》,此书为明嘉靖三十八年自刻本。据乔世宁《武昌刻汉魏诗纪序》(迈柱等《湖广通志》卷一百一):"《汉魏诗纪》盖抄自汉魏人集,又本史志,旁及诸类书与郭茂倩所集乐府,乃其诗歌谣谚语传记有征者亦并采焉……刻既成,属余为叙。"

嘉靖三十九年庚申(1560)　惟敏五十岁,惟讷四十八岁,子履二十二岁,子咸十三岁,琦三岁

秋,惟敏作散套《忆弟时在秦州》。至此,惟讷居秦州已五载。

七月,惟讷三子子节(1560—1603)生。

　　车本《世录·奉祀神主》:"显考国子生府君讳子节……生于嘉靖三十九年庚申七月十八日未时,卒于万历三十一年癸卯九月十三日卯时,享年四十四岁……孝子琯奉祀。"

是岁末,惟讷升河南布政司参议命下。

嘉靖四十年辛酉(1561)　惟敏五十一岁,惟讷四十九岁,子履二十三岁,子咸十四岁,琦四岁

春,惟讷赴河南任。

　　《少洲冯公墓志铭》:"在镇(指陕西)五年,……升河南右参议,分守河北。"《少洲冯公行状》:"升河南布政司右参议,分守河北道,督饷都下,请托不行。"惟敏《词稿》卷一《忆弟时在秦州》跋语:"此词作于嘉靖庚申之秋,……。时舍弟方奔走障塞,……明年,稍迁河南参议。又明年,相见于京邸,余亦授官矣。"

　　按:梨本《世录》收《陕西按察司佥事冯惟讷并妻诰命》,时间为"嘉靖四十年十一月二十五日之宝",若此时间准确,惟讷任河南布政司参议则在本年底至下年春之际,不可能如此短暂。《世录》中所收诰命、敕表记年多有讹误,不可从。

嘉靖四十一年壬戌(1562)　惟敏五十二岁,惟讷五十岁,子履二十四岁,子咸十五岁,琦五岁

春,惟讷由河南回临朐,青州兵备副使刘应时等与惟讷议修府志。

　　《嘉靖青州府志》雷礼《序》:"嘉靖壬戌春,宪副洪洞刘君应时慨青郡久无志,无以章往开来,与郡人参政冯君惟讷议叶敦请宪副陈君梦鹤等分类纂辑。"

春,惟敏会试下第,遂谒选。惟讷亦进京述职,四月,授浙江提学副使。兄弟相会于京。

　　石茂华《海浮冯公行状》:"壬戌北上,所知力劝之仕,曰:'如公之才,如应龙垂璧,所至自成云霖,呈虹气,奚区区赖一第为?'遂稍稍肯之,谒选天曹,授知涞水县事。"惟敏《少洲冯公行状》:"壬戌,升浙江提学副使,便道省墓,哀痛伏地者久之。谓子侄曰:'余恋薄禄七年于外,而松楸芜不治,罪莫大焉。'乃经营,刻墓表,

筑垣如制。"

在京期间,惟敏与欧大任、黎民表等结诗社。

欧大任,字桢伯,号仑山,广东顺德人。以岁贡选江都训导,迁广州学正,入为国子监博士,迁大理评事,终南京户部郎中。工诗文,明代诗坛"广五子"之一。有《欧虞部集》、《百粤先贤志》等。黎民表,字惟敬,号瑶石山人,从化人。嘉靖十三年(1534)举人,授翰林院孔目,迁吏部司务,终布政司参议。被王世贞列为"续五子"。惟敏《诗稿》卷五《每讯仑山欧广文消息兼怀中翰黎瑶石四首》其三:"黄金台下结社,白玉堂中订盟。寻常相对山色,咫尺共听江声。"可知冯惟敏与欧、黎诸人在京结社。欧大任《旅燕稿》卷二《题冯汝行海浮山居图》当作于此年。

六月,惟敏授直隶涞水令。

《词稿》卷一《访沈青门乞画》序:"青门之名,余耳之旧矣。壬戌早春,历城邂逅,西馆燕嬉,时余犹书生也。"惟讷《发涞水后寄别家兄》六首,其序云:"壬戌仲夏,家兄海浮解褐补涞水令。时余祗役浙江,过邑相存,淹留积日乃发。兄送余白河之南,感怆仳别,赋此寄呈。"

惟讷亦赴浙江任,经惟敏官邸,小住数日。李开先有诗《赠浙江督学宪副冯少洲》;李攀龙有《送冯汝言学宪之浙江》;李先芳有《送冯汝言四首》。惟讷至开封,徐中行有诗《梁园送青州冯公督学浙江》二首。

《(光绪)涞水县志》卷五《文职》:"冯惟敏,山东临朐县举人。"卷五《宦绩》:"冯惟敏,字汝行,少负才名,领乡荐。嘉靖中知涞水,政教阔利,迁保定府通判。因仕不显秩,骯髒归海滨,以文酒自娱。"

《少洲冯公墓志铭》:"壬戌,擢浙江提学副使。"李用敬《诰封夫人冯母魏氏行状》:"壬戌,擢浙江督学宪副,奉玺书校群彦,盖出抡选,采名实以授非常秩也。"

车本《世录·敕表》之《皇帝敕谕浙江按察司副使冯惟讷》:"……今特命尔往浙江巡视提督各府州县儒学,尔其钦哉!……

所有合行事宜,申明条示于后,其慎行之,毋忽。故谕。……嘉靖四十一年四月□日广运之宝。"

九月,惟敏在涞逢初度。

《邑斋初度自寿序》:"余始试邑于涞,重以禄不逮亲为永憾。不携家累,只一童自随。杪秋初度,壶浆奠献之余,举觞致语,自祝心切;感慕不释,命笔填词,至三煞,潸然泪下不可止。"

按:惟敏《燕州别驾行》述自己经历云:"九叩天阍,一宰山县。千里移官,万里乘传。"可知从嘉靖十七年(1538)首次赴试至本年谒选,共九赴会试。

嘉靖四十二年癸亥(1563)　惟敏五十三岁,惟讷五十一岁,子履二十五岁,子咸十六岁,琦六岁,珣一岁

春,惟敏在涞水任,作《春雪行》。

《海浮山堂诗稿》卷二《春雪行》注:"在涞水作。"

夏秋之际,惟敏被论,是秋解官,归乡。

《海浮冯公行状》:"不罪里甲,不诘小民,独摘大姓多负者惩之,积逋完者强半,百姓喁喁感悦,而豪右不便己私者腾谤四起矣……是时抚台李公檄州县种树,诸郡邑奉行未至,公所植已郁郁成阴矣,旁郡邑见者以其异己也,深衔之……公多质直自任,不为婣阿态,遇义所不可,虽上官莫夺也,竟被论。"惟敏《词稿》附录之《县官卖柳》跋语云:"是时抚台李公,檄州县各树道路如法。六郡州县,奉行未至,而余所棵树已畅茂矣。忌者因而中伤之。""县官既行其政,而民心亦归,使者以为异己,深忌之。"《词稿》卷二《解官至舍》跋语亦云:"余以癸亥秋解官,自分优游山水,无意世事。"

按:抚台李公指李迁,字子安,号蟠峰,南昌人。嘉靖二十一年进士。嘉靖四十一年由河南布政迁右副都御史,巡抚保定。本年十月升工部左侍郎,总督河道。据上述记载,惟敏被论之原因,一为开罪豪右而遭谤,二因政绩优异而为同僚所忌,三因秉性刚直而为上司所不喜。

八月,惟讷孙、冯子临子珣生。

> 车本《世录·奉祀神主》:"显祖考……府君冯公讳珣,字季韫,行三,神主生于嘉靖四十二年癸亥八月十二日亥时……孝孙溥奉祀。"

秋,惟讷升山西右参政。

> 《少洲冯公行状》:"癸亥,升山西税粮道右参政。躬历严邑,出入千山中,边饷以给,虏不敢犯。台臣屡荐之。即其地迁按察使,直谅明恕,多所平反,而群吏不法者无少贷,三晋称神君焉。"
> 《少洲冯公墓志铭》:"癸亥,升山西右参政,即自其省为按察使。"
> 李用敬《诰封夫人冯母魏氏行状》:"癸亥,升参山西政事,复就本省拜总宪外台。"

十二月,惟讷至平阳督饷。友人谢榛有诗《寄冯大参汝言,时督饷平阳》。

> 车本《世录·敕表》之《山西布政使司右参政冯惟讷敕》:"敕山西布政司右参政冯惟讷:所属地方,递年拖欠粮草数多,王府、军卫所禄米俸粮拨给不足,预备仓粮全无储积。饥民无以赈济,而管粮官员多有受贿,纵容粮里书算人等多端作弊。兼以所在军卫刁拨官舍,旗军包揽挟制不肯上纳,以致粮草往往欠缺,而所收者又多亏折。究其所以,盖由官无专管之故。今特命尔专一往来提督所属府州县税粮马草等项,并预备仓粮带催料价……军职并文职五品以上据实参奏挐问,六品以下官员人等悉听尔,轻则量情处治,重则挐送本司理问,所及所在官司,依律问拟,照例发落。每年终将催征过已完未完该纳粮草,及措置过预备仓粮数目,造册缴部,以凭稽考……嘉靖四十二年十二月二十二日之宝。"

嘉靖四十三年甲子(1564)　惟敏五十四岁,惟讷五十二岁,子履二十六岁,子咸十七岁,琦七岁,珣两岁

惟敏家居。与修府志。

> 按:惟敏自去年罢官归,便参加了府志的编纂。冯氏一族有

数人参加了府志的编写。《嘉靖青州府志》的"修志氏名"之"同订"一栏中有"涞水知县郡人冯惟敏";"纂修"中列"山西布政司参政郡人冯惟讷"、"郡人冯子益、冯子临、冯子履"。此志实据冯惟讷草稿修成。

秋,惟敏改任镇江府教授之命下。

惟敏《送仰泉迁金堂掌教叙》:"余解簿领之职且一年,而有郡博士之命,又一年而适郡斋。"惟敏解官在癸亥秋,则改任郡博当在本年秋,赴任当在明年。

陕人为惟讷立去思碑,刘应熊作《碑记》。

青州本《世录》载刘应熊《陕西按察司佥事少洲冯公遗爱记》:"嘉靖丙辰,少洲冯公分臬陇右,驻节秦州。越五禩,晋河南参议。又三年,是为嘉靖甲子,秦之若士若民若荐绅思公恩泽在秦者,犹深一路也,欲为公颂美以志永思,介郡学生王瑶偕乡耆王鸾辈过余,请曰……公去秦未洽三年,遗爱浩盎,民思不辍,久若近也,去若存也。"落款为"嘉靖四十九年仲春之吉赐进士第广东监察御史刘应熊撰","九"当为"三"之误。按,刘应熊,字得阳,陇西人,嘉靖二十年(1541)进士,历嵩县知县,授监察御史,出按河东,寻罢归。

嘉靖四十四年乙丑(1565)　惟敏五十五岁,惟讷五十三岁,子履二十七岁,子咸十八岁,琦八岁,珣三岁

春,惟敏入京谢恩,访友人沈仕、欧大任等。

《改官谢恩》序:"初解邑绶,台章谕以量才改邑;章下,天曹覆奏,谨按臣敏'疏简不堪临民,文雅犹足训士',制曰可,遂摄镇江教事。昧爽陛谢,喜而制此。"惟敏抵京,访在京友人沈仕、欧大任等。《访沈青门乞画》序云:"壬戌早春,历城邂逅,……。余今以旷官赴调,复得周旋,谈笑京邸间。因乞作画,有感昔游,情不能默。"上文叙壬戌邂逅历城事,京邸乞画,当在本年。又曲中有"故园此日花如绸,兰舟荡漾闲春昼"之句,可知,京邸相逢当在春日。欧大任《旅燕稿》卷二有《送冯明府谪教润州》。石茂华《海浮冯

公行状》:"乙丑,改镇江府学教授。"

三月,惟敏友人宋延年卒,惟敏有《南京礼部司务一川宋君行状》。

> 按:宋延年(1512—1565),字仁夫,号一川,益都人。嘉靖十六年举人,官至南京礼部司务。其女嫁冯子履。

春夏之际,惟讷因候选入京,会京师友人。

> 欧大任《旅燕稿》卷三有《同黎秘书、曾缮部、吴侍御、万金吾出善果寺访冯侍御》。

子益发妻李氏卒。

> 车本《世录·奉祀神主》:"显妣敕赠孺人李氏,行一,神主生于嘉靖九年庚寅(1530),月日时无考,卒于嘉靖四十四年乙丑三月十三日亥时,享年三十六岁……孝子璋奉祀。"

夏,《青州府志》纂成。惟敏、惟讷家居。秋冬之际,惟讷升山西按察使。

> 按:《嘉靖青州府志》"纂修"为"山西布政司参政郡人冯惟讷",此志成于"嘉靖四十四年孟夏吉旦"(《青州府志序》),时惟讷为山西参政,可知升本省按察使在本年秋冬间。欧大任《旅燕稿》卷三有《送冯侍御出按山西》。

秋八月,惟敏家居,邀会诸友人。

> 惟敏有诗《乙丑中秋李阳坡太守、云坡给舍席上玩月赋谢十二韵,兼呈张竹亭吏部、陈芝巘宪使、刘海山京兆三君子》。李阳坡,即李用和,字元乐,号阳坡,山东益都人。嘉靖十六年与惟敏同榜,十七年成进士。历大理寺评事,迁右寺副,迁卫辉知府。削职归。李云坡,即李用敬,字仲学,号云坡。嘉靖二十年进士,授壶关县令,擢给事中,疏劾仇鸾骄纵,直声震朝野。赵文华督师,劾张经,用敬疏救,廷杖落职。隆庆初,复补用。历左右通政,升光禄寺卿。张竹亭,俟考。陈芝巘,即陈梦鹤,字子羽,益都人,兵部尚书陈经之子,嘉靖二十六年进士,授工部主事,管理济宁水利,撰《济宁闸河类考》;改兵部武选司,撰《武邦铨政》;迁河南佥

事,著《治兵余兴》。罢归,又有《芝蠛山人岁稿》、《雅音萃稿》等。刘海山,即刘一孚,字贞甫,号海山,益都人。嘉靖三十八年进士,历富顺、仪封知县,迁顺天府推官,除户部主事,历员外郎,迁四川参议,终江西副使。

九月,惟敏起程。冬,至镇江。

《词稿》卷一《又仰高亭自寿》跋语"余以乙丑冬客润州",惟敏抵镇江已是冬日。

十月,李攀龙撰《青州府志序》。

《(嘉靖)青州府志》李攀龙《青州府志序》落款:"嘉靖乙丑岁十月几望,赐进士第中宪大夫陕西按察司副使奉敕提督学校前刑部郎中济南李攀龙撰。"

嘉靖四十五年丙寅(1566) 惟敏五十六岁,惟讷五十四岁,子履二十八岁,子咸十九岁,琦九岁,珣四岁

春,惟敏至南京参谒留台,访许榖、邢一凤、姚涧等,并结识曲家金銮。

《词稿》卷一《赠许石城》序:"丙寅春,余以移官京口,参谒留台,过访奉常许石翁。夜话亹亹,论及声律。凌晨趋伺官府,卓午弗得见。卜肆借笔,为填一阕,草具求正。而翁业已先遣童子折简索赠,不知余所往。翌日,复诣官府,又弗得见,即肆中题《姚园十八景》,付之秋涧,亦初稿也。""姚园十八景"即散套《题市隐园十八景》,题序云:"始余客上京,得内交市隐园主人。主人方致身清班,顾未尝忘市隐园也。乃以湘帙标十八景,汇诸名家题咏诸千百言示余征词,以备一体。余笑而应之曰:'主人以十八景示余,余卧游乎,余梦游乎?余恐词之支离而无当也。'主人既得请改南曹,廊庙江湖,一旦合并矣。乃余以谪至南徐,乘兴诣白门,辄驰入园中,历抚十八景,从而赋咏,同赏夙托。复请主人稍更其额曰'仕稳'。"许榖《许太常归田稿》卷二有《冯海桴教授赠余古钟,诗以谢之》,卷四有《赠冯教授》二首,其二云:"海内词林客,何人可抗衡?过江寻旧侣,入座赠新声","新声"当即惟敏散套《赠许石城》;《留别邢雉山》序:"仆垂髫随宦,皓首重来,慨旧识之无多,乐新知之毕聚。"《酬金白屿》序:"秋涧雅招,春园好会,得白屿之老友,聆黄钟之希声,……恨相知之既晚,计信宿之无由。"可知俱作于南京访旧时。按:邢一凤,字羽伯,号雉山,上元人。嘉靖二十年进士第三人,授翰林院编修,累官侍讲,迁太常少卿,左迁参政,罢归。工诗,善度曲,有《雉山集》。姚涞,字元白,号秋涧,南京人。力学好古,工书擅画,居秦淮河上,建市隐园,有《市隐园诗文》。金銮,字在衡,号白屿,陇西人,侨居南京。工诗,善词曲。有《金白屿集》、《萧爽斋词》、《萧爽斋乐府》、《徙倚轩集》等。

归镇江,建仰高亭。

惟敏有诗《同吕甫东登长山》、《由长山却寻招隐兰若小憩》、《登焦山谒隐君祠次韵》。

春夏间,惟敏与江万山、陈五山等人结"江城吟社"。

《海浮山堂诗稿》卷二《高山行奉谢吟社诸公》题注:"江城吟社九人:江万山、陈五山、童三山、王竹区、姚长山、杨云嵒、钱孟山、蒋静观同余,饮于长山之徐来亭,分韵赋诗见贻,许釜山以村居未预兹会,叨入吟社,得观所作,因言及之。"惟敏另有《有怀凤洲使君兼呈仲氏麟洲先生二首》,其一云:"招我霜华馆,示我金虎诗。慰我长安行,幸觏夷甫姿。"指嘉靖三十五年冯惟敏曾集王世贞官舍,观《金虎集》。其二云:"君子违我邦,民今竟无禄。遂令避世人,不敢留空谷。结束事远游,来傍金焦麓……因之想风采,迥然如在目。"

六月,吟诗会集,惟敏有诗。

惟敏《姚长山园亭同江万山、陈五山、童三山、王竹区、杨云嵒、钱孟山、蒋静观宴集,辱示吟社赏莲之作,既而分韵赋此得新字十六韵》"炎阳驻修晷,杪夏流云新",可知时为六月。

七月,居郡斋。作《阁居早秋》六首。惟敏刻《山堂缉稿》于镇江。

八月初一,许毂为撰《山堂缉稿序》。

许毂《山堂缉稿序》:"今余挂冠山中,海浮君由涞水令改教京口,言念通家,停车见访,则又识海浮君……既而海浮别去,俄王、孟二文学持所刻《山堂缉稿》问序,余昔盖尝窥其一班,而今何幸得尽睹其全也。……余因文学之请,既叙其雅制足传,而且感于一门多贤、擅名天壤,因并及之,以寓景行之思云。先生乐府诸调别有刻,兹不序。嘉靖丙寅秋八月朔旦,赐进士出身、中顺大夫、南京太常寺少卿、致仕前吏部文选郎中、江西按察佥事、奉敕提督学校石城许毂著。"据此,知《山堂缉稿》刻于许毂撰序之前,当在本年夏秋间。

仲秋,惟敏与友人集于仰高亭,作《醉月赋》。

《石门集》之《醉月赋》:"丙寅中秋之夜,冯子与客既燕于聚星之堂,已乃复集于仰高之亭。"《又仰高亭自寿》跋语:"丙寅作仰高亭于尊经阁之北,旧膳堂遗址也。……丙寅之秋,自寿于亭中。"

九月,有诗怀黎民表、欧大任等。吟社会集,有诗。

惟敏《京口有怀都下旧游》题注:"顷诸君踪迹顿异,黎瑶石迁留都,欧仑山官维扬。相离伊迩,良晤无繇。瓜洲黄见源时一相过,与话旧事云尔。"欧大任《欧虞部集》之《浮淮》卷五《答冯郡博京口见讯因忆黎职方惟敬》其二有"渐过茱萸佳节,高歌苜蓿荒斋"之句,可知时为九月;其三有"尺书频遣寻盟"、其四有"京口劳君问讯"等句。

是月,惟敏有《秋日同社集鹤林院兼赠陪聪上人得来字》、《即席并次诸公分韵之作因以答谢十首》、《次司空林肖翁游金山併和郡守秦明翁》、《同社小集甘露寺喜王竹区将有谒选之行分韵赋赠得心字》等,可知本月吟社在鹤林院、甘露寺会集两次。按,鹤林院即鹤林寺,在黄鹄山下;甘露寺在北固山。林肖翁,即林庭机,字利仁,号肖泉,闽县人。嘉靖十四年进士,改庶吉士,授检讨,迁国子监司业、祭酒,改太常卿,迁南京工部侍郎,改礼部,为严嵩所恶,嵩罢,始迁南工部尚书,改礼部,寻乞归。秦明翁,即秦淦,字懋清,号明石,慈谿人。嘉靖三十二年进士,历闽县令、南工部郎中、镇江知府、湖广按察副使、贵州提学副使,升四川参政,转福建,至江西布政,转湖广。

十月,惟敏至瓜洲,访黄见源。

惟敏有诗《渡瓜洲访黄见源,宿于吕茂才楼馆,黄国子、龚茂才共集,时十月几望,犹未立冬,漫赋四首》。

闰十月,《海浮山堂词稿》初刻于镇江。

按:《词稿》前《山堂词稿引》署"丙寅闰月,海浮山人题",本年闰十月,故知《词稿》当刻于此时。

惟讷迁陕西右布政使。离任前,曾与孔天胤批点谢榛诗。

《少洲冯公行状》:"丙寅,升陕西右布政使。慨屯田久淹,豪强兼并,任事者莫敢谁何。乃极力推勘,略无避忌,得田万余顷。事闻,肃皇嘉悦,有白金彩币之赐。"《少洲冯公墓志铭》:"丙寅,升陕西右布政使。"李用敬《诰封夫人冯母魏氏行状》:"丙寅,升陕西右布政使,乃病目瞖,昏瞆不能亲事,药罔功。夫人每夜跽祷于天,愿减年龄祈愈公目,涉旬月皆然。用意诚恳,日稍久,目果愈,如往昔,冥默中若有鉴而应之者。"

按:谢榛有《适晋稿》六卷,录嘉靖四十二年到四十四年之诗,嘉靖四十五年由冯惟讷、孔天胤批点受梓。

子咸为青郡诸生。

冯琦《贞静先生行状》:"既长,娶冀端恪公女。丙寅,为郡诸生。"

按:冀端恪公,即冀炼,字纯夫。四库全书本《山东通志》卷二八:"冀炼,益都人,嘉靖甲辰进士。少好学。读诸大儒遗书。博综子史,其无关正学者悉罢之。其学主于诚敬,造次必以礼。为政以孝弟训民,省刑简讼,民化从之。巡抚河南,擒巨寇;督河工,受上赏。移抚保定。加侍郎,告归。不为矫矫之节。居家不问有无。殁无以供葬,子孙售产以办。赐祭葬,谥端恪。"

岁末,秦淦迁湖广按察副使,惟敏有文《送镇江秦守擢楚臬叙》。

《(乾隆)镇江府志》卷三四《名宦》:"秦淦,字懋晴,浙江慈谿人,癸丑进士。嘉靖四十二年由工部郎中守镇江,平易近民,升贵州提学副使。"按,据惟敏文,秦淦由镇江知府迁湖广副使,任贵州副使当在此后。

穆宗隆庆元年丁卯(1567)　　惟敏五十七岁,惟讷五十五岁,子履二十九岁,子咸二十岁,琦十岁,珣五岁

正月,穆宗登极,覃恩中外。惟讷诰封三代,祖春、父裕皆赠通奉大夫、陕西布政使右布政,祖母李氏、母伏氏加赠夫人,妻魏氏封夫人。

惟敏《少洲冯公行状》:"隆庆改元,今上正位储宫,覃恩封三代,祖考妣、考妣得加增二品秩,如其阶。"李用敬《诰封夫人冯母魏氏行状》:"丁卯岁际,庄皇帝登极,覃恩中外,熊夫人与夫人皆荷锡命,获今徽称。"按,梨本《世录》收三封诰命:《陕西布政使司右布政使冯惟讷祖父母诰命》、《陕西布政使司右布政使冯惟讷父母诰命》、《陕西布政使司右布政使冯惟讷并妻诰命》,落款均为"隆庆二年七月十八日"。惟讷在隆庆二年五月已调江西左布政,则诰命时间当在此之前。疑"二年"为"元年"之误。

春,惟敏因事至句容。

《海浮山堂诗稿》卷三《游句曲孔东山园八首》跋语:"孔氏名闻诗,号东山。宋南渡时,有官润州教授者,子孙因家于句容,至东山兄弟,遂为江东望族。其礼度习尚,雅有周鲁遗风云。余今以润州教授有事于句容,因同僚孔龙冈氏主于其家,负郭小园,乘春游豫,亦遣尘想也。"按:惟敏至句容或在本年春,或在明年春,暂系于此。

夏,惟敏由镇江赴云南典乡试,许毂有诗送之。

惟敏《双调新水令·又仰高亭自寿》跋语:"丁卯,应滇闱之聘,其日方燕集黔国,亦歌鹿鸣之诗,余未之有述也。"《海浮冯公行状》:"丁卯,聘典云南文衡,所取皆滇中名士,试录诸文多出其手,传艺林中,以为式。"

许毂《许太常归田稿》卷四《送冯海桴赴滇中校士》:"勿谓南

中远,长途匹马轻。罗才酬盛世,览胜惬平生。山色周遭出,夷风各自成。倘过诸葛垒,知尔想南征。"

秋,子益、子履赴乡试,子益下第,子履举于乡。

《光绪山东通志》卷九二《举人表》、《光绪临朐县志》卷十二《科贡》。

《仰芹冯公墓志铭》:"隆庆丁卯与计偕,明年戊辰成进士。"《仰芹冯公行状》:"丁卯举于乡,戊辰成进士。"

冯琦《宗伯集》卷二三《伯考仰山公墓志铭》:"受廪于学宫。试于乡,辄不利。岁丁卯,偕先父往。癸酉,偕孝廉公往。丙子,偕余以往。"

约岁末,惟敏由昆明返。

隆庆二年戊辰(1568) 惟敏五十八岁,惟讷五十六岁,子履三十岁,子咸二十一岁,琦十一岁,珣六岁

春正月,惟敏由云南返。

惟敏由昆明至川东,登崆峡,由长江上游顺流而下,《海岳吟社诗叙》:"余客润州二年,又南浮洞庭、泛沅湘、涉昆明而还也,乃陟崆峡、下三峡,寻大江之源,览万川之会,放舟上游,复归于润。"《冯海浮集》有《吊黄鹤楼》一诗,当即此行途中所作。

奉檄至南京,修世宗实录。会友人许榖等。

许榖《许太常归田稿》卷四《海桴自滇中校士还》:"校士返滇池,重来问故知。浮游山水胜,来往岁华移。王化无中外,民风杂汉夷。归囊无长物,太半是新诗。"

《海浮冯公行状》:"戊辰,奉檄诣白下,纂修世宗皇帝实录,旁搜靡遗,凡忠臣义士之大节,尤加标异。督学耿楚侗公深褒赏之,以为得大体云。"

二月,惟敏访王世贞兄弟于娄江,不值。

惟敏《娄江访王凤洲麟洲不遇,因同郭五游返棹》其二:"欲话十年别,还看二月花",知时为二月。王世贞《弇州四部稿》卷二八

《海浮子自滇归,迂驾过访,值余他出,怅然因赋此寄怀》亦云:"十载诗相忆,乾坤鬓共苍",知王世贞自青州兵备副使离任已十年。

友人蒋静观赴京,吟社友人送之,惟敏有诗。

惟敏《〈西津折柳卷送蒋山人〉序》:"乃余应滇南之役,逾年归郡,复苦奔命,是夕扰扰,不任烦恚。已而卧疴斋阁,山人叩门,强起余而揖曰:'繄余将为都门之游,原有言以重行色。'因出诗卷以示……顾余既为赋二十四韵,而诸子之咏统有所指,乃效作《折杨柳曲》以尾其后云。"按:本年为会试及谒选之年,故而蒋氏北上。"为赋二十四韵"指惟敏长诗《送蒋伯源如京师》。

夏,俞宪编惟敏诗《冯海浮集》一卷,收入《盛明百家诗》二集中。

《盛明百家诗·冯海浮集》俞宪识语云:"海浮字汝行,尝由乡贡士令涞水,改教润州。隆庆戊辰长夏锡山俞宪识。"

冯子履举进士,宋伯华、于慎行亦同榜中进士。

《(光绪)山东通志》卷九二《进士表》,四库全书本《山东通志》卷十五。

五月,惟讷转江西左布政使。

《少洲冯公行状》:"戊辰,迁江西左布政使。日纳钱谷巨万,立法任官,抽名验收,不得少有羡余……夙弊尽祛,民大感德,缙绅先生相与叹曰:'二百年来绝弊甦民,仅见此公。'"《少洲冯公墓志铭》:"戊辰,转江西左布政使。"《明穆宗实录》卷二〇"隆庆二年五月":"庚申,升陕西布政使司右布政使冯惟讷为江西左布政使。"

欧大任《欧虞部集》之《浮淮》卷六有《送冯方伯汝言赴江西》。

七月,惟健继妻李氏卒。

车本《世录·奉祀神主》:"显妣孺人李氏,行二,神主生于正德十六年辛巳(1521)十一月初八日亥时,卒于隆庆二年戊辰七月二十四日巳时,享年四十八岁。葬于尧山之东。孝子子益奉祀。"按,李氏,子咸母。冯琦《贞静先生行状》:"少不及事冶泉翁,事母甚孝。母病,食不知味,寝不解带。逾年卒,哀毁骨立,泣尽,继以血,余息仅存。"

八月,惟敏邀王世贞宴集于北台。

  惟敏有诗《中秋同诸文学邀王凤洲使君北台讌集》、《次日得凤洲见和之作走笔答谢》。

九月,惟敏自寿于仰高亭中。

  惟敏散曲《又仰高亭自寿序》:"三年谪宦,两度称觞。中间为万里之游,居常谈虎;毕竟挟五湖之游,慕在飞鸿。虽偃蹇于江城,亦优闲于林屋。安随所遇,乐得其常,吾所以自寿每如此。"

秋冬之际,惟讷由山西赴江西任,岁末抵南京。

  惟讷《〈忆昔〉序》:"外舅前溪熊公昔卒秦淮,余以癸巳(1533)除夕行奠雁礼于馆舍。隆庆戊辰,祗役江藩,复以除夕憩留于兹。追惟往事,逾三十年而亡荆去帷亦云二纪,聊述短章,以述悲怀。"

约是年,惟敏曾短时署丹徒县印。

  《词稿》卷一《辞署县印》:"不甫能赴天曹改职衔,掌文衡谢纠缠,没来由带管丹徒县。"

隆庆三年己巳(1569) 惟敏五十九岁,惟讷五十七岁,子履三十一岁,子咸二十二岁,琦十二岁,珣七岁

春正月,惟讷途经庐州,作《仲兄奉先朝使命旅卒庐州余以己巳春日行役过是郡问询旧馆赋此述哀二首》。

惟敏迁保定通判。离镇江,有诗《燕州别驾行》纪之。

  按:惟敏离任,到南京、扬州等地拜别友人,许毂《许太常归田稿》卷八有《送冯海桴教授赴保定兼讯少洲方伯》,欧大任《欧虞部集》卷五有文《送郡博士海浮先生擢保定别驾序》,并作诗《冯汝行赴保定别驾过广陵赋赠五首》(《欧虞部集》之《浮淮》卷七)。

二月,惟敏启程北上,途中转道临朐,作《贺旧令尹褚凤台寿八袠叙》。三月至保定。

按:惟敏诗《燕州别驾行》有"自知轗轲良苦辛,他人为我伤贫贱。圣明天子践明堂,股肱惟良庶事康,小臣碌碌思激昂。吾当行,君出祖,酒酣拔剑为君舞,江南信美非吾土,六代豪华安足数"。此诗当作于由镇江离任之际,作者当时对隆庆政局抱有信心。途中回临朐,闻原朐令褚宝八十寿,作文贺之,《贺旧令尹褚凤台寿八衮叙》:"翁今齿登八衮……朐之人得于道路之言……乃相与谋寄缱绻,祝期颐也。时余以改官过里,幸预兹典,不揣有言,以为遥祝其事……秋官亚卿迟公、中丞张公、余弟观察使,皆翁门下士。"冯惟讷任观察使(即布政使)自嘉靖四十五年(1566)以后,此期间惟敏"改官"仅此一次,故此文作于本年无疑。《词稿》卷一《郡亭自寿序》"己巳菊月,余至保郡阅半年矣",可知惟敏三月间抵达保定。《(光绪)保定府志》卷四《职官表·通判》:"冯惟敏,临朐举人,修志。"

夏,保定水灾,惟敏巡行州县。檄下令修府志。至秋,始董理修志。因患脑疾辞归,不获许。

石茂华《海浮冯公行状》:"己巳,升判保定府。濒行,诸生多泣送江浒。过里,恋恋不欲行,郡守移文趣之,始勉强北焉。是岁淫雨为灾,流潦污漫,莫睹垠际,公首询民瘼,征科不扰,民赖以少安。"

惟敏作《午泊安州,将赴雄县,连邑之地泛滥浊波,亢旱未几,晚禾寻没,老稚悲啼,所不忍闻,摇曳舟中悯然赋此二首》,其一曰:"地利三秋尽,波光四野涵。帆樯通冀北,风景似江南。岁事得如此,民生何以堪。临流无治策,顾影自知惭。"(《石门集》)

《词稿》卷一《郡亭自寿》序:"己巳菊月,余至保郡阅半年矣。每念桑梓在东齐,而余又西来;余弟治江南,而侄领北县。或远或近,均莫之聚也,恒切忆之。是岁燕赵齐楚大水伤稼,而吾家佥有贡赋之职,不易报塞,更相念也。"《庚午春试笔》序:"自去秋出城,毒雾浃于五内,医慎泄泄,遂婴脑疾。"

《(隆庆)保定府志·后记》:"往余为润州博士,将赴调兹郡,道过海上,栖息故居,有恋恋不行意……檄下修郡志,始知太守以志事催余行……居无何,河中本庵杨公督学中州,经郡询志,知余之辞而免……余惧而勉承焉,乃遴校官弟子员若干人,开局执事。再阅月而罢,嘱余裁订。余适以趋走将迎,触雾露之疾,而直指使者四面至,旦夕劻勷,讫事,岁已改矣。"按:本庵杨公,即杨俊民(1531—1599),字伯章,号本庵,嘉靖四十一年(1562)进士,历官户部主事、礼部郎中、河南提学副使、太仆少卿,累官至兵部侍郎。

五月,子履为母亲蒋氏请求旌表,得旨。秋,除固安知县。

车本《世录》存此旌表,其中云:"蒋氏系山东青州府临朐县人已故行人冯惟重妻,见年五十九岁。夫亡时年三十岁,守节二十九年,委无瑕玷,今照例旌表已故行人冯惟重妻蒋氏之门。隆庆三年五月十六日,具奏本曰奉圣旨是。"

冯琦《府君行略》:"丁卯举于乡,戊辰成进士。诣阙下上书,言母守节状,天子下诏表其闾。是岁秋,授固安令。"按:王锡爵《参政仰芹冯公墓表》"举隆庆五年进士,除固安知县",误。

《(咸丰)固安县志》卷五《官师志名宦》:"冯子履,山东临朐人,隆庆二年由进士来令固安,修学宫,后升兵备道,祀名宦。"

隆庆四年庚午(1570)　惟敏六十岁,惟讷五十八岁,子履三十二岁,子咸二十三岁,琦十三岁,珣八岁

惟敏在保定任。修府志;整理刊行杨继盛遗文;陈郡利害十六事。

《海浮冯公行状》:"己巳,升判保定府……顷复有郡志之役,延听殚虑,卒成不刊之典。杨忠愍公先朝死忠之臣,公裒集其遗文,刻行于世,且勤恤其家,其崇尚忠节类如此。尝条陈十六事,曰革手书、通折纳、并花户、给簿由、革大户、顺里甲、验封贮、革库役、立比格、先豪强、平秤兑、革代备、革解户、遵类解、减耗费、缴批关,反复万余言,切中时弊。"

《光绪临朐县志》:"奉檄修府志,为集《杨忠愍遗文》行于世。陈郡利害十六事,皆中窾綮。"

惟敏署满城县事,旋辞。石臻为作写真及海浮山村图。

《词稿》卷二《庚午郡亭自寿》第六："正管着府厅,又署着满城,忽然夜半报边声,自披衣点灯。"卷一《辞署县印》："重来此郡中,安心守自然,从今再不去歪厮战。你不将这印去呵,断送我走上东山离的你远。"可知,任满城事为时不长。《六秩写真》序："林山山人数年前以绘事谒余于涞水,今年至保定见余,山人谓余貌犹昔也。余笑而不答。……因问之曰:'若能为海翁画像乎?'山人笑人而诺焉。乃帧绡匀采,作画二幅,其一则海浮山村图云。山人石臻,行唐人。"

李攀龙卒。

隆庆五年辛未(1571)　　惟敏六十一岁,惟讷五十九岁,子履三十三岁,子咸二十四岁,琦十四岁,珣九岁

二月,惟讷自江西左布政使入觐,乞致仕。二十日,以光禄卿归。惟敏送之雄州。三月,抵乡。

　　《明穆宗实录》卷五四"隆庆五年二月":"甲辰,诏进江西布政使司左布政使冯惟讷光禄寺卿致仕。惟纳(讷)居官清慎,至是以疾乞休,故特优之。"《词稿》卷一《舍弟乞休》序:"余弟少洲子,辛未自江省左辖入觐,寻朝万寿节。……恐奉职无状,乃请老。余闻之,忻然曰:'是可以老矣。吾与尔同归乎?'……迩刘廉访念庵寄词数种,余览之心动;又闻弟将归,乃述此以志喜。"

　　《少洲冯公行状》:"辛未入觐阙下,课治行以最闻,天官郎出谓人曰:'诸方伯考核言事,多存两可,黜则黜,留则留。凿然有执,无依违语者,冯方伯也。'……事既竣,乃草疏请老。当道名公闻而慰止之,然归志已决,章遂上。奉先皇温旨,迁光禄寺卿,得致仕。欣然出都城,与余别于雄州,遂浮济河,登泰山,三月归山中。"《少洲冯公墓志铭》:"辛未,入觐阙下,精核下吏能否,无所依违……公名益起,缙绅大夫咸以公辅期之,而公请老之志,坚不可挽矣。疏上,天子惜之,特进光禄寺卿,予致仕云。"按:据此《墓志铭》所记"缙绅大夫咸以公辅期之"则知有入阁之议;公鼐《琢庵冯公行状》载"故相高公拱与从祖光禄公有隙,柄铨日,格参政公选

取",则知惟讷实因受高拱压制而辞归。

子履迁兵部车驾司主事。

于慎行《仰芹冯公墓志铭》:"除固安知县,治行著闻,征为兵部车驾司主事,满考课最,进职方员外郎。"《仰芹冯公行状》:"辛未擢兵部车驾司主事。"冯琦《府君行略》:"辛未擢兵部车驾司主事,历职方员外郎。"

谭纶《谭襄敏奏议》卷十《举劾有司官员以昭劝惩疏》奏道:"固安县知县冯子履,人如精金美玉,操比烈日严霜。催科能屏绝鞭笞,逋负独少拯溺,则胼胝手足,全活何多。法不挠于权豪,惠每先施茕独。"本书中前三疏皆明标年月:《沿边缺乏火器速乞请发以充备御疏》题为"隆庆四年四月二十五日题",《即事效忠再饬春防大计以慎固疆场疏》题为"隆庆四年五月二十四日题",《感激非常恩遇披诚请兵以备战守以图补报疏》题为"六月十六日题"。此疏虽未标年月,亦作于四年无疑,而子履调为兵部车驾司主事则在本年。

五月,内阁大学士李春芳乞休,惟敏有曲《送李阁老南归》。

《词稿》卷一《送李阁老南归序》:"石鹿翁之乞罢也,前后章十数上。圣天子眷之,朝列重之,海内士庶之众,莫不望而惜之。翁乞愈恳不止,至是得请。"

惟敏修《保定府志》四十卷付梓,岁暮,擢鲁士师。

《词稿》卷一《量移东归述喜序》:"是年春,余弟得旨东归,余是以有雄州之会,相将同隐南山中。弟不可,曰:'不告而去,非礼也。'余曰:'告则不得去。余既屡告之矣,迄不得请,奈何?'弟曰:'姑徐之,或有擢也。'至是,擢鲁士师,遂行。"

《(隆庆)保定府志·修志自叙》:"作志始于己巳之秋,告成于今,近三年矣……逮余改官,膏车之日,始稍稍印布焉。"

隆庆六年壬申(1572) 惟敏六十二岁,惟讷六十岁,子履三十四岁,子咸二十五岁,琦十五岁,珣十岁,瑗一岁

元旦,惟敏始纂《冯氏世录》,并作《冶原竹林纪略》。

青州本《世录》卷首:"考之意以示子孙,子孙既骎骎繁矣,手录不能遍示也,敬付梓人以传久远,题之曰冯氏世录。呜呼!先府君十龄,祖考妣相继逝,犹能上究于百五十年之前。吾子孙勉承家学,世不乏人,而不能继有所录,则何以为孝子慈孙也哉。是录以世系为本,谨遵旧名,首以诰命先之,重纶音也,继以墓碑志铭,载实录也,神主升祔,莫不备录,即未有碑铭者,生没岁时在也,汇而次之,总题之曰《冯氏世录》。隆庆壬申元旦玄孙惟敏顿首拜谨识。"

青州本《世录》载《冶原竹林纪略》:"吾家上世出自周文王十五子毕公高,其后毕万食采冯城,因氏焉。自柱下史长以羽化著,周平王之迄万石君扬而下,散处颖川、上党、江夏,历代圭组,著于信史。至元初始入于临朐,户部郎中讳遹者,吾远祖也,生才兴祖,天性颖异,膂力过人,每以燋灭凶党为己任,斯时冶源玉泉寺孽僧海亮恃富作乱,才兴祖举兵讨平之,以功封万户侯,遂以冶原竹林数十亩赐之,永为采地。至元末,子孙衰微,零落殆尽。冶原之竹,半为豪族沈氏所侵占。及明洪武初,诏简山东之民三户徙一人戍辽,我始祖讳思忠者当行,家于广宁之左卫。历五世,至我先君宪副公,以仕,始复临朐居焉。竹林之归于沈氏者,沈氏复归余,自今以往,世世守之,后复有鬻此竹林者,非吾子孙也。有以冶源一树一石与人者,非佳子弟也。数百年后,若为权势所夺,则以先人所命泣而告之,此吾志也。《诗》曰'维桑与梓,必恭敬止',言其父所植也。昔周人之思召伯,爱其所憩之树,近代薛令君于禁省中见先祖所据之石,必潸然出涕,汝曹可不慕之?唯岸为谷,谷为陵,然后已焉可也。隆庆壬申元旦玄孙惟敏记。"

按:惟敏此文述冯氏居冶原之历史,于冯遹、冯才兴皆得之传说,不可尽信。如冯才兴若"万户侯",其事何不见于《元史》、《新元史》?"万户侯"当为"万户"之讹。

二月,冯瑗生。

车本《世录·奉祀神主》:"显考中宪大夫整饬辽东开原兵备道河南布政使司右参政兼按察司佥事府君冯公讳瑗,字德韫,行四,神主生于隆庆六年壬申二月十四日酉时……孝子士份奉祀。"梨本《冯氏世录》载董可威《明中大夫整饬辽东开原兵备道河南布政使右参政兼按察司佥事栗庵冯公行状》:"公生于隆庆壬申二月十四日。"按:瑗父子升(1547—1612),惟敏次子。

惟敏自保定归田,在冶源建亭。

《词稿》卷二《辛未量移东归》:"急回头恰过年,有花有酒是神仙。"《将归得舍弟书》二首:"去春呵你回,今春呵俺归,正与春风会。""你去年入山,俺今年弃官,同气长为伴。"《海浮冯公行状》:"壬申二月抵冶源山中,曰:'吾仕宦十余年,未尝一日忘此也。今若所愿矣。'缉废疏流,构亭其上,命之曰'即江南'。"可知,惟敏在辛未岁末量移鲁士师,作东归之计,本年二月抵乡,则自保定归当在正月末或二月初。

三月二十一日,惟讷卒,年六十。

《少洲冯公墓志铭》:"庄皇帝之壬申岁三月二十又一日,光禄寺卿致仕少洲冯公卒。"车本《世录·奉祀神主》:"显考……府君冯公讳惟讷卒于隆庆六年壬申三月二十一日巳时,享年六十岁。……孝子子临奉祀。"

九月,惟敏作《归田自寿》。

《词稿》卷一《归田自寿》序:"壬申归田,方幸亲姻弟侄,相与称寿,而是岁吾弟不禄,吾服期年之制,废祝寿之礼。"

十月,子履六品满考,赠父如其官,母妻俱封安人。

梨本《世录》载《兵部车驾清吏司主事冯子履父母敕命》:"奉天承运皇帝敕曰:……原任行人司行人冯惟重……兹特赠尔为承德郎兵部车驾清吏司主事;……尔蒋氏乃兵部车驾清吏司主事冯子履之母……兹以覃恩特封尔为太安人……隆庆六年十月初八日。"另有《兵部车驾清吏司主事冯子履并妻敕命》,日期则为"隆庆二年十月初八日","二"当为"六"之误。

十一月初八,惟敏撰写惟讷行状。二十日,冯子临等葬父于尧山祖茔。

《明通奉大夫光禄寺卿少洲冯公行状》载:"隆庆壬申十一月

庚寅日,期服兄冯惟敏述。"

《少洲冯公墓志铭》:"(冯公卒)子子临辈以其年十一月二十日葬公于尧山之原。"

神宗万历元年癸酉(1573)　惟敏六十三岁,子履三十五岁,子咸二十六岁,琦十六岁,珣十一岁,瑗两岁

除夕,作小令《癸酉新春试笔》。是岁,山东遭遇旱灾,惟敏作小令《刈麦有感》四首、《刈谷有感》二首、散套《归田自寿》。

《刈麦有感》其一云:"三百日旱灾,二千里放开。"其四云:"今年无麦又无钱,哭哀哀告天,那答儿叫冤?"《刈谷有感》其一云:"自归来农圃优游,麦也无收,黍也无收。恰遭逢饥馑之秋,谷也不熟,菜也不熟。占花甲偏憎癸酉,看流行正到奎娄。官又忧愁,民又漂流。"

冯琦补青州郡诸生。

车本《世录》载公鼐《明资政大夫礼部尚书兼翰林院学士赠太子少保琢庵冯公行状》:"十六补郡诸生,余司马立督学试,为山东第一。"按:余立,字季礼,广西马平人。嘉靖四十一年进士,历官至兵部侍郎。

秋,子益、子咸兄弟赴省闱,子咸举于乡,子益再下第。

见《光绪山东通志》卷九二《举人表》,《光绪临朐县志》卷十二《科贡》。惟敏《词稿》卷一《归田自寿》注"癸酉述",序云:"今秋逸寿会友招余,即席叩余生辰。……余侄子咸叨乡荐,亦于席上闻捷。是夕家宴,大小毕集,夜分乃罢。"

琦《贞静先生行状》:"癸酉举于乡。一再与计谐,退而隐于冶水之上,以绍明道统为己任,读书力耕以没其年。"

梨本《世录》载钟羽正《冯贞静先生诔》:"癸酉,举乡试高等,一再与计偕,辄翻然曰:'情非捧檄,礼非翘弓,何为奔走公车自炫鬻乎?'于是弃制举业,隐居冶水之湄,潜心理学,躬耕训子,乡间

化德,茔独称恩。"

万历二年甲戌(1574) 惟敏六十四岁,子履三十六岁,子咸二十七岁,琦十七岁,珣十二岁,瑗三岁

春,子咸赴京会试,惟敏有小令《咸侄会试》。是岁,朝廷将惟敏除名,惟敏喜作《阅报除名》四首。其一云:"喜朝中一旦除名,俺才是散诞山人,自在先生。"

> 按:惟敏作《甲戌新春试笔》、《灯夕》、《临侄家宴》、《益侄家宴》诸小令,闲适之情,见诸笔端。

子履迁山西按察司佥事。

> 琦《府君行略》:"甲戌,擢山西按察司佥事,治大同。甫至大同,岁旱,野无青草,已而霖雨七旬,斗米数百钱。府君拮据荒政,如拯焚溺,发仓粟食饿人,预给军士月廪,商贾以粟至者厚偿其直,军民乃安。"

> 《仰芹冯公墓志铭》:"万历甲戌,以望擢山西按察司佥事,备兵大同,数有边功。"

> 《仰芹冯公行状》:"甲戌,升山西按察司佥事,治大同。值大同方荐饥,公为实仓廪,筹军饷,通商惠民。是岁也,饥而不害。"

> 《山西通志》卷七九"职官":"冯子履,进士,万历时历任佥事、右参议、副使,山东临朐人。"

万历三年乙亥(1575) 惟敏六十五岁,子履三十七岁,子咸二十八岁,琦十八岁,珣十三岁,瑗四岁

子履在大同,兴学府。

> 四库全书本《山西通志》卷三六"学校":"大同县儒学,旧与府学一区,县学居前,府学居后。嘉靖十二年兵毁……万历三年,巡道冯子履改卜城内西北隅,殿庑堂斋以次具举。"

夏秋间,子履升本司右参议。

> 琦《府君行略》:"乙亥秋,房儿变矣。府君以数语慑之而定,

边人服其威略。是年升参议。丙子升副使,皆以筹边劳也。"

《仰芹冯公行状》:"乙亥升参议,丙子升副使,皆以筹边劳也。"

子益三子玘生。

车本《世录·奉祀神主》:"显考诰赠朝议大夫、陕西布政使司右参政兼按察司佥事、府君冯公讳玘……神主生于万历三年乙亥九月初八日寅时……孝子士辉奉祀。"

梨本《世录》载冯士标《明隐君质庵冯公行实》:"府君生于万历三年九月初八日寅时。"

万历四年丙子(1576) 惟敏六十六岁,子履三十八岁,子咸二十九岁,琦十九岁,珣十四岁,瑗五岁

子履升山西按察副使。

秋,子益、琦同赴乡试,琦举于乡,子益下第。

《光绪山东通志·举人表》,《光绪临朐县志·科贡》。

梨本《世录》载朱赓《资政大夫礼部尚书兼翰林院学士赠太子少保琢庵冯公墓表》、公鼐《琢庵冯公行状》。

按:惟敏《词稿》卷二《送琦孙乡试》:"论干支应验如何,子也登科,丑也登科。桥梓联芳,祖孙绳盛,世沐恩波。"

万历五年丁丑(1577) 惟敏六十七岁,子履三十九岁,子咸三十岁,琦二十岁,珣十五岁,瑗六岁

正月大计,子履因遭弹劾,议削职。

《神宗实录》卷五八"万历五年正月":"甲辰,吏部覆:拾遗方面有司潘允端、罗应兆等降用,陈洙、程学博、卜相、冯子履等调,简王见宾姑留用。得旨:学博、相、子履降一级调用,应兆调简僻,余如拟。"《仰芹冯公行状》:"丁丑大计,吏科陈君三谟者,故与公有隙,乃以前佥事署枉状奏公,削职一级。众议啧啧不平。公嚣然曰:'吾母老,宜归养。是辈欲我去,去之善。'由是解组归,时宗

伯已登第入词林矣。"《仰芹冯公墓志铭》:"累迁(山西)参议、副使,治兵如故。为故政府嬖人所中,议且左迁。蒋太安人老矣,宗伯已第为史,公因解组自免,日承甘脽,若将终焉。"

春,子咸、琦本年赴会试,子咸不第,琦中进士。惟敏作小令《夜闻琦捷口占》二首。

《琢庵冯公墓表》:"丁丑成进士,改翰林院庶吉士。"《琢庵冯公墓志铭》:"年若干,举山东乡试。丁丑,成进士。改翰林院庶吉士。"按:冯琦中二甲第22名进士。

五月,琦选翰林院庶吉士。

《神宗实录》卷六二"万历五年五月":"壬寅,先是,大学士张居正等请考选庶吉士日期,命定期十五日。至是,取沈自邠、顾绍芳、杨起元、敖文祯、姚岳祥、杨德政、万象春、张鼎思、庄履丰、冯琦、费尚伊、何雒书、史继宸、甘雨、陆可教、李植、张志、马象乾、林休征、张养蒙、高尚忠、冯梦祯、汪言臣、张文熙、余继登、曹一鹏、王国、吴尧弼卷进呈,命俱改庶吉士,与一甲进士沈懋学等俱送翰林院读书。"

万历六年戊寅(1578) 惟敏六十八岁,子履四十岁,子咸三十一岁,琦二十一岁,珣十六岁,瑷七岁

正月,子蒙卒。

车本《世录·奉祀神主》:"显叔考庠生府君冯公讳子蒙……卒于万历六年戊寅正月初七日未时,享年三十一岁……侄珣奉祀。"按:冯子蒙(1548—1578),惟讷次子。

惟敏遣子子复往辽东省祖墓。

按:《词稿》卷二《复儿度辽省墓》跋语云:"余戊戌(1538)东归一展墓,逮今四十年,始遣子复。"

二月二十日,惟敏卒于家。

车本《世录·奉祀神主》:"显考……冯公讳惟敏,……卒于万历六年戊寅二月二十日子时,享年六十八岁。……孝子子升

奉祀。"
子履自免归。

万历七年己卯（1579） 子履四十一岁，子咸三十二岁，琦二十二岁，珣十七岁，瑗八岁

六月，子履次子珂生。

> 车本《世录·奉祀神主》："显考秀监生府君冯公讳珂，字用鸣，行十，神主生于万历七年六月二十八日申时。"琦《府君行略》："己卯，子珂生。"车本《世录》载房可壮《明隐君冯公范吾行状》："公生于万历七年六月二十八日申时。"

九月，琦授翰林院编修。

> 《琢庵冯公墓表》："己卯授编修。"《琢庵冯公墓志铭》："己卯授翰林院编修。"《琢庵冯公行状》："己卯授编修，用大庆恩受封敕。"梨本《世录·诰命》载《翰林院编修冯琦并妻敕命》。《神宗实录》卷九一"万历七年九月"："己巳，授庶吉士庄履丰、陆可教、杨德政、冯琦、杨起元为翰林院编修，顾绍芳、何雒书、沈自邠、余继登为翰林院简讨。"亦见《国榷》卷七〇"神宗万历七年"。

万历九年辛巳（1581） 子履四十三岁，子咸三十四岁，琦二十四岁，珣十九岁，瑗十岁

琦直史馆。

> 《琢庵冯公墓表》："辛巳，直史馆纂修《大明会典》，授书中贵人。"《琢庵冯公墓志铭》："辛巳，直史馆，纂修《大明会典》，授中贵人书。"《琢庵冯公行状》："辛巳，直史馆纂修《大明会典》，上方加意文翰，内出词臣撰次耦语诗余，日以千数，公取急立就，无一不称旨。寻授中贵人书，训以礼法，中贵人奉之惟谨。"按，据《万历起居注》载此事在万历十一年十二月："十七日乙丑，命翰林院编修曾朝节、陆可教、冯琦、检讨余继登充《会典》纂修官。"

万历十年壬午（1582） 子履四十四岁，子咸三十五岁，琦二十五岁，珣二十岁，瑗十一岁

春，神宗册封代藩，琦以使节颁册；途经临淄，公鼐来会。

《琢庵冯公墓表》："壬午册封代藩，藩参公旧备兵云中，公以上使过其地，观者荣叹之。"《琢庵冯公墓志铭》："壬午册封代藩，时参政公备兵云中，公颁册竟，服上使衣拜舞庭下，人皆荣之。"

公鼐《问次斋稿》卷十七《冯用韫侍讲自壬午出使，过里一晤，今七年矣，音耗邈然，前日有书责望，附此寄怀》其二："棘下相逢壬午春，南楼设榻数宵邻。"

十月初五，惟重妻蒋氏卒。

车本《世录·奉祀神主》："显祖妣封太安人赠夫人蒋氏，行二，神主生于弘治十五年壬戌（1502）十二月二十八日寅时，卒于万历十年壬午十月初五日午时，享年八十一岁……孝孙琦奉祀。"

琦《府君行略》："壬午冬十月，太安人卒，府君哀毁逾礼。明年春，葬太安人。会虏入西宁塞，朝廷命廷臣举异才可当一面者，台省以府君应诏。"

按：子履以副使免归，当在万历五年岁末，《琢庵冯公墓志铭》中所记本年父子相见，当为讹误。《冯氏世录》中所收此文与《王文肃公文草》中所载不同："壬午册封代藩，参政公旧备兵云中，去未数岁。公以金马为王国上介，人皆荣之。"可知《世录》中所载王文尚属实录，收入《王文肃公文草》已非原貌。

万历十一年癸未（1583） 子履四十五岁，子咸三十六岁，琦二十六岁，珣二十一岁，瑗十二岁

正月，子履葬母蒋氏。

宋伯华《芹泉冯公暨配蒋氏行状》："太安人以万历十年十月初五日午时卒……以明年正月二十二日合葬先陇之次。"

初春，琦作《癸未春述怀五首》。

其一云："大母岁将逝，沉疴犹未脱。伤哉六年别，仅一视汤

药。大命不得请,泣血沾衣幞……生者亦云病,没者岂复作。"

六月初三,士衡生。

　　士衡,珣长子,溥之父。车本《世录·奉祀神主》:"显考浙江湖州府吉安州孝丰县知县赠光禄大夫文华殿大学士兼刑部尚书加一级府君冯公讳士衡,字子平,行一,神主生于万历十一年癸未六月初三日巳时……孝子溥奉祀。"

七月,李如松以总兵官镇守山西,冯琦以文送之。

　　李如松事见《国榷》卷七二"万历十一年七月"。《宗伯集》卷九《送李仰城之山西总戎序》:"宁远公方以武事垂带砺之业,而长君仰城公者,以名将子捕首虏,树功塞上,入为勋卫,副北军。久之,拜大将,总三晋之师,东起辽阳,西竟太原,数千里之间,则李公父子为扞蔽云。"

八月,琦充经筵展书官。

　　《琢庵冯公墓表》:"癸未,充经筵展书官。"《琢庵冯公墓志铭》:"癸未,充经筵讲官(按,当为展书官)。"《琢庵冯公行状》:"癸未,满三年考,充经筵展官。《神宗实录》卷一四〇:"(神宗万历十一年八月)壬子,以礼部右侍郎高启愚、祭酒罗万化充经筵讲官。编修王懋德、冯琦充展书官。检讨张应元编纂六曹章奏。"《国榷》卷七二"神宗万历十一年":"(八月)壬子,礼部右侍郎高启愚、国子祭酒罗万化直经筵。编修王懋德、冯琦展书。"

十月,石茂华卒。

　　按,石茂华(1522—1583),字君采,号毅庵,益都人。嘉靖二十三年(1544)进士,历官至陕西三边总督、兵部尚书兼右副都御史。其祖石存礼与冯裕结"海岱诗社",其叔父石鲸与茂华同举进士,茂华子恂、愔皆至知府。叔祖存仁,正德八年举人,官至宝丰知县。存仁子琚,嘉靖十三年举人,颇有文名。琚子继节、继芳同为嘉靖三十四年举人,继节至府同知,继芳至宁夏副使。继节子岩,万历十四年进士,仕至枣强县令。石氏与冯氏同为青之望族。

十二月,琦与修《大明会典》。

万历十二年甲申(1584)　子履四十六岁,子咸三十七岁,琦二十七岁,珣二十二岁,瑗十三岁

二月,琦与于慎行等游。

　　《东阿于文定公年谱》:"(十有二年甲申二月)可大及冯用韫、侯、葛诸周戚间置酒游。冯公琦、葛公曦、侯公之胄。"

万历十三年乙酉(1585)　子履四十七岁,子咸三十八岁,琦二十八岁,珣二十三岁,瑗十四岁

正月,子履服除,进京候补。二三月间,补和州知州。琦有诗《家君之官和州》。

　　冯琦《府君行略》:"乙酉服阕,起知和州。"

　　《仰芹冯公墓志铭》:"丁内艰,除,言官交荐,起知和州。寻擢陕西佥事,备兵陇西。居三年,迁山西参议。又一年迁河南副使,以才任要剧。改备易州。又三年,迁河南参政,奉璧入贺。宗伯方直讲帏,新拜宫尹,公乃谓曰:'造物忌太盛,奈何父子同时官至穹显,吾去汝归矣。'遂称病乞休,宗伯固请扶侍,赐金给驿以归,当世荣之。"

　　《仰芹冯公行状》:"时西宁多故,诏举材堪边镇者,台省共举公。公居夫人丧,服阕,雅不欲出。姻友共强之,乃嚣然曰:'吾不奉先慈,已无意人间事。乃公等欲我出,出亦善。'遂起知和州。"

子咸居家,更定家族祭礼。

　　梨本《世录》载冯子咸《祭礼事宜》:"万历乙酉岁,咸以次当主祀事,其间行过事宜,聊著于册,以答九弟(按,冯子渐)之请。"

四月,琦随驾至京师南郊祷雨,琦有《恭陪圣驾步祷南郊纪盛六首》。

　　《明史·神宗本纪》:十三年四月"戊午,步祷于南郊,面谕大学士等曰:'天旱虽由朕不德,亦天下有司贪婪,剥害小民,以致上干天和。今后宜慎选有司,蠲天下被灾田租一年。'"

六月,顾养谦巡抚辽东,琦作文送之。

  顾养谦巡抚辽东见《神宗实录》卷一六二"万历十三年六月"。《宗伯集》卷九有《贺顾公祖巡抚辽东序》和《赠大中丞冲庵顾老公祖巡抚辽东序》。顾养谦，字益卿，号冲庵，南直隶通州人。嘉靖四十四年进士，历官至协理京营戎政、右都御史兼兵部右侍郎。

八月，琦为友人代作《江西乙酉序齿录序》。

  按：《宗伯集》卷七《江西乙酉序齿录序》云："万历乙酉，当大比士，江右列贤书者九十五人。既籍奏矣，已复相与序其年齿世次而录之。"据《国榷》卷七三"神宗万历十三年"："（七月）癸酉，右春坊右谕德于慎行、李长春主试应天。时各省先后遣朝臣主试……江西：翰林院编修余应麟、吏科右给事中叶时及。"可知余应麟、叶时及主江西试，冯琦此文当是代余应麟作。

九月，子咸岳父冀炼卒。

  《神宗实录》卷一六五"万历十三年九月"："原任兵部左侍郎冀炼卒……礼部称其在边覆斩功，赐葬祭如例。"

  按：冀炼（？—1585），字纯夫，号康川，益都人。嘉靖二十三年（1544）进士，历官至兵部侍郎。谥端恪。著名理学家。

闰九月九日，琦有诗怀父，同时随驾阅视寿陵。

  琦《闰月九日寄呈家君》其一云"再见重阳节，韶华去复回"，可知为重阳节作，其二云"节序悲游子，秋风度远臣"，"远臣"指其父子履任职和州。《宗伯集》卷五《闰月九日驾幸天寿山复阅寿宫》，其二云"天临黄道又重阳"，可知亦在是日。神宗于本月初八日谒长陵、永陵、昭陵、大峪山，次日阅黄山，又登大峪，后妃及群臣随从。见《神宗实录》卷一六六"万历十三年闰九月"、《国榷》卷七三"万历十三年闰九月"。《宗伯集》卷五《陪祀长陵》亦作于是日。

冬十月己卯，于慎行典南京会试还，琦与葛曦、赵用贤、盛讷迎于城郊。

  邢侗、阮自华《东阿于文定公年谱》："（万历十有三年冬十月）己卯及李公入都。馆职赵公、盛公、冯公、葛公候于城外。"

十二月十二日，惟直妻陈氏卒。

车本《世录·奉祀神主》:"显婶妣旌表节贞孺人陈氏,行二,神主生于正德十三年戊寅(1518)十二月二十二日亥时,卒于万历十三年乙酉十二月十二日酉时,享年六十八岁,葬于尧山之东。侄子益奉祀。"按:冯琦《宗伯集》卷二二《旌表节妇叔祖妣陈氏墓志铭》:"母以某年某月某日生,某年某月某日卒,得寿七十有二。"此文亦载于青州本《冯氏世录》,云:"母以正德十三年戊寅十二月二十三日亥时生,于万历十三年乙酉十二月十二日酉时卒,得寿六十有八",与车本《世录·奉祀神主》吻合,可知《宗伯集》有误。

万历十四年丙戌(1586) 子履四十八岁,子咸三十九岁,琦二十九岁,珣二十四岁,瑷十五岁

三月,琦任会试同考。

《琢庵冯公墓表》:"丙戌,同考会试。寻编纂《六曹章奏》、《起居注》。"《琢庵冯公墓志铭》、《琢庵冯公行状》所载同于墓表。

朝廷旌表惟直妻陈氏,冯琦为撰墓志。

琦《旌表节妇叔祖妣陈氏墓志铭》:"母以……某年某月某日卒,得寿七十有二,诸子侄相与开茔泉公圹而合葬焉。明年,御史毛公具上母节谊状,诏下大宗伯,宗伯覆如御史章,得旨表其间。诸子侄若孙聚而谋曰:'天子奖孤贞,表其居以风母,乃无居,何所置榜楔焉。'请表诸墓,于是表其墓而从孙琦为文志之,并系以铭。"

九月,子履擢陕西佥事,备兵陇西。

见《甘肃通志》卷二七"职官"之"分巡陇右道"。

《神宗实录》卷一七八"万历十四年九月":"甲辰,升……兵备临安等处直隶和州知州冯子履为陕西佥事。"冯琦《府君行略》:"丙戌,擢陕西佥事。治秦州。岁大旱,府君祷雨,雨立应。饬吏治,修武备,拊循百姓,流移皆复其居。"

《仰芹冯公行状》:"丙戌,擢陕西佥事。治秦州,抚士民,修武备,政纪一新。"

梨本、车本《世录》均收《陕西按察司佥事冯子履敕》:"敕陕西按察司佥事冯子履,今特命尔整饬巩昌等处兵备,兼管分巡陇

西道地方,清理驿递,巡禁茶马,专在秦州驻扎,时常操练军快,修理城池,缉捕贼盗,抚安军民,问理刑名,禁革奸弊,所属关山胡店寺沟与各州县地方,但有盗贼生发,尔即调度各该卫所有司官军兵快人等设法勤捕。尔听总督镇巡官节制。各该官员人等敢有违慢误事者,听尔分别惩治,应奏请者指实参奏,挐问究治。其秦、巩二卫并礼店千户所屯田事务分属尔专管,屯田道不得干预。尔宜查照部题准事理,严督各掌印、管屯等官,着实整理,毋得推诿误事。尔受兹兼任,尤须持廉秉公,正己率下,务使田野开辟,屯粮充足,兵备修举,地方安静,斯称委任。如或因循怠忽,责有所归,尔其勉之慎之。故敕。万历十四年九月二十六日。"

十月,琦编纂《六曹章奏》、《起居注》。

《神宗实录》卷一七九:"(万历十四年十月)戊子,命翰林院编修冯琦编纂《六曹章奏》。"《万历起居注》:"(十四年十月)二十七日戊子,命翰林院编修冯琦纂《六曹章奏》。"

礼部主事卢洪春上疏触怒神宗,遭廷杖削籍,琦作《泰山歌送卢东麓》以送之。

按:卢洪春,字思仁,号东麓,浙江东阳人。万历五年进士。官至礼部主事,以本年上疏削籍,光宗嗣位,赠太仆少卿。卢洪春以上疏言宫闱事触怒神宗,事见《神宗实录》卷一七九"万历十四年十月"、《国榷》卷七三"万历十四年十月"。《宗伯集》卷二《泰山歌送卢东麓》:"卢生落落奇男子,直批龙鳞蹈虎尾。"

本年,珣刻其祖惟讷《冯光禄诗集》于家,于慎行为作序。

按:据《中国古籍善本书目》著录:"《冯光禄诗集》十卷,明冯惟讷撰,明万历十四年冯琦、冯珣刻本(卷八至十、墓志铭配抄本)"。本年冯琦居京,当是冯琦校改,冯珣刻于家。

万历十五年丁亥(1587)　子履四十九岁,子咸四十岁,琦三十岁,珣二十五岁,瑗十六岁

正月初三,子咸子琬生。

> 车本《世录·奉祀神主》:"显考庠生府君冯公讳琬,字叔坚,行十,神主生于万历十五年丁亥正月初三日戌时……孝子士献奉祀。"

《重修大明会典》成,琦撰《进会典表》;升经筵侍讲。

> 《琢庵冯公墓表》:"丁亥,《大明会典》成,进侍讲,赐银币,掌文臣诰敕。"《琢庵冯公墓志铭》:"丁亥,《大明会典》成,进侍讲,赐银币,掌文臣诰敕,以尔雅擅一时。"

> 《琢庵冯公行状》:"丁亥,《大明会典》成,升侍讲,赐金帛,掌文官诰敕,训辞典雅,受命者以公当制为幸。"按:正月十五日甲辰,申时行奏上《大明会典》二二八卷。

> 《宗伯集》卷二四《进会典表》:"顾成书于弘治壬戌之年,以后科条未备;续修于嘉靖乙酉之季,一时刊布未遑,忽历三朝,于兹七纪。岁月既久,议论渐以繁多;请比日滋,先后不无抵捂。例多沿革,政或弛张,官有名存而实亡,事有昔无而今创……勒成一代之全书,本旧日之彝章,参见行之事例,因事立类,从类编年。"

九月,子履受敕分巡冀北道。

> 梨本、车本《世录》均收《山西按察司副使冯子履敕》:"敕:山西按察司副使冯子履,今特命尔专管整饬大同镇城聚落城北东路镇边等堡,浑源、蔚州、大同、灵邱、广昌、广灵六州县兵备,抚恤军士,点阅兵马,缮修城堡,防御冦盗,收敛人畜,保障地方,稽查钱粮,问理刑名,禁革奸弊……尔为宪臣,受兹委任,须持廉秉公,尽心竭力,使兵强食足,地方有赖,斯称任使。如或怠忽误事,责有所归,尔其勉之。故敕。万历十五年九月□日广运之宝。"按:此时冯子履任陕西佥事而非山西副使,此敕或有误。

于慎行长兄慎动六十寿,冯琦有文寿之。

> 《宗伯集》卷八《寿于长公六十序》:"于是公年六十矣,姻家秦公游长安归,而为公寿,属不佞以词。"按:于慎动(1528—1588),字无咎,号阜泉,小字双喜。于慎行有《亡兄阜泉处士墓志铭》记其生平。

十月初九,子履迁山西参议之命下。

《神宗实录》卷一九一"万历十五年冬十月":"(甲子)升陕西佥事冯子履为山西右参议,遇防秋,移住忻州。"按:冯子履迁山西参议之命本月下,但明年方赴任,详见下年。

是年,子咸隐于宋庄,静悟有得。

琦《贞静先生行状》:"丁亥,读书于宋庄,时时静坐。喜而自得曰:'道在是乎!吾向不识虚灵之体,故去道远。夫学须静,信矣。'其大旨务在识心体而涵养之,以推及于提躬应务,皆设诚而致行焉。"

按:子咸理学,先受之于岳父冀炼,以主敬为旨,本年静悟有得,遂以主静为归,主敬与主静并提。

本年,琦请余继登撰惟讷墓志。

余继登《少洲冯公墓志铭》:"庄皇帝之壬申岁三月二十又一日,光禄寺卿致仕少洲冯公卒,子子临辈以其年十一月二十日葬公于尧山之原。越十五年,公仲孙琦官太史,始以公仲兄海浮先生状来请铭。"

万历十六年戊子(1588)　子履五十岁,子咸四十一岁,琦三十一岁,珣二十六岁,瑗十七岁

正月,于慎行仲兄慎思卒于京邸,琦有《挽于航隐先生诗》三首。

按:据于慎行《榖城山馆文集》卷二四《亡兄太学都讲航隐先生墓志铭》:"先生竟不起矣,时万历戊子正月六日也。"于慎思(1531—1588),字无妄,号航隐,又号庞眉生,小字梦苏。太学生。善古歌行,尤工古赋,有《庞眉生集》、《群书题跋》等。

六月十九日,惟讷继妻魏氏卒。

车本《世录·奉祀神主》:"显妣诰封夫人魏氏,行四,神主生于嘉靖三年甲申(1524)正月初一日子时,卒于万历十六年戊子六月十九日戌时,享年六十五岁。葬于尧山之东。孝子子临奉祀。"

二十五日,子咸次子琰生。

车本《世录·奉祀神主》:"显考四川璧山县知县府君冯公讳琰,字叔白,行十六,神主生于万历十六年戊子六月二十五日子时……孝子士猷奉祀。"

春,子履将赴山西,从京师回里;子复以广宁左卫佥事辞归。公鼐来访。

　　琦《府君行略》:"戊子,迁山西参议。"《仰芹冯公行状》:"戊子,迁山西参议,去而秦人尸祝之。"

　　按:公鼐访诸冯于临朐,《问次斋稿》卷十八有诗《戊子至青作简石、冯诸子》、《过冯宪使仰芹先生冶湖山亭留题,兼简用韫翰讲,时先生迁晋参过里》、《题冯海浮先生旧业》、《冯将军观海登坛有日,归而隐居冶泉山亭之上,林壑幽胜,绝代无俦,偶一观之,应接不暇,聊赋二章,以纾心赏》等诗。

八月,琦主湖广乡试,选士袁宏道等,作《戊子湖广乡试录序》。

　　《国榷》卷七四"神宗万历十六年":"(八月)是月,各京省考官……湖广:翰林侍读冯琦、礼科右给事中白希孝。"

　　《琢庵冯公墓表》:"戊子,主湖广乡试。榜皆楚材,前茅尤知名士。"《琢庵冯公墓志铭》:"戊子,主考湖广。"《琢庵冯公行状》:"戊子,主考湖广,得俊独多。试士数千卷,翻校无所遗。拔落卷吴君化首,解额果全楚名士。程录尽出公手。其文以意为主,通达无佶屈,精核切事情。录行,海内诵习,文体为之一变也。"

　　袁中道《吏部验封司郎中中郎先生行状》:"戊子,举于乡,主试者为山东冯卓(按,当为"琢")庵太史,见其后场出入周秦间,急拔之。"

公鼐有《用韫典试自楚反,作诗问之》等诗。

冬,友人余继登出使周王府,琦有诗送之。

　　琦作《余子有汴之役,冯子觞而与之语,交相诫也。乃次第为韵言,以当韦弦焉》五首送之,其五有"昔无旬日隔,今当弥岁时"之句,可证事在岁末。琦《文恪余公行状》:"戊子,使于周藩,即馈遗无所受。"

梨本《世录》收《山西布政使司分守冀宁道右参议冯子履敕》,时间"万历十六年□月□日"。

万历十七年己丑(1589)　子履五十一岁,子咸四十二岁,琦三十二岁,珣二十七岁,瑗十八岁

二月,琦升经筵讲官。

  《神宗实录》卷二〇八:"(万历十七年二月甲申)以礼部右侍郎兼翰林院侍读学士田一俊、翰林院侍讲冯琦为经筵讲官。"《万历起居注》:"(十七年二月)七日甲申,以礼部右侍郎兼翰林院侍读学士田一俊、翰林院侍讲冯琦充经筵进官。"

二月,子履迁河南副使。

  琦《府君行略》:"己丑,迁河南副使,治大梁。无何,改治易州。"《仰芹冯公行状》:"己丑,迁河南副使,治大梁。寻改治易州。"

  《神宗实录》卷二〇八:"(万历十七年二月)丙戌,升……山西布政司右参议冯子履为河南按察司副使。"

三月,阁臣许国、吏部侍郎王弘诲主会试,琦为代作《会试录序》。

  《宗伯集》卷八《会试录序》:"万历十七年己丑春,天下士待试礼部者四千四百有奇……比竣事,历二十有一日,录士隽者三百五十人,文优者二十篇以献。"

郑洛还朝协理京营戎政,琦为文送之。

  《国榷》卷七五"万历十七年三月":"己巳,总督宣大太子太保兵部尚书兼左副都御史郑洛协理京营戎政。"《宗伯集》卷九《赠宫保大司马郑公还朝协理戎政序》:"今岁春,天子命总督郑公以大司马入总六师,于是公驻节阳和十二年矣。"

八月八日,琦充日讲官。

  《神宗实录》卷二一四:"(万历十七年八月癸未)起原任日讲官翰林院侍读学士今服阕陈于陛驰驿来京,与经筵讲官翰林院侍

读冯琦俱补充日讲官。"

九月，子履改山西按察副使，备兵易州。

梨本《世录》收《山西按察司副使冯子履敕》："敕山西按察司副使冯子履，今特命尔整饬紫荆关等处兵备，在易州驻扎。其紫荆一关并所辖隘口……及保定一府二十州县、保定五卫、茂山卫，并山西广昌、灵丘等县各该军卫有司，听尔管辖。仍兼理马政……万历十七年九月□日广运之宝"。车本《世录》亦收此敕，所署时间为"万历十九年□月□日"，误。据冯琦《己丑冬书怀寄呈家君》有"我父方北来"、"边塞五千里，边塞为喉咽"、"雄风自西来，易水萧萧寒"等句，可证子履本年已任易州兵备副使，与梨本《世录》相契。

十一月，琦进右春坊右谕德。冬，有诗寄父。

《琢庵冯公墓表》："己丑，充经筵讲官，与交河余文恪公共事。因计曰：'讲幄甚隔，徒区区持章句为献纳地，何疏也！不如引古昔理论证时政得失，庶几万一感动耳。'进右春坊右谕德。"《琢庵冯公墓志铭》："己丑，充经筵讲官，与交河余文恪公私计，谓讲臣与上日隔，徒屑屑守训诂，无为也。稍证引古今政治得失，冀有所感动。升右春坊右谕德。"《琢庵冯公行状》："己丑，充经筵讲官，寻补日讲官。与交河余文恪公约曰：'前代经筵以资献替，今日讲取训释耳。上久之不御讲，讲臣安所关其忠，当稍引古治乱证时证得失，此古人讽谏意也'……是岁，升右春坊右谕德。"

《神宗实录》卷二一七："（万历十七年十一月）升司经局洗马兼修撰王祖嫡为右春坊右庶子兼侍读，掌坊事；翰林院侍讲陆可教、冯琦为右春坊右谕德兼侍讲，掌司经局事。"《国榷》卷七五"神宗万历十七年"："（八月）右春坊右庶子兼翰林院侍读黄洪宪为少詹事兼侍读学士，署院；南京太仆寺卿郭东为南京太常寺卿；前日讲官侍读学士陈于陛、侍读冯琦召内宣。""（十一月）乙丑，司经局洗马兼修撰王祖嫡为右庶子兼侍读，侍讲陆可教、冯琦为右谕德兼侍讲，署司经局事。"

《宗伯集》卷一《己丑冬书怀寄呈家君》:"懦夫欣自营,苦心常不欢。感激明主恩,中夜未能安。陟岵岂不劳,易水方安澜。父子近相依,未见为臣难。束发依日月,列在供奉班。真赐出尚方,退食分大官。所愧帷幄臣,不奉天日颜。岂有格心术,致之庙厦前。……我父方北来,未忍即东还。我父秉明哲,揽辔临西燕。此实股肱郡,河山郁以盘。频年苦旱魃,蒸黎颇凋残。闾巷有筑邑,墟里稀人烟。比闻流移归,粗给粥与饘……疮痍数百万,引领朱帷褰……明发念先世,累代被衣冠。里人纷矜诩,安知我所观?……长歌击玉壶,曲终再三叹。雄风自西来,易水萧萧寒。"此诗述朝政及易州边备,可作史诗观。

公鼐至青州,晤冯珂等。

《问次斋稿》卷十八有《己丑青州重晤季韬志感》。

万历十八年庚寅(1590) 子履五十二岁,子咸四十三岁,琦三十三岁,珣二十八岁,瑗十九岁

二月,吏部尚书杨巍致仕,琦有诗文送之。

《宗伯集》卷六《送杨太宰致政东归》诗一首,卷八《送太宰梦山杨先生致仕序》。

七月,协理京营戎政兵部尚书郑洛经略西边,琦有《送郑大司马经略西边》六首送之。

《国榷》卷七五"万历十八年七月":"己巳,协理京营戎政兵部尚书郑洛为右都御史,经略陕西四镇及宣府大同山西边务。"

八月,蓟辽总督张国彦以兵部尚书协理戎政,冯琦以文贺之。

张国彦事见《国榷》卷七五"万历十八年八月"。《宗伯集》卷九《贺督府张老先生考绩序》:"邯郸张公督蓟辽三年,主爵上其绩于朝,天子下玺书赠其父母、王父母如秩,即幕府拜大司马,视事如故。"

万历十九年辛卯（1591） 子履五十三岁，子咸四十四岁，琦三十四岁，珣二十九岁，瑗二十岁

瑗子士俼生。

> 车本《世录·奉祀神主》："显考恩贡府君冯公讳士俼，字于锡，行一，神主生于万历十九年辛卯四月十九日酉时……孝子雍奉祀。"

秋，琦主考顺天乡试，有《顺天府乡试录后序》。是秋，顺天武举，琦作《武举录序》。移书山西守臣反对开矿佐经费。

> 《万历起居注》："（十九年八月）四日丙申，命左春坊左谕德兼翰林院侍读学士曾朝节、左春坊右谕德兼翰林院侍讲冯琦为顺天府乡试考试官。"

> 《琢庵冯公墓表》："辛卯，主考顺天乡试。畿闱四方，士庞杂无归一，又辇毂下易起声迹为毁誉，公愁恫有加，都人士称服如三楚时。会有倡开五台矿峒以佐经费者，公移记守臣：'此阿堵物，何济缓急而令祸本贻后日？'"《琢庵冯公墓志铭》："辛卯，主考顺天。两主试事，翻校无所避，两解首得之废卷中，皆海内名士。所发策，具官府大计，剀至而有深忧，读者始以王佐期公。"《琢庵冯公行状》："辛卯，主考顺天，所得士及程录，一如楚中。时边费不足，有议开五台矿税以济用者，公寓书云中抚臣。"

> 《宗伯集》卷十《武举录序》："万历十九年十月试畿内才武士，御史刘公实监临之。既告成事，有司遇以宾兴之礼。愚以为国家取文士，歌《鹿鸣》而宴之。是役也，宜歌《兔罝》。"

子履在易州，彗星现，民间讹言易水有王者气、官兵将围诛。民情惶惶，子履定之。奸民有疏言开易州矿者，子履驳之。冯琦寄至试录及家报。

> 《仰芹冯公墓志铭》："辛卯，彗星见，民间讹言易水有王者气，官举兵诛至矣。众皆反走，城郭为空。郎中项君过公。公曰：'民方恫疑，不可骤止也。'趣命庖人治具，不阖扉而饮酒，徐遣吏晓譬曰：'此讹言勿恐。'民且疑且觇，知其无它，乃定。束鹿有妖徒惑

众,聚至千余,长吏走白两台,计且请兵。公曰:'此一亭长力耳。'为檄下邑,逮其魁,即讯谕遣余众各散归农,官无所问,檄至而解。奸民上言易州诸山矿金可采也,下两台议。公曰:'不可,矿之为利,民窃则赢,官开则诎矣,非便也。无事而聚众,寇且生心,密迩九陵,将伤地脉,谁敢任之?'两台如议以覆,事乃得已。"

《仰芹冯公行状》:"辛卯,彗星见,民讹言易水间有王气,天子且举兵加诛焉。会一偏将将兵过易水,或曰:'此即行诛者也。'民骇然急走散入山谷,城郭为空……民窥公安饮,则复稍稍还。乃捕讹言者治之,民遂定。"

沈德符《万历野获编》卷二二《冯仰芹大参》:"辛卯顺天乡试,冯宗伯琢庵时以谕德为正主考……时其尊人仰芹子履以山西参政备兵易州,与管厂工部主事项元池德桢宴饮方洽。适京师人来,宗伯寄至试录及家报。"

十月,于慎行致仕归乡,琦有诗送之。

按:于慎行本年九月致仕,十月归,冯琦等饯于真空寺。《东阿于文定公年谱》:"十月甲午,归,至顺城门,望阙稽首而出。九卿、台省、部署皆饯于门……太史冯公、朱公、葛公饯于真空寺。"朱公即朱维桢,葛公即葛曦。《宗伯集》卷六有排律《送大宗伯于縠山年伯请告东归》。

十二月,以年节,赐辅臣及讲官银币。

《神宗实录》卷二四三"万历十九年十二月":"壬子,以年节,赐辅臣及讲官银币各有差。"

万历二十年壬辰(1592) 子履五十四岁,子咸四十五岁,琦三十五岁,珣三十岁,瑗二十一岁

正月,礼科给事中李献可疏请豫教元子,遭贬。六科给事中钟羽正、张栋各具疏救,大学士王家屏封还御批力谏。钟、张削籍,王家屏上疏罢归。

冯琦作《壬辰书事赠别钟淑濂张伯任》,有"矫矫山阴公,尺牍

还内降"、"省垣及选部,一时尽屏放"之句纪其事。

蓟辽、保定总督郝杰入理戎政。琦以文贺之。

  见《神宗实录》卷二五六"万历二十一年正月"。《宗伯集》卷九《贺御史大夫少泉郝公入理戎政序》。

四月,子履升河南右参政。

  《神宗实录》卷二四七"万历二十年四月":"(甲寅)升山西副使冯子履为河南右参政,江西副使王俨为广东右参政。"

春,友人周如砥出使河南,便道回乡,琦有诗送之。

  《宗伯集》卷五《送周砺斋太史册封荥阳王过家为伯母寿》云:"大河春树接荥阳,六传飞尘出建章。"可知时为春天。按:周如砥(1550—1616),字季平,号砺斋,即墨人,万历十七年进士,官至国子监祭酒。有《周太史文集》、《青藜馆集》等。少失怙,伯母孙氏育之。本年春便道归省。

七月,友人郝杰以兵部侍郎总督蓟辽,琦有文送之。

  郝杰总督蓟辽事见《国榷》卷七六"万历二十年七月"。《宗伯集》卷八《赠少司马郝公总督蓟辽序》。

八月,琦升左庶子。值宁夏之乱,主张用间,反对决河。九月,主武举会试,作《武举录序》。三王并封议起,移书王锡爵力争之。

琦作《闻宁夏平志喜》等诗。

  《琢庵冯公墓表》:"壬辰,进左庶子。值宁夏蕃将之变,公策亟用间间贼,贼易与者,决河非计。是秋,公主武举会试,以东西事发策,皆奇中。一日,内降议三王并封,公奏记太仓公:'是万不可行。'太仓公据祖训力争,直引'左庶子琦语臣如此'。寻进少詹事兼翰林院侍讲学士,掌院事。"

  《神宗实录》卷二五一"万历二十年八月":"甲午,升右谕德冯琦为左庶子,掌左春坊印信;右中允余继登为右谕德,掌右春坊印信。"卷二五二:"(九月)丁卯,命左庶子冯琦、右谕德余继登为武举考试官。"亦见《国榷》卷七六"神宗万历二十年"。

《琢庵冯公行状》:"壬辰,升左庶子。值宁夏乱卒戕抚臣,胁房拒守,久不下。倭入朝鲜,迫辽左,朝廷旰食。公居常念世受恩厚,仕十余岁,坐致华贵无所益。今国有急,思得驰驱自效。时参藩公为易州兵使,台臣荐其材,宜在行间……会事宁,皆不果。先是,征西诸将叶大司马、李将军素知公有文武材,每进战,辄驰骑问方略。公策首用间,无攻河,无轻决河水,恐薄多杀士卒,川壅猝难自保,以摧镇百万生灵易数贼命,非完计。是秋,公主武举会试。"按:叶大司马即叶梦熊,李将军指李如松。

《明史》卷二一六《冯琦传》:"三王并封议起,移书王锡爵力争之。"冯琦《宗伯集》卷六九《上王相公论三王并封书》云:"数日以来,纷纷藉藉,不忍听闻……窃谓君父尊亲宫闱微暧,皆臣子所不忍疑与不敢疑,然而终不能解者,何也?群臣屡请而屡格,明旨屡下而屡更,其更弥多,其词弥顺,而持之弥急弥峻,类若有意为之者。且夫长不立以待中宫也,中宫恩宠赐予远出贵妃下,即中宫之父视贵妃父恤典何如哉?迟迟于捐数百金葬其已死之父,而虚东宫以待其未生之子,此廷臣之所为疑也。"按:中宫指皇后王氏、贵妃指郑氏。万历年间的国本之争,引发了朝臣与皇帝之间的矛盾。此书促成了王锡爵向廷臣立场转变。冯琦进少詹事兼翰林院侍讲学士当在明年。

是岁,青郡大饥,子咸出粟救贫。

《贞静先生行状》:"癸巳岁大祲,公身为倡宗族兄弟与其乡大姓皆出粟贷贫民。公亲剂量其多寡,贫者遂予之,贫而有地可耕获者予之而取偿于丰年。明年稍丰,乡人争还粟,哀而聚之,设义仓以备荒,死丧者亦得取给焉。"

张敦仁《临朐编年录》:"(万历)二十一年癸巳,大饥。人食木皮,群盗劫掠。"

万历二十一年癸巳(1593) 子履五十五岁,子咸四十六岁,琦三十六岁,珣三十一岁,瑗二十二岁

正月,神宗谕旨三王并封,廷臣纷纷上疏反对。首辅王锡爵毅然转向廷臣。

三月,琦主京察。

  《琢庵冯公行状》:"癸巳三月大计京朝官,时论称允。而考功郎旋削籍去,言者力争,至引'左庶子冯某谓二百年无此,考察以为重';东宫未建,上下三王并封议,公奏记太仓公曰:'是必不可。'王公急上章,已之,亦称:'得冯某书云然。'其为时所推如此。无何,升少詹事兼翰林院侍读学士,掌院事。参藩公自河南入贺。"

四月,以端阳节,赐金。

  《神宗实录》卷二五九"万历二十一年四月":"癸丑,以端阳令节,赐三辅臣及讲官金符有差。"

五月,琦署翰林院印信。

  《神宗实录》卷二六〇:"(万历二十一年五月戊午)命左庶子兼侍读冯琦暂署翰林院印信。"亦见《国榷》卷七六"神宗万历二十一年"。

秋,友人魏允贞出为山西巡抚,琦有诗送之。

  按:五月,魏允贞以右佥都御史出为山西巡抚,见《国榷》卷七六《神宗万历二十一年五月》。《宗伯集》卷五《送魏中丞抚晋中》云"玉节乘秋出汉宫,牙璋如雪指河东",可知允贞出京在是年秋。

八月二十九,冯琦转少詹事兼翰林院侍讲学士。

  《神宗实录》卷二六三:"(万历二十一年八月)庚戌,升左庶子兼侍读冯琦为少詹事。"亦见《国榷》卷七六"神宗万历二十一年"。

九月,子履由河南入贺万寿圣节,乞致仕。十七日,琦亦乞假;十九日有旨允假;二十日廷谢,二十四日奉表谢恩;月末起程。

  友人邢侗《来禽馆集》卷二六有《冯参伯从洛中入贺》诗。琦别诸友人,余继登作《送冯用韫学士奉诏归省序》挽留之;焦竑《焦氏澹园集》卷四〇有诗《送冯宫詹还青州觐省》及书启《答冯宫詹》(同上卷十);钟羽正有诗《冯仰翁致东还用韫太史给假归省》。

《宗伯集》卷二四《为恭谢天恩事》:"该臣于本月十七日具疏给假省亲,十九日奉圣旨:'冯琦准给假回籍省亲。伊系日讲官,着驰驿去,仍赐路费银二十两、纻丝二表里,着限五个月内前来供职。钦此。'钦遵随于二十日报名廷谢讫。伏念臣少承父训,早饮朝荣,爰从荷橐之班,抡置执签之列。未瞻咫尺,何有涓埃?乍惊官序之骤迁,敢意私情之曲体?当枫陛承恩之日,适椿庭请老之时。倦鸟依林,方悬车之是望;慈乌反哺,俾拥传以言旋。金绯争羡其同归,银币复沾乎异数。……鹤禁行开于不日,龙颜遥祝于齐天。臣无任感戴激切之至。万历二十一年九月二十四日奉圣旨:'知道了。礼部知道。'"

至临淄,公鼐来会。

公鼐《问次斋稿》卷十三有《癸巳稷下会用韫书怀》六首纪之。

冯琦《府君行略》:"癸巳,迁河南参政。甫之任,以贺万寿如京师。是时不孝琦增秩至少詹事,父子相见邸中。府君浩然有归志,所知谓府君年方逾艾,奈何遽请老以去。即吾友余世用亦为文止之,谓与其以去为名,不如不去以立功报国家……于是上疏称病乞身以归,不孝亦以省觐行。上优礼讲僚,给驿予道里费,父子相继出都门,都人里人以为荣。"

《仰芹冯公行状》:"癸巳,迁河南参政。甫之任,以入贺至京师。时宗伯已转宫詹,奉讲筵,贵显矣。公浩然动归与,所知劝止之,则不从,于是乞身归。而宗伯亦以省觐行,上为赐驿传道里费,父子相继出都门,里人皆荣之。"

亦见《琢庵冯公墓表》、《琢庵冯公墓志铭》:"癸巳,升少詹事兼林院侍读学士,掌院事。参政公以盈满为念,遽乞致仕,公随请觐省,上赐以白金文绮,命乘传归。"

《宗伯集》卷六九《上政府乞归书》:"家君自去岁转官时已病暑,道事七月始得代。未几,入洛中;未几,入贺。驰驱炎暑中,往返数千里,遂至委顿。入都以来,日亲医药,未拜一客,未赴一席,此士大夫所共知也。即辞朝,行至新城道中,前症转剧,览知足之分,惕满盈之戒,具疏乞休,已赴通政司投进矣。门生亦愿乞其不肖之身一图省觐,谨以真情苦语具为老师陈之。"

余继登《淡然轩集》卷三《送冯用韫学士奉诏归省序》:"万历癸巳秋,冯君用韫晋宫詹学士,视翰篆寖寖响用矣。会其尊人仰芹先生以河南大参入贺万寿,还,移疾乞致仕。用韫闻之,即具疏请归省视。天子嘉其意,予五月休沐,加赐金币,俾乘传以归。"

梨本《世录》载冯珣《怀仰芹叔大参》,题注:"时在梁,将以入贺过家。"

万历二十二年甲午(1594)　子履五十六岁,子咸四十七岁,琦三十七岁,珣三十二岁,瑗二十三岁
春,琦假满,上疏乞病,不许,予宽假。
三月,充国史副总裁。五月,会推阁臣,琦在列。

《神宗实录》卷二七一"万历二十二年三月":"甲辰,纂修正史,以礼部尚书陈于陛、南京礼部尚书沈一贯、詹事刘虞夔、少詹事冯琦充副总裁官。"卷二七三:"(万历二十二年五月丁亥,即初十)吏部会推阁臣七员:原任东阁大学士王家屏、南京礼部尚书沈鲤、原任吏部尚书孙鑨、礼部尚书沈一贯、左都御史孙丕扬、原任吏部右侍郎邓以讚、少詹事冯琦。上以原旨'不拘资品'为先年陆光祖谋推自用,今何又推吏部并掌院御史,显属徇私,仍将前次所推通写来看。"

《国榷》卷七六"神宗万历二十二年":"(三月)甲辰,礼部尚书陈于陛、南京礼部尚书沈一贯、詹事刘虞夔、少詹事冯琦充正史副总裁。""(五月)丁亥,吏部推阁臣王家屏、沈鲤、孙鑨、沈一贯、左都御史孙丕扬、吏部右侍郎邓以讚、少詹事冯琦。上以推及部院,不允。"

《琢庵冯公墓表》:"假满移病,不许,予宽假。会廷推阁臣,当事者越次及公。公假适满,辅臣奏修国朝正史,起公副总裁。"

《琢庵冯公墓志铭》:"假满,更欲移病,不许,予宽假。会廷推阁臣,当事者以公望重,越资次推公。假又满,适上允辅臣奏修国朝正史,起公副总裁。""甲午,青大饥,为出粟里中,赖存活者甚众。"

秋,琦先后游临朐名胜。青郡大饥,琦出粟救饥,赖活者甚众。

《琢庵冯公行状》:"甲午,齐大饥,出粟临朐、益都二邑间,全活数十百人。"

《宗伯集》卷十五《游石门山记》:"乃以秋七月八日偕余叔肖浮公、谢茂才游石门。"《游冶源记》末云:"而次日游于仰天。"《仰天寺记》末云:"甲午九月廿一日,冯某记。同游者,余叔观海公,弟季韫,殷孝廉,谢、高两茂才也。"同书卷四《同季韫用鸣二弟游赤涧小园及观石溆紫涧瀑水》,序云:"诵棠棣之章,争看韡韡;睹蒹葭之色,已复苍苍。方拟卜居,正当在告。名符赤甲,地远青门。志向平之伍游,且为地主;携蒋卿之二兄,况系天亲。近看一水之如环,遥指千山而作障。寄余情於鱼鸟,托高赏于云霞。观广陵之涛,烦疴乍起;得康乐之句,尘梦初醒。各赋新诗,仍坚后约。靡言不报,倡酬何异埙篪;无已太康,儆戒愿同蟋蟀。"其二有"年来频赐告,一壑主恩深"之句,冯琦以去秋予告,假满再乞,予宽假五月,故知此诗亦作于本年。琦另有《石溆》、《紫涧瀑水》亦作于此时。

秋八月,山东乡试,瑗中举,珣下第。

梨本《世录》载钟羽正《明中大夫整饬辽东开原兵备道河南布政使司右参政兼按察司佥事栗庵冯公墓志铭》:"甲午举于乡,乙未成进士。"《栗庵冯公行状》所载同。

清张敦仁《临朐编年录》:"(万历)二十二年甲午,大饥。秋举乡试一人:冯瑗字栗庵。"

九月,治河尚书舒应龙还部,琦有文送之。

《国榷》卷七六"万历二十二年九月":"总督漕运、总督河道工部尚书舒应龙回部。"《宗伯集》卷八《奉贺宫保大司空中阳舒老先生被诏还朝序》:"顷岁淮水溢……诏桂阳舒公以大司空往督理之……而韩庄之役最大,自隆庆中数议数勘,数见格,皆谓功费

99

大,非数十万不可,又难以岁月就。公毅然独任之,费不及五万,逾时告成事。天子下玺书褒劳,予金诰命,加秩太子少保。无何,以大司空诏还视事。"

秋冬之际,琦将赴京,公鼐来访,遇于长山(在今邹平)。

公鼐《甲午会用韫于长山》:"殷勤适子馆,见我缊袍心。话别情堪把,忧时泪不禁。持觞听夜雨,缓驾惜春阴。当日夷陵椊,留连未似今。"另有《慰季韫》(《问次斋稿》卷十三)等诗。另,冯琦《周年告文》:"甲午之秋,父子一堂;乙未之岁,南北千里。"可知冯琦于本年秋冬之际进京。

十二月,赐辅臣及讲官节物。

《神宗实录》卷二八〇"万历二十二年十二月":"丁卯,赐辅臣及日讲官正旦节物吊屏门神、判子等件。"

万历二十三年乙未(1595) 子履五十七岁,子咸四十八岁,琦三十八岁,珣三十三岁,瑗二十四岁

春,瑗赴会试,中进士。秋,授湖广茶陵州知州。

《栗庵冯公行状》:"乙未遂成进士,授湖广茶陵州知州。茶陵犷悍多盗,窟宅联络,潜依山隩中。公计擒其渠魁,与民休息,社里谧谧如也。"

《栗庵冯公墓志铭》:"筮仕茶陵,林菁险阻,民犷悍多盗,遂捕得其魁。狱成解府,其党期于路篡劫之,公先期为檄遣而中夜载舟中密发,比盗至,已过矣。凶党燔灭,枹鼓不鸣。远近传公方略,以为茶陵不足治,调繁泽州。"

四月初八,琦进礼部右侍郎。时有封贡之议,琦阻之,不能得。

《琢庵冯公墓表》:"乙未,进礼部右侍郎。"《琢庵冯公墓志铭》:"乙未,升礼部右侍郎。而参政公病,戒不闻于公,比公闻,疾且革矣。遂一日三上疏乞归,并引讲臣例请封父母,得旨如所请。疾驰四昼夜抵家,拜参政公于床下,泣致封诰。又三日,乃卒。"

《琢庵冯公行状》:"乙未,升礼部右侍郎。时倭报纷纭,大司马石公主封贡,公曰:'倭跳梁海外,安所需吾封?'阻之不能得。"《神宗实录》卷二八四:"(万历二十三年四月庚戌)升詹事府少詹事兼翰林院侍读学士冯琦为礼部右侍郎。"亦见《国榷》卷七七"神宗万历二十三年"。

六月末,子渐卒,琦有《祭九叔文》。

车本《世录·奉祀神主》:"显考庠生府君冯公讳子渐……卒于万历二十三年乙未六月二十九日戌时,享年四十四岁。葬于尧山之东。孝子璇奉祀。"

是岁,益都、临朐大饥,子履出粟以救贫者。

《仰芹冯公行状》:"乙未,邑大饥,出宋庄藏粟,损价以济贫民,所全活者甚众,闾里颂义焉。"

十二月,以年节赐辅臣及讲官银币。

《神宗实录》卷二九二"万历二十三年十二月":"丁巳,上以年节,颁赐四辅臣及讲官刘元震等银币有差。"

万历二十四年丙申(1596) 子履五十八岁,子咸四十九岁,琦三十九岁,珣三十四岁,瑗二十五岁

三月,乾清宫火,琦上疏请辞。

《宗伯集》卷四八《为遇灾思咎自陈不职恳乞圣明俯赐罢黜以答天谴疏》:"臣甚自愧,往岁复承简擢赞佐三礼,官序益进,尸素如故。比者法宫焚毁,圣躬震惊。古者以人事配五行,在礼为大,礼失其官,谪见于天,故有郁攸之灾以戒不治。臣实佐典礼,臣何所逃罪?……伏望皇上将臣即赐罢斥,别选良臣以佐邦礼,臣不胜悚息待命之至。"

春,珣寄书琦,为父母乞寿序。

《宗伯集》卷十二《伯父伯母六十偕寿序》:"自我曾大父以来,夫妇媲德而同寿至六十者,自伯父伯母始。弟珣以书来曰:'愿兄为文寿之也'。吾父少伯父两岁……伯父与吾父肩相随,武

相接,少而嬉,长而读书,又长为诸生,未尝一日不同游处。豆羹蔬食,共食则甘,不共食不甘……伯父与吾父虽从兄弟,犹之同胞,犹之左右手,夫寿伯父者,亦以寿吾父也。"

五月二十六日,子咸卒。琦有《祭八叔文》,珣有《哭八叔本轩》四首、《检本轩叔遗书有感》等。

车本《世录·奉祀神主》:"显考乡进士府君冯公讳子咸……卒于万历二十四年丙申五月二十六日申时,享年四十九岁……孝子琬奉祀。"

钟羽正《冯贞静先生诔》:"岁丙申五月廿六日,北海隐君冯望山先生卒于冶源,时四十九岁。道不偶时,年不称德。清风悠邈,微言圮绝。"

冯琦《祭八叔文》:"春初闻叔病状,深以为忧。童仆继来,皆谓小愈,奈何一旦遽至于此!前日报书,遂成绝笔;前年饯别,遂成永别。即使侄亲使舍殓,已隔生死,况复远在千里,又阻河山!"

梨本《世录》载冯珣《哭八叔本轩》,其一:"吾叔逃名久,高居冶水滨。有才甘濩落,抱道竟沉沦。共讶长沙鵩,堪悲鲁甸麟。于今成永别,能不暗伤神?"《检本轩叔遗书有感》有"微言留道脉,片语擅词林"之句。

六月,琦以父病,遣仆送母宋氏南还。

按:《宗伯集》卷四《送母南还书怀呈老父及少弟》其一云:"溽暑宁堪别,春晖未抵恩。风尘满道路,僮仆问晨昏。"可知时在盛夏。其二云"母应怜少子,儿独客长安",则说明冯琦遣仆送母回乡;其三云"拙宦登三品,亲年感二毛",冯琦于万历乙未(1595)升礼部右侍郎(正三品),此诗当作于乙未、丙申两年中;而其四写予少弟,有"明秋风力健,应着祖生鞭"之句,"明秋"当指明年乡试,则此诗作于本年(1596)无疑。

八月十二日,琦以父病乞归,上赐其父子履诰命。十八日,子履卒。

《宗伯集》卷二四《为恭谢天恩比例陈款恳乞圣慈俯赐矜允以伸子情事》:"臣以忧亲成病,再疏乞归,奉圣旨:'冯琦情词恳切,准暂给假回籍,着驰驿去。伊系日讲官,还赏路费银二十两、纻丝一表里。吏部知道。钦此。'臣不胜激衷,不胜感泣……臣较量才品,何敢比拟前人？皇上优礼儒臣,实则绍隆圣祖,况臣父疾病日迫,臣愚忧惧日深,既不敢自必尚有报主之身,又不敢必亲尚有承恩之日,是以冒昧陈款,仰渎宸严怜臣至情,查顾鼎臣、谢丕事例,预给与臣父母诰命。臣父当危而拜命,或可因喜以获安,倘臣父延一日之生,即微臣安惜百身之报？臣不胜感激仰望之至。万历二十四年八月十二日。奉圣旨:'知道了。冯琦日讲效劳,准照例给与父母诰命。吏部知道。'"同卷《为辞朝事》:"伏念臣遭逢明圣,激沐恩私,方缘亲身两病而乞归,乃体臣子至情而予假……恩礼若此,报称谓何？返哺如乌,情少伸于爱日;往来似雁,意常在于随阳。臣无任战兢惶悚之至。万历二十四年八月十二日。奉圣旨:'知道了。'"

《神宗实录》卷三〇〇:"（万历二十四年八月十七）日讲官礼部右侍郎兼翰林院侍读学士冯琦再疏以亲病乞归,上以其情辞恳切,准暂假回籍,著驰驿,给赏路费银二十两、纻丝一表里。""给冯琦父母诰命,以其日讲效劳,不在考满例。"

沈德符《万历野获编》卷十三《非例得封》:"万历二十四年,礼部侍郎冯琦以父山西参政子履病,给假省亲,亦乞恩求封。上命如所请。然冯三品未及一年,乃翁年止六旬,尤为异典云。"

《琢庵冯公墓表》:"丙申,乾清宫火,公从礼部疏论灾异所从起。夏,藩参公病,公一日三疏乞归,更引讲臣封父母例,希殊恩,上报可。宵驰抵里,泣致上命。"

车本《世录·奉祀神主》:"显祖考……府君冯公讳子履……卒于万历二十四年丙申八月十八日酉时,享年五十八岁。葬于尧山之东。孝孙士璩奉祀。"

琦《府君行略》:"丙申,余叔本轩公卒于冶水。本轩公行谊如古人,病甚,以二孤托府君……本轩公卒,府君哭之恸,顾四野茫茫,殡宫寂然,感慨伤怀,归而卧病。病中忽忽自语'安有行谊如是而令野死,生者谓何？'不孝闻府君病,驰归,携医与俱来,而病不可为矣。"

《仰芹冯公行状》："丙申,弟贞静先生卒于冶水。公素厚诸昆,驰往哭之恸。归,病作,既少愈,复出从客饮。无何,辄剧。卒之日,谈笑如平时。"

按:梨本《世录·诰命》中载《礼部右侍郎兼翰林院侍读学士冯琦父母诰命》:"奉天承运,皇帝制曰:……尔原任河南布政使司右参政冯子履乃礼部右侍郎兼翰林院侍读学士琦之父……朕曲体斯情,悉俞所请,兹特封尔为通议大夫礼部右侍郎兼翰林院侍读学士。……制曰:……尔封安人宋氏乃礼部右侍郎兼翰林院侍读学士冯琦之母,……兹特晋尔为淑人,从夫并贵……万历二十四年闰八月初三日之宝。"此诰命距子履卒日恰半月;另载《礼部右侍郎兼翰林院侍读学士冯琦并妻诰命》,落款为"万历二十四年八月初八日之宝"。

二十四日,琦作《首七告文》。

梨本《世录》载《首七告文》:"维万历二十四年八月二十四日孤子某谨以庶羞品仪告于显考府君之灵曰:儿琦归奉颜色仅三日,我父悼弃两孤忽已七日,从此以往,为三日之见者永无时,为七日之不见者无穷期。"

袁宗道、袁宏道有书吊慰。于慎行亦有诗寄之。

袁宗道《白苏斋类集》卷十五《冯侍郎琢庵》:"甚哉阁下笃孝之感也!既以精诚感主上,荷封纶之锡,又以精诚感司命,延属纩之音……倘阁下以沉痛致摧瘵过甚,非所以安太翁于冥冥也。为太翁,为吾道,为苍生,抑哀自爱甚幸!"

袁宏道《冯琢庵师》:"读邸报,知拂衣还里。谬谓趣深泉石,兴衰圭绂耳。不意遂抱大痛,殊切惋叹。"

于慎行《冯宗伯请急东旋寄候》:"六传西风簌绣鞍,都门又作画图看。应缘斗畔星辰逼,不为人间道路难。汉阙恩光深子告,齐城佳气满承欢。思君此际还千里,愁听秋声木叶丹。"《宗伯集》卷五《于年伯闻余请急,以诗见寄,有'都门又作画图看'之句,犹谓余以吉行也。更二年始追道苦怀以答之》。

闰八月下旬,琦作《五七告文》。二十六日殡,琦作《殡日告文》。

  梨本《世录》载《殡日告文》:"在礼:大夫三月而葬。我父新被封典,一切祭葬当请命于朝,朝命未下,未敢辄举。谨以闰八月廿六日辰时安厝堂上,且夕上食,事必禀命我父灵爽俨然鉴临,亦古人事存事生之义也。俟奉有愍纶,克定卜吉而后,敢议即远。呜呼!自儿之归仅见病榻,五日以外仅见素棺,今并此棺亦隔浅土,仪容声响益复渺然,栾栾棘人,惟有泣血敬陈薄奠,惟父享之!"

冬十月,琦以父墓志请于于慎行。选曾祖冯裕与祖辈"四冯"诗各一卷,合编为《冯氏五先生集》付梓。

  《东阿于文定公年谱》:"(万历二十有四年)冬十月己巳……宗伯冯公琦乞尊人志铭。……十有二月,狩院姚公思仁报命荐遣祭冯太公于青州之第,致志铭。"

  按:《冯氏五先生集》之《陂门集》弁以康丕扬《刻四冯先生诗集序》,落款"万历丙申孟冬日赐进士第年家晚生平原康丕扬顿首拜撰"。

十一月,朝廷给予琦父恤典。琦有《诰命至日告文》。

  《神宗实录》卷三〇四"万历二十四年十一月":"(甲辰)礼部题侍郎冯琦讨父恤典,命与祭一坛,仍给全葬,以日讲加恩故也。"梨本《世录》载冯琦《诰命至日告文》:"自儿乞归,临行拜疏,蒙皇上俯从给父母诰命,盖特恩也。父闻命,三日而逝。今日诰命至矣,安得父起而被衣冠,北向一谢耶!向使父尚无恙,夫妇父子同时拜命,岂非人世盛事?儿之乞封,原因父病,封章下而父不及见也。哀哉!伏惟严亲之恩与天罔极,明主之恩与亲罔极,恩被殁存,路分生死,悲痛之极,聊以自慰。目睹宠荣之事,反为摧裂之端,惟父冥漠之中,欣服恩命,敬告灵儿。执笔长号,尚享!"

十二月初十日,帝遣山东按察副使于仕廉谕祭。琦作《祖奠告文》。

梨本《世录》中载《维万历二十四年十二月初十日皇帝遣山东按察司副使兼布政司右参议于仕廉谕祭原任河南布政司右参政封通议大夫礼部右侍郎兼翰林院侍读学士冯子履文》,云:"惟尔行方古人,学有家法。服茹荼之仪训,发拔茅之贤科。宰畿邑播誉于循良,赞夏曹精心于搜校。洊更藩臬,强半边陲。早挂神武之冠,独贲邱园之帛。嘉尔哲嗣,为予近臣。日宣观讲之劳,大发趋庭之蕴。顷俞至恳,往慰宁思。爰驰宗伯学士之封,以为日月冈陵之寿。胡然讣至,遽尔告终。宜备荣哀,特隆葬祭。英灵如在,尚克歆承。"

《仰芹冯公行状》:"讣闻于朝,天子命守臣谕祭,司空营葬事,以十二月十日葬洋水之阳,盖新阡也。"

梨本《世录》载冯琦《祖奠告文》:"永迁之礼,灵辰已届。式遵祖道,往即幽埏。今日堂序,明日邱陇。仅隔一夕,遂成九京。呜呼哀哉。"

十二月末,琦作《中林》诗十五章以示弟。

按,此组诗写父子之情与兄弟之情,其六有"天降鞠凶,我父亡禄"之句。诗后冯琦识曰:"昨岁暮作四言诗,不能尽其意,然意亦自有不能尽者。每因鹡鸰之情,益增乌鸟之痛,未尝不泫然沾衣也。正月廿三日,偶于书册得二柿叶,漫书二绝,附录于后:'泪行成雨鬓成丝,残月孤灯冷素帷。安得阶前鸿雁影,双飞阙下凤凰池。欲树萱花向北堂,那能寸草报春光。莫将骄子心头火,添作慈亲鬓上霜。'"细绎诗意,亦是怀亲劝弟之语。

万历二十五年丁酉(1597)　　冯琦四十岁,珣三十五岁,瑗二十六岁

珣以选贡入国子监。

《康熙临朐县志》卷三《冯氏世家·冯珣》:"丁酉,以乡选贡入成均。自是北闱一再试,不售。"

三月,兵部侍郎邢玠升本部尚书,总督蓟辽、保定军务,经略御倭,琦有《邢司马经略朝鲜》五首,公鼐亦有《答和用韫寄

邢司马经略朝鲜》五首和之。

五月,以使臣谕祭,上疏谢恩。

《宗伯集》卷二四《为恭谢天恩事》:"该臣以臣父原任河南布政使司右参政今封礼部右侍郎兼翰林院侍读学士冯子履患病危急,蒙恩归省,旋以病故奏乞卹典,奉圣旨:'礼部知道。'礼部题覆:'奉圣旨,准照例与祭一坛,仍给全葬。钦此。'随该山东按察司副使兼布政使司右参议于仕廉前来谕祭,本布政司给予葬价夫匠银三百两。臣谨叩头祗领如式。近葬讫,不胜感激,不胜哀痛。三命遥颁,方沐如纶之宠;九原不返,遂成若斧之封。感圣德之难酬,痛亲容之永隔……顾臣父半世疆场,未酬马革;而臣愚八年讲读,空对麟编。自惟两世之虚縻,曷称九重之异数。予内史之假,奉诀别于生前;赐京兆之阡,藉光华于身后。泽深及骨,感切铭心。祭以大夫,葬以大夫,渥典并隆于此日;遇以国士,报以国士,微忠难馨于余年。惟随薄天之民,永祝同天之寿。臣不胜衔感顶戴之至。万历二十五年五月十七日。奉圣旨:'览奏谢,知道了。礼部知道。'"

约是年,瑗调泽州知州。

《栗庵冯公行状》:"调烦泽州,固岩邑也,诸宗杂沓,挟势斁法。公既威声素慑于法,罔所纵舍,宗人凛然。比时矿税使四出,莫不望泽而却步焉。"

《栗庵冯公墓志铭》:"泽号望州而山多地狭,岁比不雨,民有饥色,公多方调剂之,得免流散。泽多潢宗,挟势害民,公一切法裁之,诸宗敛手。时矿税四出,州邑供应不暇,然望泽辄遁去,曰:'此官强直,且必抗我,勿往也。'"

按:万历二十四年始派矿税太监,时冯瑗至茶陵仅一年,调官可能性不大。据《明史·食货五》载,二十四年矿税使四出,陈奉至湖广之德安,尚未遍布湖广。本年矿税使更肆虐,故冯瑗本年调至泽州可能性较大。

八月,琦居丧,作《周年告文》。

梨本《世录》载《周年告文》:"父弃两孤,一年于兹矣。呼天不闻,呼父不起,思形影于畴昔,托音响于梦寐。俨如陟降,渺若有无。日月几何,已弥年岁。呜呼哀哉。比者淫雨为灾,垝垣未筑;松柏成列,宿草已深。邱封翳然,灵风飒至。甲午之秋,父子一堂;乙未之岁,南北千里。去年此日,一息仅属;今年此日,九原永隔。呜呼!……一兄一弟,顾影自怜,慨后嗣之未昌,恐前修之渐坠。惟有屏息以谢天谴,保身以奉先祀,相成相勖,期无负我父垂没之语耳。薄荐牲醴,我父鉴之。"

万历二十六年戊戌(1598) 琦四十一岁,珣三十六岁,瑗二十七岁

正月,刑部侍郎朱鸿谟卒,琦有诗挽之。

《国榷》卷七八"万历二十六年正月":"癸卯,刑部右侍郎朱鸿谟卒。鸿谟字文甫,益都人,隆庆辛未进士,授吉安推官,擢南京御史,劾张居正夺情除名。后复官,历今职。性伉洁,其守卓然。殁之日,藉赙金以殓。赠尚书,予祭葬。"《宗伯集》卷四《挽朱鉴塘司寇》五首其二:"一读南台疏,朝绅总震惊。当时拚已死,今日凛如生。片语扶纲纪,孤忠托圣明。谁知天仗马,放逐亦长鸣。"

二月,琦长子士杰生。

车本《世录·奉祀神主》:"显考南京户部员外郎府君冯公讳士杰……生于万历二十六年戊戌二月二十五日丑时……孝子渼奉祀。"

车本《世录》载俞彦《明奉直大夫南京户部湖广清吏司员外郎于高冯公行状》(下简称《于高冯公行状》):"公生于万历二十六年二月廿五日丑时。"按:士杰本冯璲子,过继冯琦。

珣赴会试,琦有诗送之,寻下第。

《宗伯集》卷五《送季韫弟以选贡廷试》其一:"爱尔凌云笔,长安献赋来。凤毛行入沼,骏骨合登台。兄弟联花萼,君王问草莱。明朝盐铁议,莫逊汉时才。"

八月,琦居丧,作《二周告文》。

《二周告文》:"我父之殁忽已二年,忆前岁此日,憔悴病容、支离病骨,如在目前,训诲两孤之语,历历在耳。今日对此一怀,有怀万绪,安得呼彻重泉、起我父更一见乎?邱垅粗成,茔域粗治,夜扉自掩,石马寒嘶,华表空存,白鹤不返,呜呼伤哉!膝下旧欢,形容难睹;榻前遗命,心力难前。至于儿琦薄德薄命,苦心苦情,顾影自怜,不忍陈告,恐于泉台更增忉怛耳。比者郡邑乡贤并与俎豆,燕晋遗爱皆列祠宫,诸礼相继告成,九原自当歆享。二孤稍可自慰者,惟此而已。惟我父其享之。"据此可知,冯子履入祀青州郡及临朐县乡贤,而固安、易州等地亦将其列入当地名宦祠。

九月,琦、珂祭父于尧山祖茔,琦有诗示弟。与珣、珂同游,有诗。

《宗伯集》卷五《大祥上冢书怀示弟》五首之二:"扶病沾新命,开阡比上卿。可怜三日侍,不尽百年情。多难忧家国,殊恩激死生。孤臣无寸补,北望袅心惊。"同卷《同季韫、用鸣弟游赤涧菜园颇有卜居之志》之二有"碧树寒仍发,青山远更真"之句,《同两弟观荷花有感》有"秋风渐萧索,结子已如金"之句,皆为深秋景色。

十一月,琦服除,再推内阁,不果。

《琢庵冯公墓表》:"戊戌服除,再推内阁。"《琢庵冯公墓志铭》:"戊戌服除。"《琢庵冯公行状》:"戊戌服除,廷臣再推入内阁,不果。公虽家居,见朝政士论有不便者,辄忧形于色。时中使四出,百姓嗷嗷,庶僚比见斥逐,缙绅之势愈轻而士大夫意见复多有同异。公谓:'群臣自相猜阻,何由见信于上?上不信则不任,不任则权且旁窦',移书朝士,必以至公血诚、息争绝疑、共济国事为主,其有以己意水火者,皆极譬解,闻者亦自为融释。杨酋事,初议剿,旋更议勘,数年无成画。公以贼旅拒命,法宜必讨,第厚集兵,威迫而间之,贼将自歼。时多主勘者,而酋衅益甚,后卒用大兵而后平。自庚寅河西创后,谈虏者争言罢款,公谓'不量力而骤绝虏,胜算安在?九边无所不备,冥恃而无虞?且我何不问内修而亟挑衅乎?'所与边镇抚督书,权关右、宣大缓急,不失铢两。

数年边事以羁縻少息,无能易公言者。王师救朝鲜,或谓我不当代受兵。公曰:'我非救朝鲜,乃争朝鲜也。我于朝鲜,如周汉人保西域以制匈奴,岂可使折而入倭以为用?'经略邢司马公将济师,异议者持之急,公致书邢公曰:'今日事,如唐讨淮蔡,惟天子与裴晋公断之,故能底绩耳。若如老兵费财之说,捷于何有?'及倭遁去,异议犹不已。公谓:'釜穴既空,属国完复,此何可谓非功?诸臣久羁异域,转战数千里,即有所亡失,讵可谓罪?'天下皆以公言为平。"

十二月二十四日,子益卒,琦作《伯考仰山公墓志铭》,子益诸子居丧。

  车本《世录·奉祀神主》:"显考临朐县学生……府君冯公讳子益,字谦甫,行一……卒于万历二十六年戊戌十二月二十四日酉时,享年七十二岁……孝子璋奉祀。"

  梨本《世录》载张印立《明待封质庵冯公(玒)行状》:"仰山公始捐馆,擗踊号恸,昏绝数次。三年不入燕室,亦终岁无嬉笑语。"

秋冬之际,邢玠抗倭援朝胜利,琦作《贺大司马邢公平倭奏凯序》。

万历二十七年己亥(1599)　　琦四十二岁,珣三十七岁,瑗二十八岁

四月二十七日,琦充《玉牒》副总裁。

  《琢庵冯公墓表》:"己亥,以原官充《玉牒》副总裁,寻进吏部右侍郎。"《琢庵冯公墓志铭》:"己亥,以原官充《玉牒》副总裁,寻进吏部右侍郎。故事,翰林佐吏部,优游养望而已,公独慨然以人才为己任,太宰李公折行辈下公,凡公所诠品裁定,概不复省,画诺而已,一时吏治称得人。"

  《神宗实录》卷三三三"万历二十七年四月":"(丙子)以纂修《玉牒》,起礼部右侍郎兼翰林院侍读学士冯琦、右春坊右谕德兼翰林院侍讲唐文献为纂修官。"

五月十一日,琦奏辞新命,不允。二十五日,改吏部右侍郎。

《神宗实录》卷三三五:"(五月)戊午,原任日讲官礼部右侍郎冯琦奏辞新命,不允。""壬申……改礼部右侍郎冯琦为吏部右侍郎,兼官如故。"

《国榷》卷七八"神宗万历二十七年":"(四月)丙子,召礼部右侍郎冯琦、右春坊右谕德兼翰林院侍讲唐文献纂修《玉牒》。""(五月壬申)礼部右侍郎冯琦改吏部右侍郎。"

按:朝廷起冯琦为《玉牒》纂修官及改吏部侍郎,据《琢庵冯公行状》载:"己亥,以原官充玉牒副总裁,寻进吏部右侍郎。誓墓而行曰:'非报国无以宁吾亲也。'时公浸用,天下想闻其风采。"可知此时家居未赴任。

《明史·冯琦传》:"琦明习典故,学有根柢,数陈谠论,中外想望丰采,帝亦深眷倚。内阁缺人,帝已简用朱国祚及琦,而沈一贯密揭言二人年未及艾,盍少需之,先用老成者。乃改命沈鲤、朱赓。"

琦整理《海岱会集》成,求序于友人魏允贞。

魏允贞《海岱会集序》:"冯用韫一日以《海岱会集》自远寄至……万历己亥夏六月朔日后学魏允贞书。"

夏,缪昌期以青州知府胡士鳌之荐,馆于青州冯琦之第。

缪之镕《文贞公年谱》:"万历二十七年己亥,公三十八岁。诏安胡公守青州,以公文示冯文敏,文敏击节曰:'此馆材也。'介胡公聘至青州,课读子弟。公往游青州,馆冯塾者两月,与文敏情颇洽。而文敏以少宰入,胡公以税珰罢。公罢馆归。临别,文敏券公必捷。"按:诏安胡公,即胡士鳌,字尔潜,诏安人。万历五年进士,历官至青州知府,以护益都县令吴宗尧,为矿监陈增所构,降职,寻乞归。

秋七月,琦约于慎行登泰山,请为诗序。

《东阿于文定公年谱》:"(万历二十七年秋七月)少宰冯公琦遣约岱之会,以赵太史秉忠书来。"

按:《宗伯集》前于慎行《冯宗伯诗叙》落款为"万历己亥仲秋

111

望日穀城山下居士于慎行书于泠风之馆",知诗序作于仲秋。而冯琦约登岱,并奉送诗稿求序当在同时。仲秋节于慎行撰成诗序,九月初两人会晤,冯琦携诗序北上,亦是情理中事。赵秉忠,字季卿,青州人。万历二十六年状元,历官至礼部尚书。

九月初二日,琦离家赴京。初七日至泰安,与于慎行、公鼐共游泰山。十二日北上。有诗别于慎行。道经直隶固安,闻父已祀当地名宦,作《固安名宦祠告文》。数日后抵京。

梨本《世录》冯琦《趋朝告墓文》:"儿跬伏邱壑,祗奉蒸尝,圣主不弃遗簪,召还载笔,复蒙特简,俾佐铨衡。闻命以来,悲喜交集,主恩如天,无阶上答。若因遭会,粗效朴忠,国士之知少酬万一,父在冥漠宁无快然?此儿所为喜也。我父平日颇称此官,儿既滥竽,父已捐馆,免丧以来忽复数月,即使长侍邱垅,已隔九原,今当趋赴阙廷,又远千里,此儿所为悲也。上下暌隔,时事艰难,何有当张翰思归之时,而为谢安应召之举?惟是大恩未酬,孤忠未效,心未尽而言相时,力未陈而言洁己,揆之臣义,实有未安。谨以九月二日行矣。文部之贰赞佐太宰,修明六典,甄叙群僚。儿之愚昧,岂堪是任?惟以至公血诚,陈力就列,法外不受一钱,理外不行一事,格外不私一用舍,意外不报一恩怨。机可默运,不必显言;事当明争,不敢缄默。若心力既竭,计画已穷,然后奉身以退耳。成败利钝,岂能逆睹?惟父冥冥之中,引之翼之。前奉遗令,独以珂弟为言。儿之尽心与否,父所备悉,独恨积诚未至,以致修业不前。比者天启其衷,欲偕北上,或可以官舍为庄岳,以兄弟为师友。自谓适京之日,有便焉四:身积德行,腹积诗书,囊积房租,廪积地课。若践斯语,何忧不成。因家口太繁,未能偕往,儿仅单车就道,俟控辞不获,馆舍既定,然后老母携少弟少妹以行耳。序属深秋,霜露载下,忆往年之抵舍,怅今日之登途。恩在君臣父子之间,心抱生死存亡之感。兴言及此,流涕何从。李令伯之陈情,已成异世;王右军之誓墓,庶卜将来。庸沥衷言,仰尘严听。躬具薄奠,惟父居歆。"此文明言九月二日出发,又据《东阿于文定公年谱》:"(九月)癸丑冯公至(泰安)州,往视之。还,宿于斋所。甲寅,及冯公登岱,朝于日观,酒于岳颠,雾作,罢,宿岳馆。乙卯下,冯公饮于经峪,公文学鼒饮于禅房,宿斋所。丙辰,及冯公登三阳。丁巳社首抵灵岩。戊午登方山,遂别,宿于肥城。"可知,冯琦为赴于慎行登山之约,初七日抵泰安,游泰山后于十二日辞别于慎行、公鼒,北上赴职。期间有《登岱大雾口号呈于年伯》、《玉符山下别于年伯》等诗(《宗伯集》卷六)。道经固安县,闻父子履已入名宦祠,作《固安名宦祠告文》:"我父昔宰方城,式多惠政,流风遗爱,载在口碑。当路博采公评,列于俎豆。儿奉诏诣阙,道出是邦,祗荐椒浆,不胜泣涕。丙申之岁,请急南归,吏民拥车问父安否。及儿抵舍,相见悲酸,片语未宣,大命将迫,询问故旧,不遗一人。闻邑里之萧条及河流之迁徙,尚为蹙额,真是关心。我父并州之请,吏民桐乡之家,死生之际,足以观矣。前岁之归,父病在榻,今日之来,父主在庙。城邑如故,耆旧半存,而父厌弃尘世忽已三年。儿远辞松楸,又隔千里,有怀万绪,凄恻何言?主恩如天,涓埃未报。倘可展措,宁惜捐糜?惟父英灵式垂启佑。呜呼!父之生也官于易水,父之殁也祀于方城,其去京华总之百里。死生父子,近可凭依。冥漠之式,可慰藉。薄陈奠馈,父其享之。"

十月二十六日,琦草疏,偕尚书李戴上之。

《神宗实录》卷三四〇"万历二十七年十月":"(壬寅)吏部等衙门李戴等言:'臣等窃见九月中太白太阴同时昼见,已为极异。又闻狄道山崩,地涌成山,则自开辟以来,惟垂拱中有之,而今再见也。臣等身为九列,安有灾异若此而不动心,心知其危而不以告君父者!窃闻帝天之命主于民心,民安则天示祯祥,民不安则天垂谴告。臣观天下赋役之额比二十年以前十增其四,天下殷实之户比二十年以前十减其伍,东征西讨,萧然苦兵。自矿使出而百姓之苦更甚于兵,税使出而百姓之苦更甚于矿。年来远迩同嗟,贫富交困,贫者家无宿储,止凭营运,但夺其数钱之利,已扼其一日之喉。至于富民,需求不遂,立见倾家,无地可容,有天难诉,利归群小,怨归朝廷。皇上神圣,洞知今古,自秦汉以来天下危乱之

113

由,惟有四字,曰"人人嗟怨"而已。天心仁爱,明示咎惩,欲皇上翻然改悟,坐弭倡乱。乃礼部修省之章未蒙批发,而奸民搜括无碍,银两之奏又见允行矣。此令一下,急如星火,不但指有碍为无碍,亦将指有银为无银,必将正项公银俱充进献,公用无措,又派民间,库藏既空,闾阎亦敝。有司一有争执,辄谓阻挠,身且不保,何有于官?又如仇世亨奏徐矗掘坟一节……未有罪状未明而先没入资财者也。片纸朝入,严旨夕传,不但破此诸族,又将扳及多人。此风一倡,谁不效尤?何地不可为金穴,何人不可为扑满?已同告缗之令,又开告密之端。臣等方欲陈奏,而高时夏、戴君恩之奏又得旨矣。五日之内搜取天下公私银两已二百万,倾府库之藏岂无尽日?穷天下之产宁有足时?臣等前日犹望其日减,今日仍更患其日增,不至民穷财尽、酿成大乱不已。伏望皇上穆然深思,超然远览,亟与廷臣共图修弭。杜中臣攘夺之路,绝群小窥伺之萌,无令结怨清朝而致干天变也。'疏上,不报。"按,此疏即《宗伯集》卷四八《为灾异叠见时事可虞恳乞圣明谨天戒悯人穷以保万世治安疏》,亦见《明史·冯琦传》。

岁暮大计,瑗入京师。

《栗庵冯公行状》:"岁大计,垂橐入都门,不挟一钱馈人。值家兄琢庵先生佐铨,亦不受人一钱馈。人亟称之,知者谓为清白遗训。"《栗庵冯公墓志铭》:"大计至都,垂橐而入,不以尺缣馈人。时兄琦为少宰,门绝筐篚,都人称之,曰:'兄不受人馈,弟不馈人,兹其家素风乎?'"

珂入都,为兄赞襄诸事。

车本《世录》载房可壮《范吾行状》:"丙申岁,丁外艰。服除,偕文敏公入燕都。时神庙静摄两宫嫌间,皇储未定,文敏公焦心劳思,日夜左右周旋其间,毫无倦色。疏十余上,期回天者备至。公无不与闻与谋者。"

本年,士衡成青州郡诸生。

《康熙临朐县志》卷三《冯氏世家·冯士衡》:"冯士衡,字于平,号宗远。质性温淳,综览淹贯。十七岁为弟子员,蜚声青郡。

九入棘闱不遇。"士衡本年十七岁。

万历二十八年庚子(1600)　琦四十三岁,珣三十八岁,瑷二十九岁

正月初三日,琦偕尚书李戴上疏论内使越权。

《神宗实录》卷三四三"万历二十八年正月":"(戊申)戴又言内使侵越职掌恳乞戒谕以一政权:'山西开矿内臣张忠奏调查知县韩薰,臣窃怪之。夫抚按职司察吏,博采公评,间有才地不相宜者,奏闻,下部题覆而后调,矿使内臣径拟"量调简僻",非法也……张忠径拟韩薰之调简,又侵抚按参劾之权……中使可以明操抚按之举劾,则所侵在官守;奸民可以阴操县官之黜陟,则所坏在纪纲,渐不可长也。乞严谕张忠,止许督理矿物,勿得干预吏治。幸甚。'不报。"按:此疏即《宗伯集》卷四八《为内使侵越职掌恳乞圣明严行戒谕以一政体疏》。

十一日,琦疏请批发抚臣。

《神宗实录》卷三四三"万历二十八年正月":"(丙辰)吏部题抚臣待命已久,封疆关系匪轻,请批发王象乾、魏允徵、李植、陈用宾、金学曾去留各疏,不报。"亦见《国榷》卷七八"万历二十八年"。此疏即《宗伯集》卷四八《为抚臣待命已久封疆关系非轻恳乞圣明蚤赐批发以便责成疏》。

二十二日,琦上疏催考选,不报。

《神宗实录》卷三四三"万历二十八年正月":"(丁卯)吏部催考选,言:'行取原有旧章,守候再经新岁,臣乃为典制、政体、人才惜,无论王言反汗,官职半空,使后世谓二百年之行取从今日废,二百年之考选亦从今日废,此为典制惜也……'娓娓数千言。不报。"按此即《宗伯集》卷四九《为行取原系旧章守候再经新岁,恳乞圣明速赐考选以光圣治疏》。

本月,琦连疏请册立太子。

按:正月初三日,冯琦好友余继登首先上疏,随后朱吾弼、首辅赵志皋、次辅沈一贯、定国公徐文璧、驸马侯拱臣等纷纷上疏。

琦亦上疏。《宗伯集》卷四八《为阳春届期典礼万分难缓恳乞圣断蚤赐允行以重国本疏》："臣等窃惟朝廷举事必顺时令而后可以迓天休,必遵祖制而后可以垂国典……若十九岁而未册立者,前此未有也……若十九岁而不婚不冠,前此未有也。臣等前以冠婚为请,盖先其急者而后及其大者。乃蒙圣谕'册立、冠婚一并举行',盖先其大者而并及其急者。圣谟睿断,万万非臣下所及,臣等未及期不敢言,遵圣谕也;已及期不敢不言,亦遵圣谕也。待命月余,未蒙批鉴,圣衷渊默,或欲俟两宫之成乎?而礼不必俟也……伏乞圣慈敕下该部择吉具仪,乘春明之候举册立冠婚之礼,则吉庆萃于九重,而欢声腾于万国矣。"此疏不报,继又上疏,《宗伯集》卷四九《为三阳届节三礼届期恳乞圣明早赐举行以隆宗社大庆疏》："今遇新春,皇子年十九矣,见正月矣,屈指则仲春矣,考古礼、参时令,无不毫不合者,礼不可更缓,时不可更待,惟皇上垂听焉。"

月末,琦再疏催考选。

按:《宗伯集》卷四九《为仰绎纶音俯循职掌恳乞速俞考选以光盛治疏》："本月十九日,该阁臣沈(一贯)揭帖奉圣旨……国家设南北科臣五十七人,今仅存八人;十三道南北百四十人,今仅存五十二人……今诸臣在北者或一人而兼三差,在南者或一人而署九篆,患病不得请,差满不得代……伏望皇上俯赐俞允,使天下知以前之稽迟者因诸臣之渎烦,今日之俞允者因部院之题请,而臣等所以得尽其职者皆遵皇上之明旨……臣等未敢擅便,谨题请旨。"按:此事《神宗实录》载在二月初二,卷三四四"万历二十八年二月":"(丙子)(吏)部因阁推考选有'候补起复、分别奏用'之旨,上言:'国家额设南北科臣五十七人,今止八人,道臣百四十人,今止五十二人,故或一官而兼三差,一人而署九篆,病不得请,满不得代……伏望连下俞旨,使天下知前之稽迟昔因诸臣之渎激,今之俞旨者因部院之恳请,而臣等所以得尽其职者是遵上之明旨……'不报。"

三月初八日,吏部奉旨查革积弊;次日回奏,上纳之。

《神宗实录》卷三四五"万历二十八年三月"："（辛亥）吏部文选司主事赵邦清为奸吏暗投银器陷害长官参本司都吏王……奉旨：'都吏如何辄敢将银器暗投本官，好生赃污放肆……考选司顶替等项，着吏部勘议来说。'""（壬子）又题：'……臣等窃惟倖门如鼠穴，常患其多而难塞；吏弊如棼丝，常苦其乱而难寻。臣等方与司官议祛冗役、裁顶首、禁馈遗、缉走空，共图釐革……'上深纳之，且命从实整顿以绝弊源。"

是月，琦疏究治播州之变失事诸臣。

《宗伯集》卷四九《为勘播重务愈处愈惕、愈费愈艰，敬循职掌恳乞慎议兵食严申法纪，究积罪以除久患疏》："该户科都给事中李应策题前事，奉圣旨：'该部看了来说。钦此。'臣等会同兵部、都察院看得，酋自土民讦奏以来，烦明旨勘处者凡十年许，迄今难益大、祸益惨，皆前后地方官意见矛盾、经纪舛错以至于此……合候命下，将艾穆革职为民，林乔相、胡应辰革职闲住，江东之追夺诰命。至于王士琦及莫睿、张与行、马效武已皆奉旨行勘合，无速催。巡按御史据实严勘，奏至，随事重轻以定其罪……方今大兵四集，事难再误，故臣等不避嫌怨，概拟处分，使后之督抚、司道官无如江东之之徼功、艾穆之纵贼、林乔相之依违、胡应辰之轻率、王士琦等之欺蔽，庶前之失事者既惩、而后之任事者亦劝矣。奉圣旨：'艾穆着革职为民，林乔相、胡应辰革职闲住，与江东之俱还，追夺诰命。其余俱免。'"按：据《国榷》卷七八"万历二十八年"："（三月）丁卯，户科都给事中李应策追论播事，前四川巡抚艾穆、贵州巡抚林乔相俱革职。"则知冯琦此疏亦当在李疏之后。

四月初十，琦具疏查革积弊。

《神宗实录》卷三四六"万历二十八年四月"："癸未，吏部为查革积弊事，因都吏王煖非法投送主事银器，因分列四款，以清弊源：一裁顶首，一裁冗役，一缉走空，一禁馈遗。上之，不报。"《宗伯集》卷四九《为遵奉明旨查革积弊疏》："文选清吏司案呈奉本部送吏科抄出，本部尚书李戴等题：为奸吏非礼投送大干法纪乞赐严究以塞弊窦事。奉圣旨：'这奸吏投送银器，大干法纪，着法司严提究问,依律重拟……'又该本部文选清吏司主事赵邦清奏:为异常奸吏结党陷害官长因而暗投银器希图中伤事。奉圣旨:'这都吏如何辄敢将银器暗投本部官,好生赃汙放肆……'钦遵通抄到部,送司案呈到部。……伏奉圣旨责臣等以整顿,属臣等以勘议,臣等不胜悚栗,除王、李炤、王炫等拿送法司严究外,谨以先年生弊之由与今日流弊之极及目下救弊之策,分别四款,敢为皇上陈之:一裁顶首。……一裁冗役。……一缉走空。……一禁馈遗……。伏惟圣明裁定敕下,臣等遵行,谨题请旨。"

本月,琦连疏补缺官。

《宗伯集》卷五十《为科道考选逾期部院职掌久废,恳乞圣明俯念势穷情迫,特允臣等屡请以光盛治疏》:"臣等遭逢盛主,待罪部院,以用人为职。职掌之大者无如考选一事……近日行取诸臣以忧去者数人,以病思去者数人,又合词赴臣部院,求改别衙门,以图效其尺寸之用。夫诸臣千里远来,一年久候,岂不恋清时,岂不觊华选?然而求去求改者,此其情可念也。诸臣离官次、辞父母、捐妻子,而旅食于都门之外,垂橐而至,悬釜而炊,旅食之费更无所出……伏容臣等考选列名、疏请点用,庶典章不至久旷、职掌不至久隳。"卷五一《为方面缺官太多,吏治废弛已极,恳乞圣明速赐点用以修实政以奠民生疏》:"今天下两司共缺七十余员,郡守共缺二十三员,加以迁转而尚未到任者,奉差而尚未还任者,则是天下见在任事之官与缺官而未任者正相半耳……值此旱灾,奉诏修省缺失之大无过于兹,谨将各官之缺及所推官员开具于后,有一官而二三推者,亦皆改定归一,以便皇上之钦点。伏乞蚤赐批发,俾综核之朝真有实政,修省之令不为虚文。"

本月末,琦疏请罢斥无节诸臣。

《神宗实录》卷三四七"万历二十八年五月":"癸丑,吏部尚书李戴题:赵寿祖投书乞怜,卑鄙无耻,合当重处;萧大亨一品俸通理有例……奉旨:'赵寿祖被劾,自宜静听,投书乞怜,人品可知,着革职闲住……李应策举发私书,公直可嘉,着与纪录。'"按:此疏实在四月末,据《宗伯集》卷五四《为直陈大臣考满始末以析圣鉴并乞罢斥以明臣节疏》:"臣于二十七日闻户科都给事中李应策因题赵寿祖投刺一事……奉圣旨:'赵寿祖被劾,自宜静听公论如何?……李应策举发私书,公直可嘉,着与纪录。'"可知,冯琦上疏在四月末,五月初十日圣旨方下。

五月十七日,因税监孙朝㧕奏魏允贞,琦偕尚书李戴上疏。

《神宗实录》卷三四七"万历二十八年五月":"己未,吏部尚书李戴等参看税监孙朝㧕奏抚臣魏允贞非是。盖允贞禀性太刚、任事太执、处人太峻,即与阁部大臣时有争论,不能曲奉内臣可知。孙朝疏中'欲食其肉而寝其皮',在皇上前尚骂詈如此,其在彼中盛气以加抚臣可知……内臣日以参㧕抚按为事,内臣之私人日以挑激拨置参㧕为事,恐朝廷自此纷纷矣。不报。"按此疏即《宗伯集》卷五十《为枭獍恶臣大蠹国计首倡阻挠屡抗钦命疏》。

二十六日,琦题催考选,又题请量加铨叙诸臣,俱不报。

《神宗实录》卷三四七"万历二十八年五月":"(戊辰)吏部题催考选之命。又题请量加铨叙迁谪诸臣,言极详婉。俱不报。"按:《宗伯集》卷五一《为考选部属已奉明旨并恳点用台省以光大典疏》:"臣等考选过堪任部属官共十六员,于四月初九日得旨,中外欢传,喜动颜色。唯是拟授科道官未奉钦点,臣等职在用人,宁忍嘿然?……伏望睿断即赐批发,臣等无任惶恐待命之至。"

五六月间,琦疏催点用辽东巡抚。

《宗伯集》卷五十《为辽左秋防伊迩、镇道共事不便,恳乞圣明速赐议处以重边防疏》:"自巡抚李植候代,权无统属,势渐凌夷。总兵马林、兵备张中鸿意见不合,渐生乖迕……今巡抚候代,镇道被劾……第念高秋在即,虏骑将入……更望皇上速将臣等所推抚臣三员之内特简一人,严限星驰,期于秋防……奉圣旨:'辽东数婴虏患,兵疲将骄……新推巡抚已点用了。'"按:据《神宗实录》(卷三四五、卷三四八),辽东巡抚李植于本年三月候代求去,六月升赵楫为右佥都御史巡抚辽东,冯琦疏中称"高秋在即",则此疏当在五六月间。

六月初五日,琦偕尚书李戴疏请设定格以息营竞。

《神宗实录》卷三四八"万历二十八年六月"："丙子,吏部尚书李戴上言:官者畏途也,名者争器也,主爵者(之)人天下之疑窦怨府也。卒天下之人行畏途、用争器而自处于疑窦以府天下之怨,其何能消? 故莫若持平心、设定格,自处于洞无可疑之地,而后可以持天下之衡。今求进者……在人弥见其速,在己惟见其迟,躁竞遂生,营求益广……窃见天下之事惟常事最多,天下之人惟中人最多,就中人常事设为定格,一以实俸为主,尽杜其营求躁竞之心,其于世道官常不无少补云。奉旨:'庶官论俸迁转,原是见行成法,卿欲预查揭示,使人共知,以施觊觎之心,具见公平正大,依拟行。'"按此即《宗伯集》卷五十《为开诚布公明立规格以绝私窦以清铨政疏》。此事亦见《康熙临朐县志》卷二《遗事》："万历二十八年庚子,以冯琦为吏部左侍郎,始上言迁官宜一按俸格,以抑躁竞,息营求。"

七月十一日,琦偕尚书李戴催考选。

　　《神宗实录》卷三四九"万历二十八年七月"："(辛亥)吏部尚书李戴等疏催亟下考选行取前疏言诸臣守候年余,皇上一旦下考选之旨,臣等祗奉德意,严加考选……乞亟下俞旨以慰群望以全大典。不报。"按此疏即《宗伯集》卷五二《为考选已久等命无期,恳乞圣明早下俞旨以慰众望以全大典疏》。

十六日,礼部尚书余继登卒于任。琦为撰行状,并编纂《淡然轩集》。

　　《神宗实录》卷三四九"万历二十八年七月"："丁巳……礼部尚书余继登卒于官,诏赠太子少保,谥文恪,予祭葬如例,加祭一坛,荫一子。"

　　《宗伯集》卷十九《礼部尚书兼翰林院学士赠太子少保谥文恪余公行状》："余自己亥奉诏起家,世用三驰书召余。余至,世用曰:'急欲见君者,欲以身后片石相托耳。'因具道少时困陋状,语未卒而泣。时世用已病,数上章求去,一辄慰留,不许。"

　　《宗伯集》卷四《同曾直卿张泰亨敖嘉猷送余世用归葬,兼思敬承》四首之三："生前作死别,死后忆生平。念汝魂将去,令余梦亦惊。文章千古事,兄弟九原情。肠断河桥路,萧萧候雁鸣。"曾直卿即曾朝节,张泰亨即张养蒙,敖嘉猷即敖文桢,敬承即陆可教,皆为万历五年进士。按《宗伯集》卷五二有《为遵例陈情,恳乞天恩特赐优恤以录微劳、以光泉壤疏》,为余继登请求恤典。

二十四日,琦偕尚书李戴上疏论矿税使之弊。

《神宗实录》卷三四九"万历二十八年七月":"(乙丑)吏部尚书李戴等奏言:中使酿衅多端,劾词过实,乞皇上深惟大计,免逮外吏,量从降罚以收臣子之心,免逮诸生,以其事付抚按问理,以收士子之心。诘责中使,系治棍徒,尽罢取民害民之事以收九洲四海苍赤之心……疏入,不报。"按:此即《宗伯集》卷五十《为中使酿衅多端饰词过实恳乞圣明察事理、收人心以遏乱萌疏》:"窃惟自古小人欲欺君罔利,必诱以说之所必入,而激以气之所易动,使人主一闻即怒,其意转坚,而后可以假窃威福,从中取利,虽至坏国体、伤士气、丛民怨,而己不与其忧。今之纷纷言利者,皆诱以说之所必入者也。恐地方官员不堪扰害,或有异同,则以阻挠之说先入主听;凡有争礼争议不善奉承者,皆以阻挠坐之。上固疑其有是,而彼即以是说进,安得不怒?恐天下百姓不堪,必致激变,变则己且得罪,则以主使之说归罪有司,预自解免,以先入于主听。凡有民怨民怒,呼躁争执,皆以主使坐之。上固疑其有是,而彼即以是说进,安得不怒?乘机之易入,借迹之相近,假作张皇之状,济以诬诞之词,但得陛下一怒,则人之罪立成,而己之是非曲直,更不复问。以致雷霆屡震,系逮纷纭。……彼既阴操上之喜怒,而明制下之祸福,因以恐喝天下,奴隶有司,鱼肉百姓,天下知而不敢言,言而不得入……彼官与士犹须上闻耳,小民即径自夷灭矣。家搜户括,头会箕敛。图财致命,势如兵火;抛妻卖子,价比鸡豚。农不得耕耘,商不敢贸易,号哭之声上彻云霄,冤愤之气蒸为氛祲……王道以得民心为本,陛下所得于天下者几何,而失民心至此乎?臣等愿陛下深维大计,收拾人心。免逮外吏,量从降罚,以收臣子之心;免逮诸生,以其事付抚按问理,以收士子之心;诘责中使,系治棍徒,尽罢取民害民之事,以收九州四海苍生之心。则天下幸甚!"

九月,琦请于慎行撰余继登墓志。琦偕尚书李戴上疏请斥两广总督陈大科。

《东阿于文定公年谱》:"(万历二十八年秋九月)冯公遣乞余文恪公继登志铭。"于慎行《穀城山馆文集》卷二二《明故资政大夫礼部尚书兼翰林院学士赠太子少保谥文恪云衢余公墓志铭》:"礼部尚书兼翰林院学士河间余公以万历庚子七月十六日卒于位,部臣以闻,上深嗟悼,诏赠太子少保,谥文恪,赐祭几坛,使使护丧,出少府金钱,治葬如法。盖上笃念讲臣,恩恤备渥如此。少宰北海冯公既与二三同年经纪其丧,复自为公状,而介其孤道行以志铭请行。"

《神宗实录》卷三五一"万历二十八年九月":"(庚戌)吏部尚书李戴等会覆:南京刑部主事欧阳东凤论勘两广总督陈大科贪纵不职。疏言:'……若大臣如此其豪华,即小臣安责其廉静?……宜令致仕以彰清议。'章下,勒大科致仕。"《宗伯集》卷五十《为剖良心采公论恳乞圣明亟斥中外大贪以儆官邪疏》:"该臣等会同都察院左都御史温纯等看得两广原任总督今听勘陈大科诸贪纵不法状,先经部臣欧阳东凤具疏论列,随经南京科道考察拾遗……若大臣如此其豪华,即小臣安责其廉静?宜加议处以正士风……既经勘议前来相应,覆请合候命下,将原任两广总督陈大科以原官致仕,以彰清议,谨题请旨。奉圣旨:'陈大科着致仕。'"

十月二十九日,琦偕尚书李戴疏请正体统。

《神宗实录》卷三五二"万历二十八年十月":"(己亥)吏部尚书李戴等题:'臣比见御史顾龙祯与布政使王泮互相评奏,一则词平而失显,一则说辨而机深……'上曰:'部议是,泮事速勘。(蔡)如山法司逮就……'"按:此疏即《宗伯集》卷五三《为正体统以振台纲杜私揭以伸公道疏》。

琦作《序俸议》、《朝鲜撤兵留兵议》、《矿税议》等。

《序俸议》、《朝鲜撤兵留兵议》注云"万历二十八年在铨部",《矿税议》注"万历二十八年"。

十一月初三,琦于大计条例中增"浮躁"一款。

《宗伯集》卷五二《为朝觐疏》中云:"又该万历二十八年十一月初三日,本部会同都察院题,比照京察事例添设'浮躁'一款,与'不及'等项酌量通行等,因奉圣旨:'是,钦此。'"按此疏即同卷之《为核名实以肃以计典疏》:"伏乞皇上念计典甚重,名实易淆,俯俞臣等之请,比照京察事例添设'浮躁'一款,与'不及'等项酌量通行,庶甄别当而舆情服,斥陟公而吏治兴矣。合候命下,容臣等遵奉实行。奉圣旨:'是。'"

本月初,琦疏救工科都给事中王德完。

按:十月二十八日,王德完疏请册立,因言及宫闱,上震怒,冯琦疏救,即《宗伯集》卷五二《为科臣言出风闻致触圣怒,恳乞宽宥以弘圣德疏》:"顷该工科都给事中王德完投进一疏,伏奉圣旨:'宫闱严密,且中宫侍朕起居,一宫未见数亲药饵,有何疾阽危?王德完这厮,辄敢狂肆逞臆,妄言是非,好生可恶,其内必有主使之人。王德完便着锦衣卫拿送,镇抚司好生着实讯究了来说,不许徇私容纵疑畏。钦此。'……数年以来,未尝因匡谏重处言官,天下方传以为美谈。今忽有此处分,恐以雷霆之震惊稍损覆载之雅量。"按:王德完之疏实与冯琦商量而上,据王士禛《池北偶谈》卷六《王公家书》:"万历庚子,临朐冯公琢庵琦、南充黄公慎轩辉同侍皇长子日讲。退谓王公(王德完)曰:'今日皇长子闵言母后忧危状,殆不自保。'冯又曰:'今日之计,母后安则皇长子安,而天下安,否则危矣。须得一人拼性命说破,庶有济乎!'王公慷慨起曰:'此言官责,公词臣,可无言,然某言之必死,老母弱子,以累慎轩矣。'疏入,神宗大怒,下诏狱究问主使之人。当是时,冯公自分不免。王公备任惨毒,但云道路喧传,高皇主使。语不及他。拜杖谪归……冯公书曰:'千古纲常,万年宗社,系兄此举。盖向来所言,止及国本,而兄所言者,事之本也。烈心奇节,与邹尔瞻等,而所关比尔瞻更大。国史野史,大书特书,不一书矣。雷霆之下,答箠惨并,百僚悸心,千夫陨涕,寄九死于九关,幸而不死,社稷实式灵之。既逆隆旨,干天谴,士之处此,当以忠智相兼……柴车就道,形迹宜晦,即遇故旧,一夫一马,亦勿受之。貂珰满途,百凡宁过慎耳……若异日出而肩大任,建大业,则在天不在我。然聊以兄之出处卜之也,勿烦作报书,有所欲言,异日觅便相闻可耳。'"

十六日,大祀天,琦受命分祭。

《神宗实录》卷三五三:"(万历二十八年十一月)丙辰,冬至,大祀天于圜丘,遣侯陈良弼代,侯徐文炜、伯王学礼、尚书田乐、侍郎冯琦分献,遣官分祀诸陵。"《宗伯集》卷四《冬至祀南郊承遣分祭风云雷雨坛》:"宝琴迎神奏,燔柴谒上玄。未能瞻紫极,何以格皇天。云雨从龙日,风雷悟主年。《甘泉》休作赋,愿上《我将》篇。"

本月,琦有疏请册立。

《宗伯集》卷五二《为亟举大礼以定人心疏》:"伏自春间奉圣谕:册立、冠婚三礼并举……忽见锦衣卫带俸指挥郑国泰等具疏,有三礼并举难以轻率,欲择缓急先后,先冠婚而徐册立。满朝臣工不胜错愕,在群情方忧其过于迟缓,而国泰等乃以为伤于驰骤。"按:郑国泰疏请"先冠婚后册立"在十一月,此疏亦当在此月。

十二月初八日,吏部推谪籍何乔远、逯中立,有旨责之。十七日,琦等奉旨回话。二十七日,疏请朝觐事。

按:吏部以推何乔远、逯中立,有旨诘之,琦等奉旨回话。辅臣沈一贯代为陈情,止罚吏部郎中王国光降级,冯琦偕李戴具疏谢恩。《神宗实录》卷三五四"万历二十八年十二月":"丙戌,先是,吏部推升疏内有何乔远、逯中立名,上以其系钦降官,命拟旨诘之。至是尚书李戴等具疏认罪……;辅臣沈一贯亦奏言……寻得旨:'既认罪,堂上官姑免究,该司郎中降一级,其余罚俸半年,何乔远等不准升……'戴等复奏言:'臣等奉旨回话,席蒙待罪,伏蒙圣慈悯臣愚昧,特从矜宥。司官降级,量示薄罚。高厚之恩,非顶踵所能报答……再照臣部司官见缺五员、郎中见缺二员,大计大选并在一时,委实办理不前。若将王永光降级管事,则朝廷之法既行,大计之事不误……'得旨:'大臣宜体国奉公,正己平属。近来止知徇情庇下,一遇属官有罪,曲加申救,这是何例?览奏有敬畏之心,具见不私可嘉。王永光降级,还着在本部管事。'"按:《宗伯集》卷五三之《为奉旨回话疏》即认罪疏:"本月初八日,臣等遵列推升过左长史等官孙继先等,于十四日奉圣旨:'是内何乔远、逯中立系钦降官员,如何擅自拟升?着回将话来。钦此。'……臣等详绎明旨,止是降官,并无不许朦胧推升字面。臣等以用人为职,遵信明旨有如金石,有不许推升者,臣等不敢不遵严旨,未有不许推升者,臣等不得不守旧规。及蒙诘问,臣等始知错误,自咎自责,罪复何辞!"后又连上两疏,《宗伯集》卷五三《为恭谢圣恩并请明示以便遵奉疏》:"该臣等奉旨回话,席稿待罪……若圣慈矜念将郎中王永光降级管事,则朝廷之法既行,大选之事不误,臣等但得一官之用,并不敢为司官惜一级之官……奉圣旨:'大臣宜体国奉公,正己率属,近来止知徇情庇下……王永光降级,还着在部管事。'"同卷《为钦奉圣旨疏》:"顷该臣等题为恭谢圣恩并请明示以便遵奉事。奉圣旨……查得王永光系署郎中主事,奉旨降一级,着在本衙门管事。今将署郎中降为署员外郎管理郎中事务,仍将其正六品俸降为从六品俸级。臣等未敢擅便,谨题请旨。奉圣旨:是。"

十二月,前首辅王家屏寿,琦为文寿之。

《宗伯集》卷十三《奉寿元辅对翁王公六十有六序》:"上御历之十九年,山阴王公晋陟元辅。越明年,以封还内降、抗疏予告归,年甫五十有六。又十年,上乃册建皇太子,如公所抗疏指,使使奉玺书往问公。行有日矣,是岁公年且六十有六。十二月朔,其览揆之辰,海内愿公寿而万里祝者适与命使会。某无似,缘先大夫之谊,得称年家子,已从词林,荷国士之遇,会今举庆典,得受事礼官,凡公所弼上与上所以眷公者咸与有闻焉,敢微一言以私下执事?"

万历二十九年辛丑(1601)　琦四十四岁,珣三十九岁,瑗三十岁

正月初,琦定计吏条例,先后有疏。

《宗伯集》卷五三《为朝觐疏》:"万历二十八年十二月二十七日,该本部题前事,照得万历二十九年正月初一日例,该天下诸司官员朝觐,本部会同都察院堂上官于本月初二日为始严加考察,堪者存留,不堪者分别等第,开具职名,奏请发落等。因奉圣旨:'是,钦此。'……方面官员自万历二十六年正月起至二十八年十二月终止……谨题请旨。"同卷《为考察疏》请斥沈榜:"查得各省抚按据布按二司开到考语事迹内,惟江西饶州府通判沈榜最多,无论内行淫乱,骨肉伤残,为士论所斥。即如在厂一事不理,民有小事亦淹禁半年……伏惟圣裁,或将本官照贪例斥逐,或行江西巡按提问施行。奉圣旨:'着照贪例革职为民。'"又疏请旌表麻溶等,同卷《为旌表异常清苦藩臣以浇贪风以裨吏治疏》。

十七日,外官降斥有差,琦疏奏之。

《国榷》卷七九"万历二十九年":"(正月)丙辰吏部大计,外官降斥有差。"《宗伯集》卷五三《为纠拾方面遗奸以裨计典疏》:"臣等会同都察院左都御史温纯等查得历年考察事例,凡官员素行不谨者冠带闲住,年老者致仕,浮躁者、才力不及者酌量降调……合候命下:将郑国仕照年老例致仕,温景明照不谨例闲住,陈梦庚、张应凤、陈公相俱照不及例:陈梦庚、张应凤各降一级,陈公相调用。李维祯(桢)、刘兑、张登云、刘一相、刘以焕俱照浮躁例,刘兑、张登云各降二级,刘一相、李维祯各降一级,刘以焕调用,徐来仪、陆梦履革职行勘。伏乞圣裁。"

二月初六日,命琦与曾朝节主会试。

《神宗实录》卷三五六"万历二十九年二月":"(乙亥)命吏部右侍郎冯琦、礼部右侍郎曾朝节为会试考试官,各分考官且陛辞入帘矣。至是阁臣再催,始得请云。"《国榷》卷七九"神宗万历二十九年":"(二月乙亥)吏部右侍郎冯琦、礼部右侍郎曾朝节主礼闱。进分考官且陛辞入闱,至是阁臣再催,乃下。"

十九日,偕尚书李戴疏请类推方面官员。

《神宗实录》卷三五六"万历二十九年二月":"戊子,吏部尚书李戴以前后拟推布政司缺官易登瀛等三十余员上请,奉旨:'有点的用,余着另催。'"按:此疏即《宗伯集》卷五四《为钦奉明旨疏》:"顷该臣等类奏推用方面官员,奉圣旨:'有点的,依拟用,未点的另推来。钦此。'各官悬缺已久,一旦蒙皇上钦点三十三员,一时大小臣工欢声雷动,有点者蒙恩拔擢,各官既乐于向用;无点者明示可否,臣等亦知所适从。……再照原缺藩臬七十余员,必推过候旨……奉圣旨:'是。有点的各依拟用,未点的拟来。'"

二十三日,阁臣会推琦等兼经筵讲官。

《神宗实录》卷三五六"万历二十九年二月":"壬辰,阁臣推吏部右侍郎冯琦、礼部右侍郎曾朝节……俱经筵讲官。"

《临朐编年录》:"二十九年辛丑春二月,以吏部侍郎兼侍读学士冯琦、礼部侍郎曾朝节典会试,取许獬等三百人。"

《琢庵冯公墓志铭》:"辛丑,草计吏,条教极详而核……旋主考会试,时公初罢计,惫甚,然卷必竟阅,诡邪者不得参,文体为之一变。是时税使横甚,颇侵黜陟权。孙朝诬奏抚臣魏公允贞,公疏以百口保之,得不问。张忠论知县韩薰当调,高寀荐布政使某某等可巡抚,公力言其不可,乃已。李凤请为参随官入赀加衔,公为移书陈大司徒止之,士气倚公而振。是秋,三品考满,赠封荫子如制。进左侍郎,协理詹事府,教习庶吉士。旬日,册立诏下,而公拜礼部尚书。……至是以大礼属公,士大夫咸欣欣庆其遭焉。迫期,司设传经费不给,公曰:'今日礼为重,不可与争。'时公弟户部君瑗已辇辽饷四万出都矣,即追还给司设,而册立行。逾月,皇太子冠,上慈宁皇太后徽号。"

《琢庵冯公行状》:"辛丑计吏,条奏约教一出于公,比往例倍为详审……旋主考会试,衡艺必以典正不悖经训为准。制额三百人,卷皆亲阅,诡异者悉置不录,所取号为得人。既复虑士习浮侈,乃于《肃官常疏》中备言士慎始进,而近日奢靡相高,实长贪竞,乞严加约束。于是士稍慕为淡泊,浸浸有崇雅之风。"

《宗伯集》卷十四《辛丑科会试录序》:"万历二十九年当会试天下士,礼部右侍郎朱国祚以考试官请,上命臣琦臣朝节往入闱,三试之,遵制额得士三百人,录其文以献。"

按：《肃官常疏》即《宗伯集》卷五四《为肃官常清吏治端士习恳乞圣明严为申饬以挽回世道人心疏》。

《康熙临朐县志》卷二《遗事》："二十九年会试天下举人，以冯琦典试事。是年，以冯琦为礼部尚书，始册立皇长子为皇太子。"

四月初三日，琦疏请点用行取诸臣，不报。

《神宗实录》卷三五八"万历二十九年四月"："庚午，吏部以行取诸臣候命二年，乞赐点用。不报。"按此疏即《宗伯集》卷五四《为推广德意代陈待命诸臣情苦以听圣明裁处疏》："行取诸臣到京将近三年，羁旅已久，资橐已竭，谒帝无时，呼天未应，进退无门。臣等陈情至四十余疏，今亦不复知所以置词，独有以情告皇上而望其矜恻耳。……再照散馆诸臣待命亦将一年，今新科庶吉士亦已选矣。夫新士已将入馆，而旧馆选尚未授官，非情也。……伏候敕旨。"

珣在国子监读书。

《光绪益都县图志》卷三六《列传·冯珣》："冯珣……益都籍临朐人……珣幼综群籍，从兄琦深器赏之，以选贡谒选。"按语："旧志曰：丁酉以乡贡入成均，辛丑，文敏公主会试，录出，吴宗伯谓内外殊辞，语侵文敏公。公愤甚，将草疏力白其事，吴宗伯旋以误自悔，乃止。案此语未详，殆指珣与琦异籍事耶？"

五月初十日，因旱灾，琦偕尚书李戴条上封事。

《神宗实录》卷三五九"万历二十九年五月"："（丁未）吏部尚书李戴等条上旱灾封事，言'自去年六月不雨，至今三辅嗷嗷，民不聊生，草茅既尽，剥及树皮，夜窃成群，兼以昼劫。道殣相望，村室无烟。据巡抚汪应蛟称坐而待赈者十八万人，过此以往，夏麦已枯，秋种未布，使百姓坐而待死，更何忍言？使百姓不肯坐而待死，又何忍言？加以频直四夷之警，连兴倾国之师，车殆马烦……此时税赋之额比二十年以前不啻倍矣，而矿税之议烦兴，貂珰之使四出，不论地有与无，有包矿包税之苦；不论民愿与否，有派矿派税之苦。指其屋而挟之曰彼有矿，则家立破矣；彼漏税则橐立倾矣。……大略以十分为率,入于内帑者一,尅于中使者二,瓜分于参随者三,指骗于土棍者四,而地方之供应、岁时之馈遗、驿递之骚扰与夫不才官吏指以为市者,不与焉。……臣等备列班行,同国休戚,不忍不言。所虑者万民之心与万民之口,所惜者万世之业与万世之名。'不报。"按:此疏即《宗伯集》卷五一《为灾旱异常备陈民间疾苦恳乞圣明丞图拯救以收人心以答天戒疏》。

琦遣吏至东阿探视于慎行。

《东阿于文定公年谱》:"(万历二十九年)五月,少宰冯公琦遣吏来问疾。"

六月初六日,琦疏请宽宥有过诸臣。

《神宗实录》卷三六〇"万历二十九年六月":"(壬申)吏部上言:万历二十五年六月内诏书一款,凡钦降罢斥官员,吏部遵照新旨访择可用者分别等第,查开职名,议拟具奏。其各衙门缺,准陆续推举相应原名补用……今复三年矣,诸臣始以仗下之鸣继成沟中之断,身既隐矣,意宁复有希冀?用舍在朝廷不在诸臣也。若有罪诸臣尚且录用,天下必谓主上明圣,原非拒言,而诸臣戆愚本自过当。因今日之用忘其前日之处,事大者亦小,迹奇者亦平,在诸臣无名可托,而优容忠直之名尽归君父……不报。"按此疏即《宗伯集》卷五一《为钦奉诏旨俯循职掌恳乞特宏使过之仁以维万年长治疏》:"若有罪之臣尚且录用,天下闻之,必谓主上明圣,原非拒言,而诸臣戆愚本自过当。因今日之用忘其前日之处,事大者亦小,迹奇者亦平,在诸臣无名可托,而优容忠直之名尽归君父。若可用之才永不收录,天下闻之,亦必谓一言之误、一时之忤何足留滞而锢人于圣明之世?因其身之不用,益思其前日之言事,晦者反显,语淡者反浓,在诸臣之名日重而禁锢言官之名反归朝廷。此两端,愿皇上慎择而审处其一也。……臣等款款之愚,实欲为皇上收一时之才用,成万世之令名,不为二三逐臣代求进取也。……臣等不胜悬切待命之至。"

二十九日,充经筵讲官。

《神宗实录》卷三六〇"万历二十九年六月":"(乙未)命吏部

右侍郎兼翰林院侍读学士冯琦为经筵讲官。"

七月初四日,琦疏请迁转本司官王永光,允之。

《神宗实录》卷三六一"万历二十九年七月":"己亥,升吏部文选司署员外郎中事王永光为通政司右参议。先是,永光以特旨留用,六选已满,例应升四品京堂,吏部以曾蒙降级,照所降员外职级拟升正五品。从之。"按,此疏见《宗伯集》卷五四《为司官荷蒙特恩、掌选已满,谨照降级迁转以遵主命以终圣恩疏》。

琦进左侍郎,教习庶吉士。

《神宗实录》卷三六一"万历二十九年七月丙申朔":"庚申,命礼(吏)部右侍郎兼翰林院侍读学士冯琦教习庶吉士,俱改吏部左侍郎。朝节掌詹事府事。"

八月,诰封冯琦三代。

梨本《冯氏世录·诰命》中落款为"万历二十九年八月初六日之宝"的有三封,分别为"吏部右侍郎兼翰林院学士冯琦"祖父母、父母、并妻诰命。

九月,子临卒,珣居丧。

车本《世录·奉祀神主》:"显曾祖考……府君冯公讳子临,……卒于万历二十九年辛丑九月十二日午时,享年六十五岁。葬于尧山之东。孝曾孙溥奉祀。"

《宗伯集》卷六八《祭二伯父文》:"伯父之殁以九月十二日,更十五日而侄琦始闻讣。既与弟瑷设位而奠,又五日而值国庆典大礼,有泪不暇挥,有声不敢出。月余事稍定,乃始为文哭之。操笔欲书,万行俱下;引声将发,五内先摧。盖恸伯父,且恸吾父也。吾父与伯父自髫年迄白首,相与朝夕同饮食笑语者五十年,而吾父即世又六年而伯父卒。伯父与吾父别六年,今乃同游于九原也。"

二十一日,琦三子士槩生。

车本《世录·奉祀神主》:"显叔考户部江西司主事府君冯公讳士槩……生于万历二十九年辛丑九月二十一日卯时……孝侄渼奉祀。"冯士槩(1601—1657),字笃初,以荫至户部江西司主事,为冯琦妾夏氏所生。

二十四日,上点用琦入阁,以沈一贯密揭而止。

《国榷》卷七九"神宗万历二十九年":"(九月)戊午,礼部尚书兼翰林院学士沈鲤、朱赓并兼东阁大学士,直文渊阁。时廷推九人,上已点用朱国祚、冯琦,而沈一贯密揭,二臣年未及艾,曷少需之,先爱立老成者。盖为赓地也。"

月末,升礼部尚书,疏辞不允。

《宗伯集》卷二四《为披沥悃诚辞免恩命以安愚分事》:"圣旨:'冯琦升礼部尚书兼翰林院学士,经筵讲官照旧。钦此。'臣不胜感激,不胜悚惧……忽蒙拔擢,自顾惊惭。阶莫重于尚书,选莫荣于学士。况处南省清华之地,又当东朝典礼之时。非端方不能厌服人心,非谙练不能折衷事理。而臣器非大受,谋谢老成,学不足窥三礼之原,才不堪典五常之教。德薄而禄转厚,齿后而禄反前。自知小器之易盈,且讶后薪之居上。力既难副,心复何安?……乞回误恩,别付耆硕。俯容谫劣,仍守旧官。愿终誉髦造士之功,以佐寿考作人之化。"

十月初一,琦赴礼部尚书任。

《神宗实录》卷三六四"万历二十九年十月":"乙丑朔,升吏部左侍郎兼翰林院侍读学士冯琦为礼部尚书兼翰林院学士。"

《国榷》卷七九"神宗万历二十九年":"十月乙丑朔……吏部右侍郎冯琦为礼部尚书兼翰林院学士。"

十五日,册立皇太子并册封四王。琦具疏定庆贺表笺式样。

《神宗实录》卷三六四"万历二十九年十月":"己卯,册立皇长子为皇太子,册封皇三子福王、皇五子瑞王、皇六子惠王、皇七子桂王……是日卯时,上御文华殿,传制命……庚辰,以册立册封礼成,文武群臣上表称贺。"《宗伯集》卷五五《为庆贺疏》:"照得万历二十九年十月十五日,册立皇太子正位东宫,暨册封福王、瑞王、惠王、桂王,诏告天下,例该各王府及天下文武五品以上诸司差官赍进表笺庆贺。"

二十八日,加慈圣皇太后徽号。

《神宗实录》卷三六四"万历二十九年十月"："壬辰,上奉册宝加上圣母徽号,册文曰……甲午,上徽号礼成,诏告天下,百官表贺。"《宗伯集》卷五五《为庆贺疏(二)》："仰维皇上大孝,尊亲益隆圣敬,于本年十月二十八日加上慈圣宣文明肃贞寿端献皇太后徽号。"

十一月初一,主典皇太子冠礼,上仪注。

《神宗实录》卷三六五"万历二十九年十一月"："乙未朔,礼部尚书冯琦上皇太子及四王冠礼仪注……"亦见《国榷》卷七九"神宗万历二十九年"。按,此疏即《宗伯集》卷五五《为恭进冠礼仪注疏》。

初七日,疏请祭告奉先殿。

《神宗实录》卷三六五"万历二十九年十一月"："辛丑,礼部言:皇太子、四王行冠礼,是日上祭告奉先殿。上命驸马都尉万炜恭代。又请上以行冠礼之次日特御文华殿受贺,报闻。"按《宗伯集》卷五五《为庆贺疏(三)》："查得累朝旧制,皇太子加冠,文武百官朝贺皇上之后,即以朝服贺皇太子。亲王加冠,文武百官朝贺皇上之后,另具吉服贺亲王,载在《会典》,班班可考……今四王冠礼既行于文华殿之西序,而西序之地势偪窄,百官班次不能尽容相应,俟贺皇太子礼毕,百官易吉服,司礼监请四王常服坐西序内,文武大臣、堂上官及近侍官拜于西丹墀内,庶僚拜于文华殿门外近西行礼。"

十三日,琦疏请郊祀。

《神宗实录》卷三六五"万历二十九年十一月"："丁未,礼部以大礼告成请躬郊祀。奉旨:'三殿未建,一应礼仪不便亲行。郊祀大典未可率易,还遣官竭诚恭代。'"按,此疏即《宗伯集》卷五五《为吉典告成天眷孔厚恭请圣驾亲郊祀以答玄贶疏》。

十八日,奏百官诣皇太子之礼。

《神宗实录》卷三六五"万历二十九年十一月"："壬子,礼部上言:《会典》:凡朔望日百官于皇极殿朝参后赴文华殿诣皇太子前行礼。今皇太子册立、加冠遇皇上升殿之日,百官朝参,皇太子当于文华殿东门陛座行礼。上命御殿之日百官诣东宫前行礼,若遇免朝,其千秋等节照旧例行。"按,此疏即《宗伯集》卷五五《为礼仪疏》:"查得《会典》,凡朔望日文武百官于皇极殿朝参后赴文华殿诣皇太子前行礼,暨千秋节、正旦、冬至令节俱合行庆贺礼。"

二十日,奏请帝御文华殿。寻备皇太子婚礼仪注。

《神宗实录》卷三六五"万历二十九年十一月":"甲寅,礼部尚书冯琦言:'臣子之于君父,无日不思瞻仰。至于大典礼大朝贺,愿瞻天表,一效嵩呼,比之常日,更为切至。数年以来,遇有朝贺,间从传免,臣子受国厚恩,遭时多庆,偃卧私寓,何以自宁。请自今以后,遇万寿、正旦、长至节,皇上特御文华殿,令百官照常行庆贺礼。如遇暂免,亦于臣等于午门外行五拜三叩头礼,以伸舞蹈祝愿之私。'报可。"

二十六日,琦奏上冬至节百官朝贺皇太子仪注。

《神宗实录》卷三六五"万历二十九年十一月":"庚子(按,当为'申')礼部上冬至令节文武百官朝贺东宫仪注。奉旨:正旦、冬至遇朕免升殿并免其千秋节照旧例行。"

十二月初二,有旨诰封琦祖父惟重、父子履皆尚书、学士。

梨本《世录·诰命》中落款为"万历二十九年十二月初二日之宝"的有三封:《礼部尚书兼翰林院学士冯琦祖父母诰命》、《礼部尚书兼翰林院学士冯琦父母诰命》、《礼部尚书兼翰林院学士冯琦并妻诰命》。《礼部尚书兼翰林院学士冯琦并妻诰命》:"奉天承运,皇帝制曰:尚书出纳王命,象应于七星;宗伯时亮天工,典存乎三礼。首正南宫之峻秩,兼领西掖之崇班。位隆则自古已然,才备而于今为烈。尔礼部尚书兼翰林院学士冯琦,名家旧学,硕德竑猷。弱冠扬廷,已周通天下之务;频年载□,而郁为儒者之宗。素节清心,淆之不浊;高文□□,识者同珍。涖历冰衔,经济之猷弥裕;雍容广厦,启沃之助弘多。既视篆于词林,旋参联于典礼。终身而慕,忘情轩冕之荣;舆论所归,晋副铨衡之任。而尔心惟自尽,事不辞难,佐部则裴行俭雅号知人,典举则欧阳修独先正体。入告于朕,必明白剀切而可从;虑以下人,又广大直方无不利。以是公议之交与,叶于朕心之独知。属青禁之初闻,开朱邸以并建,三加六礼,一时并行。尔正位寅清,专精秩叙。尔乃博综旧制,斟酌时宜,质古今而无疑,当顷刻而立辨。彝伦攸叙,遂成百代芳规;宗社同体,岂独一时润色。允光钜典,宜需洪纶。兹特授尔阶资政大夫,锡之诰命。於戏!兴王必有师臣,大业爰资名世。以尔禄位之浡至,正如川水之方增。藉有白茅,庶获栋隆之吉;铉承黄耳,宜增鼎重之光。初任翰林院编修,二任本院侍讲充经筵日讲官,三任右春坊右谕德兼翰林院侍讲照旧经筵,四任左春坊左庶子兼翰林院侍讲掌管本坊印信经筵日讲照旧,五任詹事府少詹事前(兼)翰林院侍读学士掌管本坊印信经筵日讲充正史副总裁,六任礼部右侍郎兼翰林院侍读学士,七任吏部右侍郎兼翰林院侍读学士经筵日讲,八任吏部右侍郎兼翰林院侍读学士协理詹事府事教习庶吉士照旧经筵日讲,九任今职。制曰:礼让可以为国,惇庸允藉于名卿;治平本于齐家,顺正首资于淑媛。肆举懋功之典,覃敷从爵之恩。尔礼部尚书兼翰林院学士冯琦妻累封淑人姜氏,秉德静庄,好述名硕。视星知儆,频催铃索之声;服组无华,丕赞羔丝之节。九仪咸秩,光烂中闺;四德齐徽,恩疏彤管。是用晋封尔为夫人,纶綍新恩,已轶翟衣之等;山河令度,茂匡补衮之勋。万历二十九年十二月初二日。"

十六日,琦上皇太子婚礼仪注。

《神宗实录》卷三六六"万历二十九年十二月":"己卯,礼部尚书兼翰林院学士冯琦上皇太子婚礼仪注。(略)"

《琢庵冯公墓表》:"辛丑计吏,条奏一出于公,视往事为详密……寻主典会试,取士以尔雅典则为主,三录皆行于世。文选郎以误推钦降官得罪,公为太宰具疏乞,郎中落职供事,上为之霁威;故总督尚书蔡经以逸死,久不白,公疏请恤典;山西布政使麻溶有清操,请赠太仆卿。公佐铨仅二年,因事纳忠,请建储宫、罢矿税,疏无虑数十上,皆洞悉情理,人人以公辅期公。至是满三品考,赠封如制。再推内阁,进左侍郎,协理詹事府事,教习庶吉士。旬日,拜礼部尚书兼翰林院学士。公视事三日,即上册立东宫仪。

司设以经费不足,意改期。公知此难以口舌争,乃驰骑追还四万金充费,大礼遂成。逾月,皇太子冠,上慈圣皇太后徽号。"《琢庵冯公行状》:"复推入内阁,不果。进左侍郎,协理詹事府事,教习庶吉士。旬日拜礼部尚书兼翰林院学士,疏辞,不许。时将举东宫典礼,特简公为宗伯,中外相庆得人。公入部三日,具上仪注。行礼有期,忽司设传经费不给,当改卜,公曰:'此万世计,岂容旋踵,奈何以一时费稽大典度支,即匮极,他处万万可缓,必移以佐此。'时公弟户部君瑗辇辽饷四万出都矣,驰檄追还,给司设而礼成。逾月,皇太子冠,上慈圣皇太后徽号。明年春,皇太子婚,未半岁四举大礼。是时,三殿未成,修朝仪旷废,掌故多阙。公仓猝受命,随宜斟酌,无一不称上意,舆情大服。"

二十二日,琦上皇太子出讲仪注。

《神宗实录》卷三六六"万历二十九年十二月":"乙酉,礼部上皇太子出讲仪注。先是,皇长子出阁讲学,以未行册立,不用侍卫仪仗并内侍进案。至是,礼臣以累朝旧例开具上请,从之。"按,此疏即《宗伯集》卷三五六《为恭进东宫初次开讲仪注疏》。

是岁,瑗升户部员外郎。

《栗庵冯公行状》:"辛丑,升户部员外郎。司农赵公深相爱重,奏章多出公手。出兑浙漕粮,晋督京粮,疏陈商民疾苦,搜剔吏胥奸弊,无不洞中窾会。"

《栗庵冯公墓志铭》:"辛丑,升户部广东司员外,监兑两浙漕粮,独先完还京,复切陈商民疾苦,司农赵公深器之。"

万历三十年壬寅(1602)　琦四十五岁,珦四十岁,瑗三十一岁

本月初,琦疏奏灾异。十三日,有诏纳之。

《神宗实录》卷三六七"万历三十年正月":"(己未)纳礼部尚书冯琦之言,诏:'今岁灾异频仍,上天仁爱甚切,朕心深为警惕,亟图实政。尔大小臣工俱宜痛加修省,以回天眷,毋得虚文塞责。'"按,此疏即《宗伯集》卷五五《为类奏灾异疏》:"臣等看得今

岁所报灾异,为地震者三,为水灾者一,为火灾者二。总之,天心仁爱,明示谴告。"

正月,因诰封三代,求祖父母神道碑铭于首辅沈一贯。作《人主当知四方艰难》。

  沈一贯《喙鸣文集》卷十七《行人司行人累赠礼部尚书兼翰林院学士芹泉冯公暨配封太安人累赠夫人蒋氏神道碑铭》:"岁壬寅,皇太子正位东朝,上徽号慈宁宫,于是芹泉公、仰芹公皆赠大宗伯,而大宗伯将奉宠貤赍丘陇,谒余为芹泉公暨夫人神道碑。"

二月初八,皇太子纳吉、纳徵礼,琦充副使。

  《神宗实录》卷三六八"万历三十年二月":"辛未,皇太子纳吉、纳徵,告期册封皇太子妃,命候陈良弼充正使,尚书冯琦、侍郎朱国祚充副使,持节行礼。"

十六日,有诏停矿税,既而悔之。琦具疏。

  《神宗实录》卷三六八"万历三十年二月":"(己卯)上有疾,诏谕辅臣罢矿税,释逮系,补用科道,复建言诸臣职。"《宗伯集》卷五五《为恳乞圣明信谕旨以安圣躬以安天下疏》:"臣等于十六日夜漏下二鼓接圣谕,尽停矿税。臣民欢呼,自夜达旦,无不衋然颂祝者。次日复闻圣意尚欲必行,百僚惶惑,万民愁叹,无不黯然失望者。臣等于时即议,具疏上闻,复以圣躬未宁,未敢轻有陈奏。比见皇上批答章疏如平时,仰谂圣体清安,乃敢合词以请……四海水火之民一旦释之,复一旦增之;千秋尧舜之名一旦得之,复一旦失之,陛下试思累朝以来有此政体否?……臣等所虑万端,有心不能尽,有词不敢尽,但愿皇上力行前谕,以安圣躬,以安天下。臣等不胜恳切仰祈之至。"《明史·冯琦传》:"三十年,帝有疾,谕停矿税,既而悔之。琦与同列合疏争,且请躬郊庙祭享,御殿受朝,不纳。"

三月初三日,琦上疏请禁励士风,上纳之。

  《神宗实录》卷三七〇"万历三十年三月":"(乙丑)纳礼部尚书冯琦之言,诏:'祖宗维世立教,尊尚孔子,明经取士,表章宋儒。近来学者不但非毁宋儒,渐至诋讥孔子,扫灭是非,荡弃行简,复安得忠孝节义之士为朝廷用？只缘主司误以怜才为心，曲牧好奇新进，以致如此。新进未成之木，只宜裁正待举，岂得辄加取录，以误天下？览卿等奏深于世教有裨，还间列条款，务期必行。仙佛原是异术，宜在山林独修，有好尚者任解官自便去，勿与儒术并进以混人心。'"此疏即《宗伯集》卷五七《为重经术祛异说以正人心以励人才疏》。上此疏后，冯琦又上《为遵奉明旨开陈条例以维世教疏》(《宗伯集》卷五七)。

初五日，故大学士高拱子求谥葬，琦议予之，得请。

《神宗实录》卷三七〇"万历三十年三月"："丁卯，礼部覆：大学士高拱嗣男高务观乞赠谥，谥并母张氏祭葬。议：'本官器本高明，才兼谋断，爰从讲幄入赞机廷。以辅弼之任而握铨衡，则威权不免过重；自搏击之余而当枢要，则恩怨不免太明。然其人实有忧国家之心，兼负济天下之具。即如处安国亨之罪，不烦兵革，而夷方自服，国体常尊，所省兵饷何止数十万！又如受那吉之降，薄示羁縻而大虏称臣，边氓安枕，所全生灵何止数百万！此皆力为区画，卓有主持。当其成败利钝之未形，不顾毁誉身家而独任。仓皇去国，寂寞盖棺，论者谓其意广而气高，间不符于中道。要之，性刚而机浅，总不失为人臣。宜加易名之典，以劝任事之臣。其妻张氏宜与祭一坛合葬。'诏：'高拱虽屡被论黜，但在阁之日担当受降，至今使北虏称臣，功不可泯，特允所请。'"按，此疏即《宗伯集》卷五五《为遵诏恳恩怜念旧臣微忠俯赐赠谥并乞开圹卹典以光泉壤疏》。高拱秉权日，曾压制冯惟讷，亦曾将冯子履削级调任，冯琦以德报怨，雅量可钦！

初七日，首辅沈一贯为请加恩，加太子少保。

沈一贯《敬事草》卷十二《请加恩礼部揭帖》："题：臣惟皇上笃念天经，断成大礼，册立皇太子、册封诸王，尊上圣母徽号及冠婚诸礼悉皆告成，两诏天下，普天同庆……惟是礼部各官，夙夜在公，与臣往复商订，助成盛美，臣既滥叨，岂能独安而不为之请乎？……谕：吏部册立册封尊上徽号及冠婚等礼具成，礼部官夙夜寅清，劳勋可嘉，尚书冯琦着加太子少保，赏银四十两，彩缎三表里;侍郎朱国祚赏银三十两,彩缎二表里。"此帖后注:"三月初七日上"。

本月中,琦以积劳成瘵。

四月,琦屡疏乞归,不许。

《神宗实录》卷三七一"万历三十年四月壬辰朔":"乙巳,礼部尚书冯琦引病乞归,请速点用侍郎,以理部事。诏:侍郎员缺,令将原推写来看。卿有疾,宜慎加调理,稍愈即出供职。"按,本月初六日,冯琦首疏乞归,即《宗伯集》卷五八《为抱病日深旷职已久恳乞圣明俯容回籍调理以延残喘疏》,此疏不报;十四日,琦再上疏,即同卷《为部务久旷恳乞圣明亟补左侍郎员缺以资经理疏》:"臣抱病寖寻,肌体瘦削,骨立如柴,此举朝所共见者。本月初六日具疏上闻,未蒙俞旨。"此两疏后,冯琦又连疏乞休。

六月,周如砥撰《易州兵备副使青州冯公崇祀名宦碑》。

青州本《世录》载周如砥《名宦碑》落款为"万历三十年岁次壬寅季夏吉旦赐同进士出身詹事府右春坊右中允管国子监司业事前纂修国史管理诰敕起居经筵官年家乡晚生即墨周如砥顿首拜撰"。

七月,琦病深,不能理部务,疏请放还。

《宗伯集》卷五八《为病势沉重痊可无期恳乞圣恩早放生还疏》"念臣伏枕自春徂秋初,尚一面调理一面供职,至于症渐危迫,乃始具疏陈情,然医未尝一日离门,药未尝一日去口",此为乞归第六疏。

二十七日,首辅沈一贯上《冯宗伯宜予告揭帖》。

沈一贯《冯宗伯宜予告揭帖》:"昨日山东一省官员尚书萧大亨等二十余人齐来朝房,来见臣等,为礼部尚书冯琦讲说患病真实,甚危极苦,势难久留,欲臣等进揭上请,若获早准回籍,尚可保身事君等情。"

八月末,琦第八疏请乞。不报。

《宗伯集》卷五八《为久病难瘥恳乞圣明恩断早赐生还疏》:"臣病五月余矣,瘦削危困之状,满朝大小臣工无不知之,七上章乞归而上未忍弃臣也。"琦三月中病,至此已五月有余。

十月初八日,礼部右侍郎敖文祯卒。琦为请恤典。

《神宗实录》卷三七七"万历三十年十月":"(丙申)礼部右侍郎敖文祯卒……升礼部右侍郎,卒于官,赐祭二坛,给全葬。"《宗伯集》卷五五有《为遵例陈情恳乞天恩俯赐恤典以光泉壤事》:"祠祭清吏司案,呈奉本部送礼科抄出日讲官原任礼部右侍郎兼翰林院侍读学士掌院事敖文祯教习庶吉士,今病故敖文祯男生员敖景喆奏……"

二十日,琦病重,沈一贯又代为乞请。

《神宗实录》卷三七七"万历三十年十月":"(十月)戊申,大学士沈一贯等题:'礼部尚书冯琦实系病危,委非退托。况部事繁剧,无一佐贰代理,虽欲安心静养,势不能必,祗益之病耳。臣等所以两进揭、三拟旨,暂请放归调理,以待异日之用也。祖宗朝部院大臣以病乞归者,多不过三疏,未有不允。盖臣子分义不敢虚辞,主上纶音不可屡渎,一以明臣职,一以尊朝廷体,如是也。近来诸臣有至二三十疏而不得请者,虽皇上不弃臣下盛德,而于国体亦稍亵矣。夫使其国果托疾耶,其心已非纯白,安用留为?使其果疾笃耶,其身自危殆,留之何益。与其愈留愈请,沿为虚文,孰若旋去旋补,得有实用。臣等有慨于中久矣,非独为琦发也。统望皇上裁之。'不报。"按,《宗伯集》卷五八《为病危情苦十恳天恩垂悯放归以保残喘疏》:"臣以久病乞骸未蒙矜允,待命枕上,以日为年……不入部署又半年矣。"琦以三月中病,四月病重不能入部,至本月已半年,此疏即第十疏。

十一月,道士张国祥乞恤典,琦以为非例,帝仍给恤。

《神宗实录》卷三七八"万历三十年十一月戊午朔":"甲子,礼部尚书冯琦覆:'真人张国祥乞母恤典,议累朝事例,独文武有恤、勋旧有恤,是外并无所谓真人得徼身后之恩者……以后凡有越例奏忱者,容臣等从重参究,以为贪缘冒滥者之戒。'"

有疏乞休,不允。

《宗伯集》卷五八《为病势愈久愈深调治百方无效十一恳恩早

赐生还疏》:"臣自夏初杜门抱病,八月于此矣。"按,自四月因病杜门,至本月已有八月,此为第十一疏乞归。

十二月初四日,琦第十三疏乞归。

按,此疏即《宗伯集》卷五八《为病深时久情迫词穷十三恳因早放生还疏》:"臣抱病九月有余,陈请之疏亦已十二次矣。"另,同卷《为病势深沉恐误典礼十四恳恩怜悯苦情疏》:"臣于本月初四日奏为病深时久情迫词穷十三恳恩早放生还事。奉圣旨:'卿疾未平,宜安心静摄以俟痊复,如何又有此奏,还遵屡旨在任调理,毋得固辞。吏部知道。钦此。'"

初八日,琦以章疏体式奏闻。

《神宗实录》卷三七九"万历三十年十二月":"(乙未)礼部题:'奉圣谕:"近来本章字画太细,不便观览,且易作洗改等弊。令通行体式,与各省直遵守。如有参差者,该科参究。"……比来诸臣建白往往有过于修饬冗长奇僻隐秘悁忿者,臣等以为皆宜禁。如作字必依正韵,不得间字古字;用语必出经史,不得引子书及杂以小说俚语;荐举但论其行能政业之实,不得过于虚称;参劾但指其贪鄙昏谬之实,止用散文开列,不得牵合对偶,文致人罪……盖君臣之间贵于洞见底里,在下者披忠直陈,则在上者一览可决,所干系人心治体非细,应并行申饬。'诏是之。"

十二日,琦疏报闻。

《神宗实录》卷三七九"万历三十年十二月":"己亥,礼部尚书冯琦请:点用侍郎以理部务,俾臣得专心调理。诏:报闻。左侍郎李廷机令吏部即行文催任,右侍郎员缺,候旨行。"《琢庵冯公墓表》:"明年春,皇太子婚,诸礼皆公手裁定,咄嗟立办。覃恩三代皆尚书。而公以劳瘁,遂病。先后十五疏乞归,一日,有旨召公,公舆疾趋长安门,扶掖以归。逾两月,遂不起。公在礼部所条列,皆宫府大计。首以亲郊庙、信诏令为言,复陈救急易行策,谓陈奉一易,全楚贴然。今天下最酷烈者,不过三数人,愿择中使之宽和者界之。公见士好诡异,倡新说为奇,请厘正。因条上十五事,上嘉纳,次第行之。修诸王表,月朔揭其府若爵之序,请求者不能行……壬寅岁暮,卧病犹条上四方灾异状,陈弭救之策。"按,十一月至十二月间,冯琦连疏乞休,其第十二疏《为患病日久十二恳天恩早放生还并乞点用部贰以综典礼疏》当上于上月末,本月十二日始报闻。

月中,因福王婚礼选吉,召琦至长安门。月末,琦第十四疏乞归。

按:冯琦本已病笃,因福王婚礼事赴长安门陛见。《宗伯集》卷五九《为病势深沉恐误典礼十四恳恩怜悯苦情疏》:"臣自患病以来,日甚一日,肌肉尽消,嗽不绝声,痰不绝呕,肺气已竭,脾气已伤。九月卧床,百方无效。目者福王婚礼选吉,骤闻天语传宣,臣病未及死,敢不趋命?匍匐至长安门,颠仆不支,司官代臣接捧敕旨,宣召中使、在朝臣工众目所见,咸讶臣一病至此……伏乞皇上念臣真病真情并无一字虚假,俯容臣回籍调治,早选贤能以襄典礼,则于国事既济,臣命得延。"

月末,琦类奏本年灾异,不报。

《琢庵冯公墓志铭》:"壬寅岁暮,犹手条上四方灾异,陈弭救之策,凡数千言。病且死,命家人补旧牍上之,比于尸谏,即奄忽中与僚友昆季相决绝,语惟报国之为惓惓焉。"按,《宗伯集》卷五八《为类奏灾异疏》:"愿皇上以泰交一事为弭灾首务,延见大臣,修明政事,罢言利之事不便于百姓者,批答章奏,明示群臣,以意补缺官而程其功效,仍谕群臣同心忧国。方当时事艰难,正如风涛舟楫,安则同其福利,危则共其祸败,安得自分彼此?安得自营身家?……伏惟圣明留意,臣等曷胜恳祈待命之至。"此疏留中,据《神宗实录》卷三八〇"万历三十一年正月":"(乙丑)辅臣沈一贯等以礼部年终类奏灾异不报,言……",则知冯琦之疏不报。

约是年春,珂归乡。旋闻兄病笃,立返京师。

房可壮《范吾行状》:"事竣(指册封太子),公归。公归后,文敏公病矣。驰骑来告,朝闻夕发,及抵京,文敏公病愈急,招公而前曰:'尔兄尽瘁王室,死固其分。弟曩亦与有力,其以朝廷恩任一一酬弟。'推让至再,公辞愈力焉。时文敏公两公郎俱在襁褓,宋太夫人又复垂耄,外内止公一人,延医侍药,目不交睫者累日,竟无起色。属纩之际,公于丧仪最娴,含殓如法,无不亲视。"

万历三十一年癸卯(1603)　琦四十六岁,珣四十一岁,瑗三十二岁

正月,琦病笃,辅臣代请休假。

　　沈一贯《敬事草》卷十三《请允冯宗伯告揭帖》:"今日接得礼部尚书冯琦揭贴,为病势深沉,恐误典礼等事。……臣等亲往问之,见其肌肉日削,痰嗽不止,声音难出,步履亦艰,为之心危意恻也。病实是真,毫无假托。今福王婚礼在即,仪节繁多,乃礼部尚书专职,而又无侍郎在部,必致误事。彼实遑遑,敢请皇上早允本官回籍养病,另行铨补,庶职掌无废而嘉礼有襄矣。"帖后注:"正月二十三日上。"

二十五日,琦第十五疏求乞。

　　《宗伯集》卷六九《为病势危笃苦情可怜十五恳恩速放生还疏》:"臣自患病经年,犹扶披视部中文书,昨正月二十四金押,忽然一阵痰晕,笔落于地尚不自觉。已而稍苏,乃始自惊而自怜也。臣自入春以来痰嗽日增,元气日损,饮食日少,奄奄待尽,喉哑不能出言,手颤不能书字。观臣之面犹三分似人也,解衣而观,其体尪赢憔悴,已全不似人形矣。死生常理,何足深惜!独念堂上慈母将近七旬,抱中稚子未及五岁,俯仰如此,愁苦可知。伏愿皇上怜而放臣,臣归而万一得愈,犹是陛上之草莽臣也;不幸而死,死于故乡,亦戴陛下之恩不朽。臣病危神乱,不知所云。"

二月初二日,宗王常津请补额妾,琦以为非例。

　　《神宗实录》卷三八一"万历三十一年二月":"己丑,宗王常津请重补额妾三人,礼臣冯琦以非例,当停止。上是其议,罢其一。"《国榷》卷七九"神宗万历三十一年"。

疏请点用部臣,寻又第十六疏乞归。

　　《宗伯集》卷五九《为病危职废情苦词穷恳乞天恩别简大臣管理部务、赐臣生还以延残喘疏》:"皇上未忍遽听臣归,不知臣今不

忧不得归,而忧不及归也。伏乞别简大臣一员代署部事,仍许臣回籍调理,则皇上始终恩遇,臣生死俱当不朽。"此疏未报,寻上第十六次乞归疏《为病势十分危笃母子二命相连恳乞圣慈怜悯拯救疏》:"臣自患病以来,请告疏至十六矣,皇上未忍放臣,盖犹谓臣病尚可生耳。臣病半月以来,十分沉重,盖因劳瘵之病虚弱羸瘦,肌肉消尽,气血耗尽,臣之在世,捱日而已。臣母年近七旬,因愁成病,若臣有不保,臣母何以自存?恳乞圣恩早放臣归,臣及生前与母还乡,臣即不起,尚免臣母怨苦异乡,或致不测也。"

二十四日,琦病笃,辅臣代为请休。

　　《神宗实录》卷三八一"万历三十一年二月":"壬子,礼部尚书冯琦病笃,辅臣代请休致。"

本月下旬,琦效古人尸谏之谊,连日草疏。

　　按:《宗伯集》卷五九《为病危恋主恭进微言,恳乞圣明省览,大修德政,以慰舆情、以补未报深恩疏》:"旬日以来,不可复起,思恋圣主,伏枕强书,才及数语,便已困惫,即复置之。置之而终心不能自已,盖十日始成此疏,其语无足采,而其情有足恋者!臣言止矣,臣终无报国之日矣!惟圣明留意省览,臣不胜咽呜感恋仰望之至!"此疏成于三月二日,十日而成,则当草于本月下旬。

三月初二,疏成,遣人上之。嘱后事,友公鼐、康丕扬等在侧。

初三日,琦卒于任。

　　《琢庵冯公行状》:"三月二日,漏下二鼓,公延康侍御及鼐并门下士入卧内,尚俨然正冠,徐曰:'行状吾子。'又曰:'启予足启予手。'乃拱而称谢。众出,令侍者执笔,书碑诸文曰'乞言某公某公'。书完,犹有所改易。鸡初鸣,问左右:'疏上否?'对曰已上,遂命盥沐,顾诸弟曰:'可矣!吾不死于妇人之手,弟当为我更衣。'衣竟,移榻就中堂,方至而没。越数日,榻后得诗草曰:'浩渺天风驾海涛,三千度索问仙桃。翩翩一鹤青冥去,已隔红尘万仞高。'盖绝笔也。"按:此绝笔诗亦见《宗伯集》卷六。

车本《世录·奉祀神主》:"显考资政大夫礼部尚书兼翰林院

学士赠太子少保谥文敏府君冯公讳琦……卒于万历三十一年癸卯三月初三日丑时,享年四十六岁……孝子士璓奉祀。"

《琢庵冯公墓表》:"属纩前一夕,命家人补旧牍上之,慨然曰:'吾以此尸谏',疏入而瞑。"

《琢庵冯公墓志铭》:"(公)卒于万历癸卯三月初三日。"

《国榷》卷七九"神宗万历三十一年":"(三月)己未,礼部尚书兼翰林院学士冯琦卒……(琦)学识渊练,有公辅之望,年四十六,人咸惜之。予祭葬,赠太子少保。天启初,谥文敏。王锡爵曰:'公负朝望甚早,遇主知甚深,然甚早则才太尽,甚深则语太尽。究公所以有听有阻,焦神敝形而中道夭者,倘谓是也。'"《明史·冯琦传》:"遗疏请厉明作,发章奏,补缺官,推诚接下,收拾人心。语极恳挚。帝悼惜之。"

四月十一日,诏赐琦祭葬。

《神宗实录》卷三八三"万历三十一年四月":"丁酉,赐原官任礼部尚书兼翰林院学士冯琦祭葬。琦,山东临朐人,万历五年进士。改庶吉士,授编修,与修会典;十四年,会试同考;十六年,主湖广试;充经筵日讲;十九年,主顺天试;升詹事,掌翰林院事;充正史总裁官;晋礼部侍郎,与修玉牒;改吏部侍郎;二十九年,主会试,教习庶吉士;迁礼部尚书,卒于官。琦性灵颖,于书无所不窥。典文衡,所识拔多知名士。在秩宗,慎封典,正文体,佐铨署吏,夙夜在公。时上方开矿榷税,中使遍天下。琦伏枕草疏,其略曰:'今日朝政未肃者,病在人情之惰;吏治未清者,病在士风之贪;君臣上下之睽者,病在形迹之疑。而其要莫急于收拾人心,故去惰在批发章奏,除贪在速补监司郡守,通君臣上下之情在去疑端于事、释疑根于心。而所谓收拾人心者,撤中使、止矿税也。'疏甫上即卒,中外惜之。"

二十三日,诰赠琦为太子少保。

《神宗实录》卷三八三"万历三十一年四月":"(四月己酉)赠原任礼部尚书冯琦太子少保,荫一子入监读书。"梨本《世录·诰命》之《原任礼部尚书兼翰林院学士赠太子少保冯琦诰命》:"奉天承运,皇帝制曰:国家熙载亮工,惟是二三儒彦,其有劳深侍从,望重寅清。而乃年不副才,用弗邕志,可无追叙以示悼怀。尔原任礼部尚书兼翰林院学士冯琦,邃学承家,奎章华国,直方以大□而邦辅世之猷,厚重且文有遗钜□□□文。□□秘苑,振采官僚。载笔擅其兼长,衡文传以为式。讲幄进牍,铨署题才。方踰强仕之年,遂正文昌之座。恋襄大典,直闻丕著乎勤劳;雅抱朴忠,易簀不忘于规谏。未竟真儒之效,深纡旧学之悲。特需愍恩,爰颁赞册。兹特赠尔为太子少保,锡之诰命。於戲!列秩南宫,声绩已高于八座;疏荣东禁,光华增贲于重泉。冥漠有知,歆承无斁。万历三十一年五月初三日。"《诰命》日期为五月初三,与《神宗实录》稍异。

五月,诸冯扶柩出京。于慎行遣问。至山东界,珣作《祭先兄文》。

《东阿于文定公年谱》:"(万历三十一年)五月,遣问冯宗伯之孤于都门。遣迎冯公丧于境。遣赗冯公于家。"按,于慎行先遣问于京师城郊,又遣迎丧于境,又遣赗于青州。有诗《哭大宗伯四首》等,又为作《故大宗伯琢吾冯公诔有叙》等文。

冯珣《祭先兄文》:"兄逝两月余矣,弟辈扶柩出国门。及至潞河放舟,皆当为文以告。……今舟泊安德,且舍舟而陆矣,敢漫为数语以道哀恸之衷,舒抑郁之气,兄其听之。兄以三月三日仙逝,弟不及知也。越一日始离家入京,期省兄卧榻之侧,以申三年契阔之怀,可起兄病,同返故园。不意方过淄水,得四弟(按,冯瑗)书,知兄已病笃,不可复起矣。行至文安,闻讣音,不敢遽信,心痛而意复自疑,泪下而声不敢出。及至都门,仆从迎弟者皆素衣素冠,始知兄之果逝。而都门之外非其号泣之所,含泪吞声,直至柩前一哭,而魂几丧……越数日,始敢操管具疏请恤,已复撰次兄懿德懿行,以请文于名公巨卿,在弟方惧其言之不文,不足以阐发兄生平立身立朝事业,不知兄冥漠之中,能相亮否?……弟有隐痛,哭之所不能尽而言之所不能悉者,俟抵舍后再具牲楮陈告。尚享。"

二十八日,荫琦子士杰入太学。

　　《神宗实录》卷三八四"万历三十一年五月":"(癸未)荫原任礼部尚书冯琦男冯士杰入太学。"

九月十三日,子节卒。

　　车本《世录·奉祀神主》:"显考国子生冯公讳子节,字和甫,行十一,神主生于嘉靖三十九年庚申七月十八日未时,卒于万历三十一年癸卯九月十三日卯时,享年四十四岁。葬于尧山之东。孝子琯奉祀。"按:子节(1560—1603),字和甫,号介轩,惟讷三子。与侄冯琦及公鼐交笃,子节卒,公鼐有《哭介轩冯丈》五首,其三有"伯伦终荷锸,叔夜罢鸣琴",自注:"公饶酒德,吾党推之,尤善琴。"其四云:"自是君咸籍,平生若郑苏。云亡千古恨,况是一年俱。"自注:"公与侄宗伯一年卒。"

万历三十三年乙巳(1605)　　珣四十三岁,瑗三十四岁

瑗转云南司郎中。

　　《栗庵冯公墓志铭》:"乙巳,转云南司郎中,值议差京粮厅,赵公曰:'仓庾弊久矣,非廉有执者莫能清,必冯君也乃可任者。'公任而剔蠹扫窦,积弊顿厘。"

三月,康丕扬整理冯琦文集成,请叙于于慎行。

　　《东阿于文定公年谱》:"(万历三十三年三月)康御史丕扬以书币来征《冯宗伯集序》。"

五月,陈邦瞻续成《宋史纪事本末》,书成付梓。

　　按:陈邦瞻《宋史纪事本末原序》:"先是,宗伯冯公欲为是书而未就,侍御斗阳刘先生得其遗稿若干帙,以视京兆徐公,徐公以授门下沈生,俾雠正之,因共属不佞续成焉。凡不佞所增辑几十七,大都则侍御之指而宗伯之志也……万历乙巳仲春南京吏部稽勋清吏司郎中高安陈邦瞻书"。据此,可知刘曰梧得冯琦遗稿编纂而成。

六月初二日,子复卒。

车本《世录·奉祀神主》:"显考广宁左卫指挥佥事府君冯公讳子复,字观海,行五,神主生于嘉靖二十四年乙巳十二月二十七日□时,卒于万历三十三年乙巳六月初二日未时,享年六十一岁。葬于朐南朱位村之侧。孝子瓒奉祀。"

九月,康丕扬等为冯琦刊文集,于慎行作《宗伯冯先生文集叙》。

《宗伯集》前于慎行《宗伯冯先生文集叙》:"方公病亟,其友侍御康君请其遗书以梓,逊谢再三,出而付之曰:'必也东阿为叙。'盖行也从公于朝,相与上下艺林,颇称莫逆,而公之政业识略,有王、沈二公志碑取信万世,毋庸更辞,则以侍御之请综述其文云尔。"落款:"万历乙巳季秋上浣之吉,赐进士出身资政大夫礼部尚书兼翰林院学士予告前经筵日讲国史副总裁官知起注友人穀城居士于慎行顿首拜撰。"

万历三十五年丁未(1607)　珣四十五岁,瑗三十六岁

夏,康丕扬刻《宗伯集》,求序于李维桢。

《宗伯集》前冠李维桢《宗伯冯先生全集序》:"侍御康公与公有庄惠萧朱之好,公没而函行其集,属乡先生于可远宗伯为叙,复以属不佞桢。桢楚伧少文,人与言万不足为公重,而辱公生平知己,义不得辞……万历岁在丁未夏日云中李维桢顿首撰。"按:此《宗伯集》合冯琦诗文,凡八十一卷。同年,另有六卷本《宗伯集》付梓,实即八十一卷本前六卷之诗词。

万历三十六年戊申(1608)　珣四十六岁,瑗三十七岁

十一月末,子丰卒。

车本《世录·奉祀神主》:"显考府君冯公讳子丰……卒于万历三十六年戊申十一月二十八日亥时,享年五十四岁。葬于朐南广尧村之西。孝子璲奉祀。"

万历三十七年己酉（1609）　琦四十七岁，瑗三十八岁，冯溥一岁

四月，瑗因母病归。

　　《栗庵冯公行状》："李宜人病，公告驰归，周旋匕箸汤药间凡八阅月，昼夜衣不解带。宜人不起，哀毁骨立。"

　　《栗庵冯公墓志铭》："差甫完而母病，急请告还，日侍医药。母殁哀毁，丧遵古制，不随俗侈靡。"

七月十二日，瑗升山西右参政。十六日，母李氏卒。

　　《神宗实录》卷四六〇"万历三十七年七月"："辛丑，升户部郎中冯瑗为山西右参政。"

　　车本《世录·奉祀神主》："显妣诰封太宜人李氏，行三，神主生于嘉靖二十六年丁未（1547）十二月十一日戌时，卒于万历三十七年己酉七月十六日卯时，享年六十三岁……孝子瑗奉祀。"按：冯瑗自夏初护母归，一直家居，闻命亦未能赴任。

本年，礼部议琦谥，未果。

　　车本《世录》载孙承泽《冯文敏公传》："三十七年议谥，礼部右侍郎翁正春奏：'琦才优经济，器本恢弘，是以条议动中机宜，敷陈每多详切。如规切宰执而寝三王之并封，檄回饷金而完册立之大典。他如塞给谏之幸窦，阻中使之关防，斥税盐以护抚臣，黜二氏以崇正学，皆其表著者。盛典当锡。'追谥文敏。"按，据《明史·冯琦传》："天启初，谥文敏。"

十二月初五日，溥生。

　　车本《世录·奉祀神主》："显考光禄大夫太子太傅刑部尚书文华殿大学士加一级谥文毅府君冯公讳溥，字孔博，行二，神主生于万历三十七年己酉十二月初五日寅时……孝子治世奉祀。"毛奇龄《西河集》卷一一五《文华殿大学士太子太傅兼刑部尚书易斋冯公年谱》（下称《易斋冯公年谱》）："万历三十七年己酉，先生生。"

本年，《冯琢庵先生北海集》付梓。

　　按：此集五十八卷，与八十一卷《宗伯集》所收略同。

万历三十八年庚戌（1610） 珣四十八岁，瑗三十九岁，溥两岁，士标一岁

珣会试下第，参加谒选。

五月，子履妻宋氏卒，珂居丧。

车本《世录·奉祀神主》："显祖妣诰封太夫人宋氏，行二，神主生于嘉靖十九年庚子八月十八日卯时，卒于万历三十八年庚戌五月十七日未时，享年七十一岁……孝孙士璩奉祀。"

房可壮《范吾行状》："庚戌岁，丁太夫人艰，擗踊号泣，哀毁骨立，勺水不入口。盖以夙夕爱己之真，形为真心之爱。凡请恤营葬，视文敏公有加焉。"

《于高冯公行状》："太夫人风烛偃忽，倏然告逝。公髫龄，哀毁痛可知也。此时公才十三耳。间关长途伏阙请恤，上矜允归。"

按：冯士杰（1598—1642），字于高，号范吾，本冯瑗（惟敏孙）之子，过继冯琦后，冯琦妾夏氏始生士楷、士架。冯士杰以荫选官，至南京户部员外郎。

七月，子咸妻冀氏卒，冯琬、冯琰居丧。

车本《世录·奉祀神主》："显妣孺人冀氏，行六，神主生于嘉靖二十七年戊申（1548）正月十五日酉时，卒于万历三十八年庚戌七月二十日丑时，享年六十三岁。葬于尧山之东。孝子琬奉祀。"

梨本《世录》载冯珣《喑从弟琰二首》，《序》曰："从弟琰有其母之丧，与妇守礼尽哀，余痛之而更以喜也。爰赋二章，少为慰喑。"

玑子士标生。

车本《世录·奉祀神主》："显考中宪大夫福建按察司副使府君冯公讳士标，字端明，行二，神主生于万历三十八年庚戌九月初七日卯时……孝子旭奉祀。"

秋冬间，珣授陕西长武县令。

十二月，珣携琦子士杰请恤典。

梨本《世录》载冯珣《庚戌携侄杰为婶母叩阊请恤，岁暮思归，

诗勉留之》,其一:"伏阙来千里,邀恩赉九泉。无因交态薄,顿使客心悬。痴叔惭王济,东山逊谢玄。鹍池应努力,羽翼看翩翩。"其二:"尔父千秋业,于今未易名。徒令增世慨,岂为慰生平。报国心犹热,忧天志不明。君门高万里,何日一哀鸣。"

十二月,惟敏继妻何氏卒,享年七十八岁。

车本《世录·奉祀神主》:"显妣孺人何氏,行六,神主生于嘉靖十二年癸巳(1533)六月初六日未时,卒于万历三十八年庚戌十二月十三日申时,享年七十八岁……孝子子升奉祀。"

公鼐至青州,晤珣、瑗、珂等。

《问次斋稿》卷二一有《庚戌至冶湖晤季韫昆仲有感》。

万历三十九年辛亥(1611)　珣四十九岁,瑗四十岁,溥三岁,士标两岁

春,恤典得请,封琦母宋氏为太夫人。

梨本《世录》载《皇帝遣山东等处承宣布政使司右布政使谕祭原任河南布政使司右参政赠礼部尚书兼翰林院学士冯子履并妻封太夫人宋氏文》曰:"惟尔性质刚明,才猷爽达,配兹贤媛,诞我良臣。载笔雅擅,其兼长典礼,立成乎正义。久征燕翼,兼识熊丸。虽哲嗣之云亡,实悫怀之犹切。爰兹弃珥,载茸若堂。祭葬并颁,幽灵式耀……万历三十九年□月□日。"

夏,珣至长武。

《康熙临朐县志》卷三《冯氏世家·冯珣》:"北闱一再试不弗售。谓:'古有以三釜养其亲者,士即一遇为艰,何至不能效尺寸以为色养具乎?'用告示慈帷,以谒选行。授陕西长武令。武地狭而冲,时值恒旸不雨者已浃三岁。公至,乃自引辜……为清刑狱、缓征输,而甘雨随,车人歌《大有》,循声闻于两台。以最,稍移咸阳。武人吁两台弗获,至遮道挽留,竟弗获,盖不啻赤子之离襁褓也。"青州本《世录》载郑国昌《长武邑侯冯公去思碑记》:"璞庵冯侯某,山东临朐人,于万历辛亥夏来令长武。"

秋,瑷服阕,恋父年老,未行。

  《栗庵冯公行状》:"就家,升山西参政。服阕,当如部补。恋封公膝下不肯行。逾年封公病殁,侍病居丧一如宜人时。丧除,依依邱垅,若将终焉。结庐冶水浮山间,徜徉自适,摒却尘俗矣。"

  《栗庵冯公墓志铭》:"就家,升晋中参政。服阕当赴补,恋父不肯行。逾年父病殁,治丧如母时。"

万历四十年壬子(1612)　　珣五十岁,瑷四十一岁,溥四岁,士标三岁

正月,子升卒,瑷居丧。

  车本《世录·奉祀神主》:"显考诰封户部云南司郎中府君冯公讳子升……卒于万历四十年壬子正月二十九日酉时,享年六十六岁。葬于浮山之阳。孝子瑷奉祀。"

珣寄书公鼐,鼐《问次斋稿》卷二一有《季韫自关中寄音答赠》。

  按:公鼐此诗编于《壬子元夕》、《新春微雨后南溪作》之后,《送瑞钟廷试》之前,《问次斋稿》全集编次井然,可证此诗当作于本年正月。

二三月间,因妻张氏病,珣遣仆送归。四月下旬抵青州。

  《世录》载冯珣《悼内》其一有"送汝东归去,何期地下游。讣惊肠寸断,泪带血痕收",其四有"病卧三千里,还家未一旬……永怀无限恨,含殓不曾亲",可推知珣未亲送,而是遣仆送归。抵家未一旬而亡,则归家在四月下旬。由长武至青州三千里,则启程当二三月间。

五月初四日,珣妻张氏卒。

  车本《世录·奉祀神主》:"显祖妣诰赠一品夫人张氏,行一,神主生于嘉靖四十三年甲子(1564)二月二十一日卯时,卒于万历四十年壬子五月初四日未时,享年四十九岁……孝孙溥奉祀。"

玒长子士统卒。

张印立《明待封质庵冯公行状》:"壬子,公以长嗣士统卒,纳妾武氏及嫔。"

约是秋,珣子士仪自青州至长武。珣有诗寄冯瑗。

梨本《世录》载冯珣《儿仪至,问老母起居,时杜门乞休》:"问汝行多日,慈亲近若何。但无餐饭减,莫说鬓毛皤。百感应催老,三春独卧疴。相将携手去,吾意久岩阿。"按,士仪当在母丧后省父,至长武当在秋冬时节。

珣《秋日忆冶湖书怀寄弟德韫》有"冉冉未二载,老妇忽先亡"、"行年虽五十,抱病入膏肓"之句,可证是诗作于此年秋。

珣请于陕西巡按毕懋康,重刻乃祖冯惟讷《诗纪》。

按:梨本《世录》引《康熙青州府志》"惟讷传"云:"孙珣令长武,请于按台毕公刻《诗纪》。"查《陕西通志》,毕姓任巡按者惟懋康一人,则毕公为懋康明矣。毕懋康,字孟侯,歙县人。万历二十六年进士。《明史》卷二四二有传。许学夷《诗源辩体》卷三六载冯惟讷"其孙珣,万历壬子改刻,而未尽正"。

万历四十一年癸丑(1613) 珣五十一岁,瑗四十二岁,溥五岁,士标四岁

冬,珣调咸阳县令下,返青州省亲。

青州本《世录》载郑国昌《长武邑侯冯公去思碑记》:"璞庵冯侯某,山东临朐人,于万历辛亥夏来令长武,迄癸丑冬,甫两年奇,德政洋溢,邑大治。持衡者不欲久私侯蕞尔之邑,请于朝,改令咸阳。父老士绅难于去侯,如赤子之失乳母也,谋树碑石,以永去思、示将来。"

万历四十二年甲寅(1614) 珣五十二岁,瑗四十三岁,溥六岁,士标五岁

春,珣赴咸阳任。

《康熙临朐县志》卷三《冯氏世家·冯珣》载:"公至咸阳,以

治长武之治治之。横宗悍族民所素苦者,公则毅然于强弱无所吐茹。无何,甫揩衽席,而公罹内艰归。"

《(乾隆)咸阳县志》卷十《官师·县令》:"马(冯)珣,号璞庵,山东临朐人,拔贡,大宗伯琢庵之弟也。雄才大略,重修文武二陵、周太二墓,治咸逴跞诸公。政未报最,以丁艰解任,后升汉中府同知,不阿权要,政声丕著。"

四月,瑷服阕,进京候补。夏秋间,补湖南道。未赴任而改开原道。

《栗庵冯公行状》:"公矍然起,束整至都,补湖南道。比行,冢宰郑公来唔曰:'吾误矣!世有人如公须重用者,湖南无足烦公治。吾误矣。'抵家而改开原之命下。开原居辽北境,孤悬斗绝,老弱兵数千,刍饷不时至,面面环夷。公为搜乘简练,振乏卹厄左右,橐鞬日驰骛戎马间。创宰赛于清阳,抚赉诸夷于庆云堡,诸夷詟服。"

《栗庵冯公墓志铭》:"公矍然起,束装至京,补宪湖南。且行,辞部宰郑公,熟视其气度曰:'吾误矣,此君岩岩可当要地,湖湘无足烦者。吾误矣。'公抵家而改开原之令下。"

按:瑷此年服除,故任开原道当在本年。郑公,即郑继之,字伯孝,襄阳人,嘉靖四十四年进士。《明史》有传。

九月,有敕封珣文林郎、赠亡妻张氏为孺人。

梨本《世录》收《陕西西安府咸阳县知县冯珣并妻敕命》:"奉天承运,皇帝敕曰……尔陕西西安府咸阳县知县冯珣,英标玉立,亮节渊澄,文成华国之章,政有传家之谱。……兹以岁月,授尔阶文林郎,锡之敕命……朕且有不次之擢。钦哉。……尔陕西西安府咸阳县知县冯珣妻张氏,秉规名阀,俪德儒英……是用赠尔为孺人,祗承紫泥之华,永赉彤管之誉。万历四十二年九月二十九日敕命之宝。"

约是年,珂因避仇至咸阳。

冯珣《弟用鸣至咸阳三首》其一有"汝行为避地,吾志更忧天",其二有"问汝经行路,崎岖远避人。谁知摇落后,但保别离身"等语,可知冯珂为避仇而至。

万历四十三年乙卯(1615) 珣五十三岁,瑗四十四岁,溥七岁,士标六岁

正月初一,珣作《元日怀弟德韫却寄四首》。

> 梨本《世录》载《元日怀弟德韫却寄四首》题注"时弟在辽阳",其四有"别汝何多日,回看已二年"。上推二年,为1613年,时冯瑗丁忧家居,冯珣则由长武返家省亲。

三月,子临妻李氏卒,珣由咸阳归奔母丧。

> 车本《世录·奉祀神主》:"显曾祖妣诰赠一品夫人李氏,行一,神主生于嘉靖十六年丁酉(1537)奉阴六月初七日亥时,卒于万历四十三年乙卯三月初三日卯时,享年七十九岁……孝曾孙溥奉祀。"按:李氏以曾孙溥贵诰赠一品夫人。
>
> 《康熙临朐县志》卷三《冯氏世家·冯珣》:"公至咸阳……无何,甫措袵席,而公罹内艰归。"

瑗在开原,整饬戎务,振厉士气。

> 《栗庵冯公墓志铭》:"公之辽,行视亭障,阅士马刍粮,周询宿将老卒,得知奴始末情势,愕然曰:'危哉辽也,难以济矣。'于是益自振厉,夙夜治兵,常如寇在门庭者。军气日振,边人恃以无恐。开原旧以火器千人戍北关,公曰:'闻古守在四夷,未闻为夷守者,盍使归以实行伍?'当事者不听。"

是年青齐间大饥,玑等分粟救贫。

> 《明待封质庵冯公行状》:"乙卯,岁大荒,十村九空,饿殍载道,饥人相食。公哀之,觇所余粟尚二百余石,遂计口给散。后因不继,又募善人缘以广之,其素所称贷者悉焚其券,赖以全活者近三百余家。"
>
> 清张敦仁《临朐编年录》:"四十三年乙卯夏,大旱,蝗。秋,大饥,父子相食。……自四月不雨,秋禾赤地。八九月蝗蝻蔽野,食麦苗俱尽。冬无雪,饥民刮木皮和糠秕食之。死者枕籍道路,先犹刮尸肉而食,至有生刮其肉至尽而眼犹视人者。甚则父母杀其

女,其夫至则分啖焉。乘急贩捎掠夺妇女者络绎于道不绝,此天地间一大变也。"《益都县图志》卷六《通志下》:"(万历)四十三年,大饥,人相食。"

溥就外傅读书。

《易斋冯公年谱》:"四十三年乙卯,先生七岁,就外傅。"

万历四十四年丙辰(1616)　珣五十四岁,瑗四十五岁,溥八岁,士标七岁

正月,努尔哈赤于赫图阿拉即大汗位,建元天命,国号大金。六月,辽东有盗女真木材及参者,女真捕杀之,抚臣李维翰责之,边事遂陷僵局。瑗责以大义,努尔哈赤诛十人于界。

《栗庵冯公行状》:"境外有盗奴木与参者,奴捕害之,堡官以掠杀报,抚臣责奴,奴不受罪。嗣因遣使来贺,执而囚之,欲其请而加罪,奴故不请。无何,乃以属公。公以大义责奴,奴特听从,为诛行凶者十人于界,曰:'吾强为冯公屈也。'"

《栗庵冯公墓志铭》:"边人盗木盗参,奴捕害之,堡官以掠杀报。抚臣罪,不服,后遣使入贺,乃执而囚诸狱,欲其请而罪之。奴患,故不请。久之无措则以属公。奴素公威信,以情入诉,公以大义折之,奴屈听罚,诛行凶者十人于界上,曰:'吾特为冯公屈,非心服也。'恨抚臣日深,将伺间发。"

按,明边境与努尔哈赤构衅,冯瑗与努尔哈赤谈判,追究凶手,努尔哈赤偷梁换柱、瞒天过海,以其俘虏送于明方杀之。《清太祖努尔哈赤实录》卷五:"(天命元年)六月庚子朔。是时明沿边之民每岁越境,窃采我国参、矿、树木、果蔬之属,扰害无已。上闻之曰:'昔与明立石碑、刑白马,誓告上天,原欲禁其扰乱。今明之边民数扰吾地,我即戮其潜越边界之人,岂为过乎?'命达尔汉侍卫扈尔汉遇越边窃采之人辄杀之,约五十余人。时明以李维翰巡抚广宁,上命纲古里、方吉纳二人往见,维翰执纲古里、方吉纳并从者九人,械系之。遣使来告曰:'吾民出边,尔宜解还,何遽杀也?'上曰:'昔建石碑,其誓辞有云:"若越边之人,见而不杀,殃及

不杀之人。"今何不顾前盟而强为之辞也！'使者不听,言:'为首杀吾民者,侍卫扈尔汉也,执以抵罪则已,否则自兹多事矣。'以此言相要挟,上不允。使者曰:'此事已上闻,乃不容隐者。汝国岂无有罪之人,何不执之边上,杀以示众,此事遂已。'上欲明释我国十一人还,即于狱中取所浮（俘）叶赫国十人至明抚顺关杀之,明乃归纲古里、方吉纳等。"

溥父士衡授以《左传》、《国语》及秦汉唐宋杂文。

《易斋冯公年谱》："丙辰,先生八岁,孝丰公取《左传》、《国语》及秦汉唐宋诸杂文命先生读。先生初难之。塾师谓'非幼学所宜',孝丰公不顾也。已而塾师谢之去。"

是年,林有麟刻《冯用韫先生北海集》四十六卷。

万历四十五年丁巳（1617） 珣五十五岁,瑗四十六岁,溥九岁,士标八岁

正月,鞑靼东部宰塞纵兵掠开原。

六月,珣服除。

八月,诸臣除瑗外皆受惩处。

《神宗实录》卷五六〇"万历四十五年八月"："（乙未）,兵部左侍郎崔景荣覆开原失事诸将官罪次,备述宰赛造衅之由与报复焚掠之惨,李向日等号令不传,赵时雍等哨瞭不远,杜应奎、杨守清等收敛不严,除道臣冯瑗免议外,如杜应奎、杨守清悉应如法究处,李向日原以失事遣戍,仍当解发原卫。至宰赛结姻奴酋,深怀叵测,必砺兵秣马申谕严禁以待之。上是其议。"

秋冬之际,冯珣进京候补。

万历四十六年戊午（1618） 珣五十六岁,瑗四十七岁,溥十岁,士标九岁

珣在京,与公鼐、王象春、李若讷等会于京师。

公鼐《浮来先生诗集》卷七有《与季韫别八年,戊午春夜会于

燕邸,不胜今昔之感,已出其新诗,共季重、季木读之》。按:公㝢(1569—1619),字敬与,号浮来山人,蒙阴人,公鼐弟。万历二十五年举人,仕至工部主事。有《浮来先生诗集》。王象春(1578—1632),字季木,号虞求,又号木仲,新城人。万历三十八年进士第二,历官至南吏部郎中。工诗文,负时名,有《问山亭集》。李若讷(1572—?),字季重,临邑人。万历三十二年进士,历官历四川参政。著有《四品稿》、《五品稿》等。四人为明末山左诗坛之代表。

四月,努尔哈赤攻陷抚顺。顷败总兵张承荫。瑷守开原,努尔哈赤独不敢犯。

《栗庵冯公行状》:"奴即与北关为难,不敢赴广顺关者十年。遂请前贡,附建州贡验于辽阳。辽阳道顾公难之,奴遂并建州贡不验。公移之书曰:'诸夷部敕书相噬相袭,所从来矣。中国之御夷狄,若饲狙然,添此一层继绊,更于边疆无益也。持小信而开大患,恐自此多事矣。'顾公得书不能决,奴遂乘抚顺互市期夺关,掳游击李永芳而去。初意不过执我将官以讲南国之贡,及闻中国兴兵挞伐,实惴惴焉。彼时若遣使宣谕,顾可及止;则不然慎事重发,徐伺其隙图之,岂至决裂不可收拾。公移文当事者,往来反覆,当事者不能听,遂檄总镇移兵亟走往讨,公复止之曰:'贼已居内地,难与争锋。不若深沟高垒,休养士卒,以俟援兵集,且勿轻进。'总镇复不听,二日行四百里,果入贼伏中,贼翼击之,全军悉没。辽东西震恐,人无固志。公在孤城中九月,奴兵日日出旁掠,独望开原引避而不敢犯。""已而言不用,知辽必亡。孤城自婴,卧戈枕甲,抑郁焦劳,形神瘁敝,见者骇公受病之深不自觉也。嗣是添设经略、新抚镇相继视事,援兵稍稍集,誓师有期。公复条具奴之可亡者十而我之可虑者亦十。语具在《黄龙焚草》中,顾与经台凿枘戾也。继因谒抚台行至鞍山,疾作,还署昏朴,移日始苏,吐血数升。时公眷先归里,独长公士偁守视之,乃为急请经台,得揭即请放公归,固知公疾真非公志也。"

《栗庵冯公墓志铭》:"奴先并南关,得其敕书,每于抚清间冒赏,至是宪臣峻拒之。公贻书曰:'公执大信,独不闻饲狙者乎?

饵夷之赏,一彼一此,忍小费以弭大衅,可勿问也。'复不听。奴遂决裂。抚顺既失,抚臣迫大将急讨之,用以赎罪。二日行四百里,公止之曰:'兵贵神速者,乘不意也。奴知天讨不赦,处处设伏。以疲兵入重地,无忧蹶乎?'复不听。一军尽亡,全辽震动,人无固心。公在孤危中,日激励将士保完城堡。奴四掠旁境,不敢睨目开原,知公有以待之也。"

按:抚臣指辽东巡抚李维翰,大将即张承荫。《明史》卷二五九《杨镐传》及《李维翰传》对此年战事皆有记载:"四十六年四月,我大清兵起,破抚顺,守将王命印死之。辽东巡抚李维翰趣总兵官张承荫往援,与副总兵颇廷相等俱战殁。远近大震,廷议镐熟谙辽事,起兵部右侍郎,往经略,既至,申明纪律,征四方兵,图大举。""李维翰,睢州人。万历四十四年以右副都御史巡抚辽东。辽三面受敌,无岁不用兵。自税使高淮朘削十余年,军民益困。而先后抚臣皆庸才,玩愒苟岁月。天子又置万几不理,边臣呼吁,漠然不闻,致辽事大坏。及张承荫覆没,维翰犹获善归。至天启初,始下吏论死。"

《明神宗实录》卷五六八"万历四十六年四月":"庚寅朔,建酋奴儿哈赤诱陷抚顺,城中军千总王命印死之,李永芳降……抚臣李维翰、督臣汪可受相继告急,调兵请饷,揭疏沓至。"

《清太祖实录》卷五"天命三年戊午夏四月":"壬寅巳刻,上率步骑兵二万征明。临行,书七大恨告天……永芳得书冠带立城南门上,言纳款事,又令军士备守具,我兵见之,树云梯,不移时登其城,永芳遂冠带乘马出城降。"蒋良骐《东华录》卷一:"天命三年三月,征明,临行书七大恨告天。其词曰……遂率步骑二万围抚顺城,游击李永芳降,抚顺、东州、马根单三城及台堡悉下,抚顺守将王命印死之。广宁总兵张承荫率师往援,我军乘风奋击,大破之,张承荫及副将颇廷相、参将蒲世芳等皆战死,士卒逃归者十无一二。"

珣有诗寄瑗。

梨本《世录》载冯珣《寄四弟德韫,时备兵开原,虏变,袭破三城,大将张承胤全军尽覆,辽左告急,赋此讯之》四首,其四:"孑守孤城上,心摧转战余。庚人忧国计,司马念军需。世事危难挽,愁心郁不舒。无由图晤语,聊此寄双鱼。"

春夏间,珣补河间府交河县令。

《康熙临朐县志》卷三《冯氏世家·冯珣》:"服阕,补令交河。交当南北孔道,势处烦难,公游刃其间,官民两无病矣。职满,当事者仍以秦之兴安州措公。时属邑率多凋残,每值令缺,属它邑篆皆逡巡退,公以余力代之,裕如也。"

《光绪临朐县志》卷十四冯珣本传:"服阕,补知交河县。升兴安州知州……累迁汉中同知,适瑞藩开邸第,珣董其成。"

《(民国)交河县志》卷五《职官·官师表》:"冯珣,山东临朐县选贡士,万历四十六年任。"

是年,溥外祖父白采授之学。

《易斋冯公年谱》:"又二年戊午,先生十岁,孝丰公延先生外王父白公讳采者授先生书。白公为诸生,有盛名,顾性颇严刻。先生读书务领会,不事攻苦,白公督责之……久之,先生诵读忽有解,取孝丰公所给,《书》经、《左》、《国》以下皆卒业了了。又久之,先生乃发愤,穷极经史,旁及外氏六通五觉十秘九府之书。目追手录,以至俯仰观察,推步占验,奇门遁甲三命六壬诸学皆亲为图画,张之屏幛以求必得。又久之弃去。故先生学如左海,元元本本,随处流见而未尝见于一用。"

六月初一,璋卒。

车本《世录·奉祀神主》:"显伯考茂陵卫经历府君冯公讳璋,字孟韫,行一,神主生于嘉靖三十四年(1555)乙卯三月初五日寅时,卒于万历四十六年戊午六月初一日未时,享年六十四岁。葬于尧山之东。侄士铉奉祀。"按,冯璋(1555—1618),子益长子,惟健长孙,袭武秩,官至茂陵卫经历。

岁暮,瑗因病辞归。途中经交河,访珣,五日而别。

梨本《世录》载冯珣《舍弟德韫以病解开原任,过绛阳,留五日而别》:"誓师期死国,病骨藉生还。身老参苓里,名藏水石间。心仍昔日壮,貌减旧时颜。归去沧洲卧,无营意自间。"

万历四十七年己未(1619)　　珣五十七岁,瑗四十八岁,溥十一岁,士标十岁

正月,经略杨镐与总督汪可受、巡抚周永春等议四路出兵。三月,杜松兵遇努尔哈赤,大败,诸路皆溃。

　　《明史》卷二五九《杨镐传》:"大学士方从哲、兵部尚书黄嘉善、兵科给事中赵兴邦等皆以师久饷匮,发红旗日趣镐进兵。明年正月,镐乃会总督汪可受、巡抚周永春、巡按陈王庭等定议以二月十有一日誓师,二十一日出塞。兵分四道:总兵官马林出开原攻北;杜松出抚顺攻西;李如柏从鸦鹘关出趋清河攻南;东南则以刘綎出宽奠,由凉马佃捣后,而以朝鲜兵助之。号大兵四十七万。期三月二日会二道关并进。天大雪,兵不前,师期泄,松欲立首功,先期渡浑河,进至二道关,伏发,军尽覆。林统开原兵从三岔口出,闻松败,结营自固。大清兵乘高奋击,林不支,遂大败,遁去。镐闻,急檄止如柏、綎两军,如柏遂不进。綎已深入三百里,至深河,大清兵击之而不动。已,乃张松旗帜,被其衣甲绐綎。既入营,营中大乱,綎力战死。惟如柏军获全。文武将吏前后死者三百一十余人、军士四万五千八百余人,亡失马驼甲仗无算。败书闻,京师大震。"

　　《神宗实录》卷五七九"万历四十七年二月":"乙卯朔,经略辽东杨镐奏:恭报师期大彰天讨,会同蓟辽总督汪可受、巡抚周永春、巡按陈玉庭集议既定,约令镇道各官于二月十一日俱至辽阳之演武场,酌量兵马,分为四路:(略)"卷五八〇"三月甲申朔":"总兵杜松等师出抚顺关,陷没……松奋勇喜功,介马疾驰,而奴亦素惮松,因厚集伏兵以诱之入,遂为所中。说者谓其刚愎寡谋所不免焉。""乙酉,开铁总兵马林失利,监军兵备道佥事潘宗颜死之。"

　　《栗庵冯公行状》:"先是,北协以开原所近奴北鄙,势远而孤,欲袭以示功者,公谨戒勿发,因以此中饷司,饷司转经台,以故经

台急请公归,奏饷司领其事。后开原兵出获奴八十余级,奴兵反向,遂殁开原,饷司死焉。公在开原而开原存,公才去而开原亡,此足以见公矣。公归至关,犹陈剿奴利害,娓娓数千言,纤悉具备。当事者又不能听。及闻五路进兵,公拍案呼曰:'兵不振矣,我兵分而奴合,一路溃而诸路悉溃,败道也。'既而兵果败绩,公仰天太息曰:'不用吾言,遂至于是。吾生不能报国,死有余憾!'"

蒋良骐《东华录》卷一:"天命四年……二月,明经略杨镐率总兵杜松、赵梦麟、王宣、刘綎、李如柏、马林,副将贺世贤、麻岩,道员张铨、康应乾、阎鸣秦、潘宗颜等,统兵二十万,号四十七万,于三月初一日出边,分四路进攻,并趋我都城。三月二十九日,明总兵杜松等督兵六万出抚顺关而南,侦卒以明兵进董鄂境告……于是分右翼二旗与左翼四旗合攻之,不移时破其营,而所遣助吉林岩之兵自山驰下,击明兵,右二旗兵渡河夹击明兵之在界凡山麓者,大破其众,杜松、王宣、赵梦麟等战死,追奔二十里。时马林营于尚间岩,严兵自卫;潘宗颜一军距西三里外……太祖亲驰至尚间岩,明兵突至,大贝勒怒马入其阵,二贝勒阿敏、三贝勒莽古尔泰与众台吉等,各鼓勇急进,明兵大败,斩其副将麻岩等,马林遁免……战方酣,大贝勒率左翼兵自山西夹攻,明兵溃,我兵追击,与刘綎(綖)遇,綎(綖)仓卒不及阵,遂战死……杨镐闻三路兵败,急撤李如柏、贺世宁等还。"

六月,努尔哈赤攻陷开原。

《神宗实录》卷五八三"万历四十七年六月壬子朔":"甲戌,大学士方从哲题:奴酋已陷开原,辽沈势不可保。举朝大小臣工于文华门外合词叩吁,乞下京营总兵、蓟辽总兵及阅视科臣与增发兵饷等事,大奋乾断,立赐批行。不报。"

《清太祖实录》卷六"天命四年"六月:"辛酉,上率兵四万取明开原城。"蒋良骐《东华录》卷一:"六月,率兵四万取明开原城,明总兵马林、副将于成龙、参将高真、游击于守志、守备何慰官皆殁于军。"

珣升兴安州知州。

按:四库全书本《陕西通志》卷二二"兴安知州"一栏中,万人表等二十人属万历年间在任者,其中冯珣、张继孔列于最后,可知万历年间任兴安知州者,珣迁后尚有后任,可推知珣迁兴安当在本年。

万历四十八年庚申(1620) 珣五十八岁,瑷四十九岁,溥十二岁,士标十一岁

约是年春,士杰北上谒选。不久,补南前府都事。

　　《于高冯公行状》:"迨辽左有事,公愤然曰:'亲老矣,且欃枪明耀,天步方艰,谁能坐视讹信?……'遂禀命愿选北选……既而闻命,得补南前府参军……遂奉太夫人以往……寄迹者八月,例有入贺之役。"按,"入贺之役"当指熹宗登极,前推八月,则在本年三四月间,而北上谒选则在本年初或上年末。士杰谒选暂系于此。

四月,琬妻王氏卒。

　　车本《世录·奉祀神主》:"显妣孺人王氏……生于万历十七年己丑月日时无考,卒于万历四十八年庚申四月二十六日寅时,享年三十二岁……孝子士献奉祀。"

秋八月,士衡入国子监为贡生。

　　《康熙临朐县志》卷三《冯氏世家·冯士衡》:"泰昌元年,恩拔于乡。"《光绪临朐县志》卷十四本传:"冯士衡,珣子,泰昌元年选贡。"按,本年七月神宗崩,光宗继位一月而崩,以本年八月后为泰昌元年,冯士衡之恩贡当因光宗登极之恩,故当在八月。

天启元年辛酉(1621) 珣五十九岁,瑷五十岁,溥十三岁,士标十二岁

珣在兴安任,移书宗族兄弟祭祀祖茔等事。

　　按:《冯氏世录·志录、祭仪、贴》中录冯珣《兴安移书》,云:"吾窃自愧自歉,吾今年已五十有九。"则知此书信作于本年。

本年,努尔哈赤攻破沈阳、辽阳。

> 蒋良骐《东华录》卷一:"(天命六年)三月,大军征明,攻沈阳城,明兵出城御我,我师纵击,明兵七万俱溃,阵斩总兵贺世贤、尤世功等,拔其城,尽歼其众。……辛酉,至辽阳东南……明兵大溃。……明旦复战,明兵又败,我右四旗兵亦登城。明经略袁应泰督战城东北镇远楼,举火自焚,守道何廷魁投井死,监军道崔儒秀自缢,总兵朱万良等俱战殁,擒御史张铨,其余官民皆雉发归顺。"

士杰升南前军都督府经历司都事。

> 《于高冯公行状》:"寄迹者八月,有入贺之役……是年升本府正参军。"

天启二年壬戌(1622) 珣六十岁,瑗五十一岁,溥十四岁,士标十三岁

三月,珣在兴安,朝廷有诰命赠父母及妻。

> 梨本《世录》载《陕西兴安州知州冯珣父母诰命》、《陕西兴安州知州冯珣并妻诰命》,落款均为"天启二年三月二十九日制诰之宝"。

夏,珣迁汉中府同知。兴安州民为立生祠。

> 青州本《世录》载祁伯玉《兴安州守青齐冯公生祠碑记》:"使于是致词曰:兴安徼天之幸,得青齐冯公一意抚循,三年于兹,感恩者靡不渍肌浃髓,佩德者率皆倾念输心,人人思久任而长游化日,深挹和风……近日国家东西抢攘,局内乏人,当事者烛照冯公材堪营缮,推毂督瑞藩土木,而登之荐矣……天启二年岁在壬戌季夏之吉赐进士第兵部右侍郎前巡抚陕西甘肃等处地方赞理军务都察院右佥都御史滑台祁伯玉撰。"
>
> 《康熙临朐县志》卷三《冯氏世家·冯珣》:"未几,瑞藩剪桐,命于汉中开邸第,晋公郡丞董其成。时中贵人用事,而群小猾胥辈方欲因缘奸利其中。公为烛其弊窦、杜其漏卮,更拓城西地百余亩以足邸额,而居民不苦于转徙。于是拂中贵溪壑之欲,遂借

蹉使劾疏,谬以傲骨为公病。公归及期,而衔公者犹多方萋组。"
　　按:瑞藩,即神宗子常浩之府第。《明史》卷一二〇《诸王列传》:"瑞王常浩,神宗第五子。初,太子未立,有三王并封之旨,盖谓光宗、福王及常浩也。寻以群臣争,遂寝。二十九年,东宫立,与福、惠、桂三王同日封……天启七年之藩汉中。"瑞王府始建于天启元年,《陕西通志》卷十四:"天启元年,因建瑞藩展北二丈十步。崇祯十五年,关南道李应选复加修浚。"

约本年末,士杰进京述职。
　　《于高冯公行状》:"南都戎政废久,士马教养全亏,糗刍罅漏,军实渐衰,蒙虎皮于枭质,饱豚肩以鸠形。公独刓弊扶残,进旗鼓而振励之,抚饥寒而噢咻之,不敢以无事处废事,不敢以散曹为赘曹。于是弱弁振起,人有拔旗穿札之风烈,何非公培恤深谊不任解推之力也乎?扬厉一载,再离白门,捧表进贺,遇覃恩,授奉直大夫,复任胡广司副郎,正缺实,公握篆虽五日,京兆而知无不为,言无不尽矣。"

天启三年癸亥(1623)　　珣六十一岁,瑗五十二岁,溥十五岁,士标十四岁

士杰升南京前军都督府经历。
约是年,士槩以荫选官,授太仆寺寺丞。

天启四年甲子(1624)　　珣六十二岁,瑗五十三岁,溥十六岁,士标十五岁

本年,士杰赐阶奉直大夫。
　　梨本《世录》载《南京前军都督府经历司经历冯士杰并妻诰命》:"奉天承运,皇帝制曰:……尔南京前军都督府经历司经历冯士杰,乃原任礼部尚书兼翰林院学士赠太子少保琦之子,卓为国桢,蔚参时彦……兹以覃恩,授尔阶奉直大夫,锡之诰命。於戲!尔父文敏文章经济严然具瞻,厥用弗究,天下悲之。尔食其报,旧

德可不念哉!……初任南京前军都督府都事,二任南京前军都督府署经历司都事、三任实授今职。制曰:……尔南京前军都督府经历司经历冯士杰妻王氏……是用封尔为宜人,祗承翟批,弥儆燕私。天启四年月日制诰之宝。"

十二月,瑗卒。珣作《哭四弟德韫参知四首》。

车本《世录·奉祀神主》:"显考……府君冯公讳瑗,……卒于天启四年甲子十二月十四日子时,享年五十三岁……孝子士份奉祀。"《栗庵冯公行状》:"(公)卒于天启甲子十二月十四日,享年五十有三。"《栗庵冯公墓志铭》:"公生于隆庆壬申二月十四日,卒于天启甲子十二月十四日,春秋五十有三。"

梨本《世录》载冯珣《哭四弟德韫参知四首》其一:"门忝衣冠族,百逾二十年。先人惟积德,后嗣罕称贤。吾弟忽云殁,谁能更绍前。悲哉成异世,不敢问高天。"其二:"三载黄龙塞,归来未改官。众人期再起,一骨竟先寒。岂识天将乱,先求己自安?阖门相对泣,不忍举头看。"

天启五年乙丑(1625)　　珣六十三岁,溥十七岁,士标十六岁

三月初,珣于族内设立二会,以修祠墓、备荒年。

本年,溥娶妻房氏。

《易斋冯公年谱》:"天启五年乙丑,先生十七岁,娶夫人房氏。"

十月初一,珣率子侄辈祭于冯裕之墓,并作祭文。

梨本《世录》载冯珣《祭文》:"维天启五年,岁次乙丑,十月朔日丙子,不孝曾孙珣谨以刚鬣柔毛庶品香楮之仪,致告于曾祖考闾山府君、曾祖妣伏氏之墓曰:自我曾祖起家辽左,迄今盖百一十余年矣。于时不为不久,科第不为不多。客岁十二月冬中,四弟瑗云殁,科第遂绝。科第既绝,家声自是不振。曾孙珣极为不肖,不能督率一家子弟,贤者而教之读,又不能约束一家子弟,不才者而教之睦。嫌隙渐生,攘夺渐起,珣虽无人无事不尽力化诲,其如人之不悔祸(过)何?近于春三月初间立为二会,一曰修祠墓用

钱,城中子孙主之;一日备荒年用谷,冶源子孙主之。各就其家产厚薄,出钱出谷有差。遵行者固多,间亦有一二有后言者,听其言便可见其心……曾孙珣于一家弟侄,虽有亲有从,有再从,有五服将尽者,而一念恳诚笃爱之意,未尝分而为两。每语诸弟侄曰:凡我冯氏子孙,皆系闾山老爷骨血,余皆以闾山老爷子孙视之,此其言人人在耳,非饰说也。惟曾祖考鉴察之。"

天启六年丙寅(1626)　　珣六十四岁,溥十八岁,士标十七岁
春,士䄎满考。三月,父母及生母夏氏、妻曹氏并受封诰。

梨本《世录》收录诰敕三封:《太仆寺丞冯士䄎父母诰命》:"奉天承运,皇帝制曰:……尔原任礼部尚书兼翰林院学士赠太子少保谥文敏冯琦,乃太仆寺丞士䄎之父,经世文章,格天道术。简重著立朝之大体,温恭昭事上之小心。粤从史局,宫僚以至佐铨;典礼清涂,周践休问畅宣。玉匣缄词,编拟诗书。无愧金华,劝讲道非尧舜不陈;抡秀锁闱,罗网尽中原麟凤;储才秘馆,薰陶多沼上夔龙。澄叙当乎品流,寅清表于凤夜。乃兆梦琼之异,遂遗忘鉴之思。旧德堪追,新纶宜贲。是用覃恩,晋尔阶资德大夫,仍尔官。……制曰:……尔原任礼部尚书兼翰林院学士赠太子少保谥文敏冯琦妻累封夫人姜氏,乃太仆寺丞士䄎之嫡母……是用覃恩加封尔为太夫人……天启六年三月二十九日。"《太仆寺丞冯士䄎生母敕命》:"奉天承运,皇帝敕曰:……尔夏氏乃太仆寺丞冯士䄎之生母……虽养未沾于钟釜,而泽尚恋乎栖橼,是用覃恩,赠尔为安人……天启六年三月二十九日。"可知夏氏此时已卒,卒于何年待考。《太仆寺丞冯士䄎并妻敕命》:"奉天承运,皇帝敕曰:……尔太仆寺丞冯士䄎,隽望承家,翼猷显世……兹以覃恩授尔阶承德郎,锡之诰命……敕曰:……尔太仆寺丞冯士䄎妻曹氏……是用覃恩封尔为安人……天启六年三月二十九日。"

是年,溥为益都县诸生。

《易斋冯公年谱》:"十八岁丙寅,补益都县学生。时提学使者为梦原项公,颇简重,不可干以私。覆试日,执先生卷,亟称之,且谓先生曰:'幸自爱,他日非凡器也。'"

崇祯元年戊辰(1628)　　珣六十六岁,溥二十岁,士标十九岁
五月初三日,琦妻姜氏卒。

　　车本《世录·奉祀神主》:"显妣诰封太夫人姜氏,行七,神主生于嘉靖三十八年己未(1558)十二月初一日丑时,卒于崇祯元年戊辰五月初三日酉时,享年七十岁……孝子士璩奉祀。"

崇祯二年戊辰(1629)　　珣六十七岁,溥二十一岁,士标二十岁
士衡入京谒选,岁暮,授孝丰县令。

崇祯三年庚午(1630)　　珣六十八岁,溥二十二岁,士标二十一岁
春,士衡赴孝丰县,子溥居青州。

　　《易斋冯公年谱》:"二十二岁庚午,孝丰公筮仕,得湖州孝丰县知县。留先生守家,先生往来定省者凡数年。"《康熙临朐县志》卷三《冯氏世家·冯士衡》:"崇祯庚午,授浙江湖州孝丰令。丰在万山中,深篁茂树,溪洞蜿蜒。且地连瓯粤,而俗刁旷,称难治。公至,持己以廉平,敷政以和易。有控于庭者,公谕以至情,人皆感泣。"《(光绪)孝丰县志》卷五《职官志·名宦》:"冯士衡,……崇祯三年以明经令孝丰,治历七年,爱民如子,均徭役以正版图,禁追呼以省差费。修学宫,培士气。以孝丰掇科第者寡,为构奎光、镇北二楼,从形家言也。是年获俊二人,作人明效也。公余课士谈经,所甄拔皆名俊,称人伦冰鉴。崇祀名宦。子溥读书署中,丁亥成进士,官文华殿大学士兼刑部尚书。"同卷《职官志·县令》载:"冯士衡,山东临朐恩贡,三年任,见《名宦》。"

崇祯四年辛未（1631）　珣六十九岁，溥二十三岁，士标二十二岁

溥长子治世生。

　　《易斋冯公年谱》："崇祯元（四）年辛未，先生二十三岁，子治世生。"按：冯治世，字虞臣，庠生。

崇祯五年壬申（1632）　珣七十岁，溥二十四岁，士标二十三岁

是岁，孔有德反，青州戒严。

　　《易斋冯公年谱》："二十四岁壬申，孔有德反，青州戒严。"

崇祯六年癸酉（1633）　珣七十一岁，溥二十五岁，士标二十四岁

琰谒选，授四川璧山县令。

　　《光绪临朐县志》卷十四本传："崇祯六年谒选，除知四川璧山县。"

秋，士标中举。

　　张印立《明待封质庵冯公行状》："癸酉，宗尼君登贤书，捷闻，公略不为异。"

　　张敦仁《临朐编年录》卷六："（崇祯六年）秋举乡试二人：张印立、冯士标。"

　　梨本《世录》载冯旭《朝议大夫福建按察使司闽海道副使宗尼冯公行述》（下简称《宗尼冯公行述》）："癸酉举于乡。"

　　《光绪临朐县志》卷十四"冯士标"："崇祯六年领乡荐，十三年举进士。"

溥补廪膳生。

　　《易斋冯公年谱》："二十五岁癸酉，补廪膳生。"

十一月，子益继妻陈氏卒。

　　车本《世录·奉祀神主》："显妣敕封孺人陈氏，行囗，神主生

于嘉靖三十四年乙卯十二月初八日申时,卒于崇祯六年癸酉十一月二十六日未时,享年七十九岁。"

崇祯八年乙亥(1635)　　珣七十三岁,溥二十七岁,士标二十六岁

琰卒。

　　车本《世录·奉祀神主》:"显考四川璧山县知县府君冯公讳琰……卒于崇祯八年乙亥三月初四日申时享年四十八岁……孝子士猷奉祀。"

九月,诰封冯士衡父母及夫妇。

　　梨本《世录》载《浙江湖州府安吉州孝丰县知县冯士衡父母诰命》:"奉天承运,皇帝制曰:……尔原任陕西汉中府同知冯珣,乃浙江湖州府安吉州孝丰县知县士衡之父……是用晋尔阶,封尔为奉政大夫,锡之诰命……制曰:……尔赠宜人张氏,乃浙江湖州府安吉州孝丰县知县士衡之母……是用赠尔为宜人……崇祯八年九月□制诰之宝。"《浙江湖州府安吉州孝丰县知县冯士衡并妻敕命》:"奉天承运,皇帝制曰:……尔浙江湖州府安吉州孝丰县知县冯士衡……授尔阶文林郎,锡之敕命……敕曰:……尔浙江湖州府安吉州孝丰县知县冯士衡妻白氏……兹用封尔为孺人……崇祯八年九月□制诰之宝。"

崇祯九年丙子(1636)　　珣七十四岁,溥二十八岁,士标二十七岁

溥应府学预试,与高珩、赵进美、孙廷铨订交。

　　高珩《栖云阁文集》卷六《三君子序》:"始予乙亥善病……乃过晤韫退(赵进美)……阅岁候试青州,而冠玉少年谒来相顾,则介黄(孙廷铨)云。入试场,乃与孔博席相邻,初不知也,易试卷看姓名,则相揖道幸甚。"

子渐妻徐氏卒。

车本《世录·奉祀神主》:"显妣孺人徐氏,行□,神主生于嘉靖三十三年甲寅(1554)七月二十六日戌时,卒于崇祯九年丙子六月二十八日午时,享年八十三岁……孝子璪奉祀。"

士俌卒。

车本《世录·奉祀神主》:"显考恩贡府君冯公讳士俌,……卒于崇祯九年丙子十月十二日辰时,享年四十六岁……孝子雍奉祀。"

士衡以治行最入京师。寻谢病归。因受诬,上京申辨。子溥随至京师。

《易斋冯公年谱》:"二十八岁丙子,孝丰公以治最行取入都。时司马公春秋高,孝丰公不欲仕,遂谢病归。无何,孝丰县典史解钱粮京师,与户部书办博为厂卫人所持,其书办诬服云:'非博也,实典史解钱粮贿我银八两耳。'事闻,孝丰公以原任上官诖误入都辨白,先生往来都下者又二年。时四川花君上苑、广东宋君兆和亦以诖误留京师,与先生游览唱和无虚日。会刑部尚书郑公三俊者,君子也,谓孝丰公曰:'典史赇书役,毋论其事之有无,藉有之,与县官何与?汝第归,吾自为汝白之,勿复累也。'于是先生随孝丰公归。"《康熙临朐县志》卷三《冯氏世家·冯士衡》:"公莅丰凡七年,膺荐剡者八,两经奏最。丙子,举卓异,入觐,以书役查算钱粮事互讦罗织,遂註(诖)误,罢归去任。"

按:《青州明诗钞》卷四载冯士衡《寄内》:"风满篷窗月满船,幽人夜起自流连。低头忽忆家千里,独对清光已七年。"士衡自崇祯三年任孝丰令至本年已七年,故有是诗。

是秋,溥赴乡试下第。

高珩《三君子序》:"丙子偕试省下……既而三人放归,韫退以第一人售去。"

崇祯十年丁丑(1637) 珩七十五岁,溥二十九岁,士标二十八岁

子复妻何氏卒。

车本《世录·奉祀神主》:"显妣孺人何氏行囗,神主生于嘉靖三十九年庚申(1560)九月二十六日囗时,卒于崇祯十年丁丑二月二十日囗时,享年七十七岁……孝子瓒奉祀。"

珣居家,将家族祭祀诸事托付儿孙辈主持。

珣《父字示儿士衡、士鹏、士奎,孙涵、溥、灏、澄、济、泳知悉》:"子孙之奉祀祖先,岂徒在此仪物哉,惟注一念诚敬,藉物以致此孝思云尔……余今七十五岁,余二十岁后,家中大小诸事老爷尽付于我。庄农且然,况于他乎?余今两腿俱病,二年于兹,非人扶掖,一步不能自移,此汝辈之所亲见者,而可主祭祀耶?即主祭祀,行礼惟借汝等,不如将坟墓诸祭一切付汝辈管理。先日开单领钱治办,务要丰洁,不可苟且简慢。我生前如何,死后可知,详且细审,勿得忽略。"

崇祯十一年戊寅(1638) 珣七十六岁,溥三十岁,士标二十九岁

溥赁青州城西药王庵僧舍,读书其中。是年清兵破兖州,寻破济南。

《易斋冯公年谱》:"三十岁戊寅,先生以累赴乡试不利,赁城西药王庵僧舍,读书其中。……时录科青州旧例,学使将按临府县,先试之而上其名。知府钱君良翰者,绍兴人也,由进士起家阅卷,拔孙文定公廷铨第一,先生次之,又次则今少司寇高公珩也,大言云:'三人者,必以是科中。否则,不复相天下士矣。'是年大兵破兖州,又破济南,掳其藩王去,青州戒严。"

按:溥《佳山堂集》卷五《〈寄药王庵僧四首〉序》:"家居时,读书此庵,遇三月三日上冢回,每步至其处。今别十余年矣,因作四诗寄守僧,以为后日重游之券云耳。"其二有"十年羸马任东西"之句,可推知此诗当作于顺治六年(1649)前后。

崇祯十二年己卯（1639）　珣七十七岁，溥三十一岁，士标三十岁

琰妻周氏卒。

> 车本《世录·奉祀神主》："显妣孺人周氏，神主生于万历十九年辛卯四月初二日巳时，卒于崇祯十二年己卯四月初八日未时，享年四十九岁……孝子士猷奉祀。"

是秋，溥举于乡。高珩、孙廷铨亦中举。

> 《易斋冯公年谱》："三十一岁己卯，先生与孙、高二公同举于乡。报至，先生方熟睡，家人呼之不醒。太夫人大惊，令扶先生起，以水噀之亦不醒，举家偟徨。时先生梦登泰山，似有召者拥雾气蓬勃而上，回视十八盘、天门历历如平时所见……寤则鼻息犹有酒气焉。"《光绪临朐县志》卷十二《科贡》："崇祯十二年己卯：冯溥，士衡子，举人。"

崇祯十三年庚辰（1640）　珣七十八岁，溥三十二岁，士标三十一岁

二月十九日，珣卒。

> 车本《世录·奉祀神主》："显祖考……府君冯公讳珣，卒于崇祯十三年庚辰二月十九日巳时，享年七十八岁……孝孙溥奉祀。"

三月，溥会试下第。

> 《易斋冯公年谱》："三十二岁庚辰，先生会试下第，值王父司马公卒，孝丰公高年哀毁得怔忡疾。是冬，葬司马公尧山祖茔侧。"

士标中进士，归家省父玑。

> 《明待封质庵冯公行状》："庚辰，我皇上以保民四事下诏郡县，吾朐方图有修之役……是岁，尊尼君捷南宫，公手诫曰：'昔П为人子，今日为人臣。未克孝，其何能忠？我家世受国恩，当克尽忠，勿以老耄为念，勿忘勿忽！'"冯旭《宗尼冯公行述》："庚辰大比，得捷南宫。奉假省先君。"

张敦仁《临朐编年录》卷六:"(十三年)登杨琼芳榜进士二人:来仪、冯士标。"

本年,士价、士份选为贡生。

《光绪临朐县志》卷十二《科贡》。

是年临朐、益都一带大旱。

张敦仁《临朐编年录》卷六:"(十三年)大旱、蝗。麦禾菽斗各二千有奇。粥厂饿殍如山。市有公鬻人肉者。群盗蝟起。"冯旭《宗尼冯公行述》:"庚辰岁大饥,人相食,十村九空,饿殍载道。先君哀之,将所余粟计口给散,恐后不继,又募善人缘以广之,其素所称贷者悉焚其券,赖以全活者三百余家。"

冬,溥兄弟葬祖珣于尧山祖茔。

崇祯十四年辛巳(1641) 溥三十三岁,士标三十二岁

二月,瑗妻郇氏卒。

车本《世录·奉祀神主》:"显妣诰封宜人郇氏,行二,神主生于隆庆六年壬申七月十二日酉时,卒于崇祯十四年辛巳二月二十三日午时,享年七十四岁……孝子士份奉祀。"

三月,玑卒,士标守丧。

冯士标《明隐君质庵冯公行实》:"府君……卒于崇祯十四年三月二十三日午时,得寿六十有七。"

车本《世录·奉祀神主》:"显考……府君冯公讳玑……卒于崇祯十四年辛巳三月二十三日午时,享年六十七岁……孝子士辉奉祀。"

《明待封质庵冯公行状》:"公生于万历三年九月初八日寅时,卒于崇祯十四年三月二十三日午时,得寿六十有七。"

冯旭《宗尼冯公行述》:"辛巳春,大父偶得小疴,朝夕侍寝膳,吁天求代,问医问卜,日无宁晷。至季春大父捐馆,擗踊哀痛,昏绝数次。"

五月,士衡及其妻白氏先后卒,溥居丧。

车本《世录·奉祀神主》:"显考浙江湖州府吉安州孝丰县知县赠光禄大夫文华殿大学士兼刑部尚书加一级府君冯公讳士衡……卒于崇祯十四年辛巳五月初九日未时,享年五十九岁……孝子溥奉祀。"

车本《世录·奉祀神主》:"显妣敕赠一品夫人白氏,行三,神主生于万历十五年丁亥四月二十五日巳时,卒于崇祯十四年辛巳五月十五日未时,享年五十五岁……孝子溥奉祀。"

《易斋冯公年谱》:"三十三岁辛巳,孝丰公卒。时太夫人遘疾方愈,闻变,一恸亦卒。两丧相距只六日,先生哭昼夜不止,亦气绝如属纩。然医者云:'是哭泣伤藏耳,五气结塞,匪药可疗,俟其偃蹇一二日当醒也。'已而果然。是冬葬孝丰公、太夫人于云门之新阡。"

七月,子蒙妻刘氏卒。

车本《世录·奉祀神主》:"显婶妣旌表贞节孺人刘氏,行三,神主生于嘉靖三十四年乙卯(1555)六月十九日午时,卒于崇祯十四年辛巳七月十九日辰时,享年八十七岁……侄珣奉祀。"按:冯珣上年卒,《世录》记子蒙妻刘氏神主由珣奉祀,当为《世录》之讹误。

是年,高珩访溥于青州,游冶源。

高珩《三君子序》:"孔博连丁内外艰,予东游一过其家,留城南别墅,信宿而别。"

崇祯十五年壬午(1642)　溥三十四岁,士标三十三岁

六月初六日,士杰卒。

车本《世录·奉祀神主》:"显考南京户部员外郎府君冯公讳士杰……卒于崇祯十五年壬午六月初六日午时,享年四十五岁……孝子溁奉祀。"《于高冯公行状》:"(公)卒于崇祯十五年六月六日午时,享年四十五岁。"

十二月,清兵攻青州,不克。

《易斋冯公年谱》:"三十四岁壬午,大兵攻青州,州人惧城陷,

皆挈家避城外。先生云：'出城将安之？且家口露处，安所得食？生死俟命可也。'既而出城者皆被害，而城内无恙。"《益都县图志》卷六《通志下》："（崇祯）十五年冬十二月，大清兵略地至城下，攻之不克，遂东去。指挥黄桓死之。"

崇祯十六年癸未（1643）　溥三十五岁，士标三十四岁
溥守制不赴会试。

《易斋冯公年谱》："三十五岁癸未，先生守制不会试。"

春，清兵屯莒州、诸城等地，临朐戒严。三月，清兵屯于瀰河。

张敦仁《临朐编年录》卷六："十六年癸未……大兵屯莒州、诸城、寿光，临朐城戒严，至三月始解。是时，督师范、总镇刘各将步骑数千，声言剿敌，其实避敌不击，借名打粮。所至焚杀淫掠，视贼更惨，而朐敝矣。"《益都县图志》卷六《通志下》："（崇祯）十六年春三月，大清兵自登莱回，次于瀰河，夏四月乃去。"

九月，高珩中进士。

高珩《三君子序》："癸未予七月上公车，冯（溥）犹在衰绖中。赵以八月入都门，寓青州公馆，与予寓相邻也。放榜后，予幸售，与韫退朝夕往来。"按，会试本在二月，因时局动荡，九月始举。

崇祯十七年、清顺治元年甲申（1644）　溥三十六岁，士标三十五岁
七月，珂卒。

车本《世录·奉祀神主》："显考秀监生府君冯公讳珂……卒于崇祯十七年七月十八日……孝子□□。"

房可壮《范吾行状》："（公）卒于崇祯十七年七月十八日亥时，得寿六十有六。"

六月，清廷命王鳌永招抚山东，驻青州。十月，李自成部赵应元诈降入城，斩王鳌永。寻清兵至，讨平赵应元，并屠城。

《易斋冯公年谱》:"三十六岁甲申,即大清顺治元年,青州人杀闯贼伪官。时先生在山中,不与闻。既而户部侍郎王君若鳌奉命招抚山东,驻扎青州城。时闯贼前锋赵应元、参谋杨王休尚拥精兵五百余,诣城诈降,王君受之。左右执不可,君不从。应元等至,即驰入察院,缚王君斩之。且据王府,以恢复为名,招集亡命数千人,张伪谕,遍抚诸属县。越十七日,大兵至,阳与贼讲和,遂入城屯北门城楼。是夕,斩应元等并头领数十人。遍搜城中贼,尽歼之。城中人多被剽卤。先生以劳敝熟睡,未觉也,大兵过,一若不见。有门者及启门,则门外之尸满矣。"

蒋良骐《东华录》卷五:"(顺治元年)十月乙卯朔,上定鼎燕京……梅勒章京和托等奏:'臣等率师至山东,流贼旗鼓赵应元等诈降,入青州,杀招抚侍郎王鳌永,据其城。臣等往援,擒斩赵应元等,复青州。'"

《益都县图志》卷六《通志下》:"六月,遣户部右侍郎王鳌永招抚山东。秋七月,王鳌永抚定青州郡县,赍故明衡王朱由𣙜降书以闻。请蠲免山东钱粮如河北例,从之。冬,流贼余党诈降,杀侍郎王鳌永,梅勒章京和托等讨平之。"

清顺治二年乙酉(1645) 溥三十七岁,士标三十六岁

士标、溥同赴清廷谒选。士标授兵部武选司主事,寻升陕西按察司佥事,溥归。

冯旭《宗尼冯公行述》:"乙酉策骞谒选,擢授兵部武选司主事。月余,升陕西按察司佥事,分巡关内道。是时地方初定,流寇余党仍肆猖獗,有巨贼货(贺)珍率兵百万,自乙酉冬抄围长安城,百计攻击。先君擐甲登陴,率众御之。至九日九夜,矢石火炮环城不绝,攻之愈力守之愈坚。正月五日贼乃退,城池仓库赖以保全。"

四库全书本《陕西通志》卷二三《职官》"分巡关内道":"冯士标,山东临朐人,顺治二年以副使任。"

《易斋冯公年谱》:"三十七岁乙酉,有司敦请谒选,先生至京

师,既而归。"高珩《三君子序》:"乙酉,予有事青州,一晤孔博。次年,同介黄赴阙下……孔博亦以候选入都,数日归。"

顺治三年丙戌(1646)　溥三十八岁,士标三十七岁
三月,李自成余党刘二虎掠商州,士标击走之。

《宗尼冯公行述》:"未几,所属商州有贼首刘二虎者等领兵数万破城劫掠,总督孟某檄先君拯之。先君披甲临阵,攻拔城池,恢复地方,贼寇逃遁。期月之内,妖氛尽歼,悉归王化。"按,本年三月,刘二虎掠商州,何洛会败之,士标当参与此战。

溥会试中进士。

《易斋冯公年谱》:"三十八岁丙戌,会试中式。时以乏资费,未放榜即归。"

《山东通志》卷十五"丙戌科:顺治三年傅以渐榜":"冯溥,临朐人,三百七十五名。"《光绪临朐县志》卷十二《科贡》:"顺治三年丙戌:冯溥,丁亥殿试,文华殿大学士,谥文毅,有传。"

《清史列传》卷七《冯溥》:"顺治三年进士。四年,补殿试,改庶吉士。"

福格《听雨丛谈》卷九《乡会试典故》:"(顺治)三年丙戌会试,中式者四百人,不分南北中卷,山东一省中至九十九人。所取之士,大拜者四人,聊城傅以渐、高阳李霨、柏乡魏裔介、临朐冯溥。……临朐冯,丁亥年补殿试。"

李元度《国朝先正事略》卷三《名臣·冯文毅公事略》:"顺治三年丙戌进士,丁亥补廷试,选庶吉士,寻授编修。"

溥以乏资未赴殿试,归里隐居。

高珩《三君子序》:"丙戌,孔博成进士,未廷对即归,予亦以请告南矣。十月,介黄典秦试归里,北上过予,为荡舟之游。孔博时徜徉里门,有安石东山之兴,数作书召予。"

顺治四年丁亥(1647)　溥三十九岁,士标三十八岁
春,溥北上赴廷试。

《佳山堂集》卷五有《丁亥二月予以廷试北上，过临邑，宿旅店中，半夜闻警，罔知所避，同店中男妇窜伏荒田荆棘中，迨晓方归，途中口占》。

溥补殿试，中二甲。

　　《易斋冯公年谱》："三十九岁丁亥，复行会试。先生至京，补殿试，得二甲，授庶吉士。"

　　《山东通志》卷十五"丁亥科：顺治四年吕宫榜"："冯溥，临朐人，十四名。"

士标在关内道任，修复栈道，清军得以入川。

　　《宗尼冯公行述》："丁亥岁，王师西下四川，流贼烧毁栈阁以自固守，数百里内道路阻绝，先君披坚执锐，督率监修，旬月之间完好坚固。栈道复通，王师得以无阻。"

顺治五年戊子（1648）　溥四十岁，士标三十九岁

春，溥任庶吉士，读书馆中。

　　《易斋冯公年谱》："四十岁戊子，读书馆中。"《佳山堂集》卷五有《春日读书馆中戏柬诸同年》。

士标擢陕西布政司右参议兼按察司佥事，守允吾，进京述职，遂东还省觐。溥以诗送之。

　　《宗尼冯公行述》："戊子，擢允吾。地与番邻，几经回兵残破，人民逃避，靡有孑遗。先君设法招抚，轻徭薄赋，捐俸赈恤，近说远来，无不诚服，而民始得稍苏。"

　　按：溥《佳山堂集》卷四《春日送关内道宗尼叔东还省觐五首》注云："叔在任，平商洛贼数万。"其一云："久役秦关梦，忻逢燕市春。风前人易醉，战后语多新。柳眼窥行路，桃花笑别人。如何方聚首，却令泪沾巾。"

顺治六年己丑（1649）　溥四十一岁，士标四十岁

四月，溥授翰林院编修。

《易斋冯公年谱》:"四十一岁己丑,散馆,授翰林院编修。"《清史列传·冯溥》:"六年,授编修。"《清世祖实录》卷四三"顺治六年夏四月己丑朔":"己亥……授庶吉士梁清标、冯溥、李昌垣、黄机为内翰林弘文院编修。"

冯琬卒。

车本《世录·奉祀神主》:"显考庠生府君冯公讳琬……卒于顺治六年己丑十一月二十二日辰时,享年六十三岁……孝子士献奉祀。"

顺治八年辛卯(1651)　溥四十三岁,士标四十二岁

秋,溥奉使颁诏江宁,沿途有诗。

《易斋冯公年谱》:"四十三岁辛卯,先生奉使颁诏江宁,并苏、松、常、镇诸府。"

按:《佳山堂集》卷四有《宿迁》、《天妃闸》、《邗关》、《瓜步》、《真州》、《登金山寺》、《登焦山》、《岳州谣》等诗,《宿迁》有"寒沙雁羽秋",《邗关》有"涛来秋气壮",《真州》有"江岸秋花发",《登金山寺》有"铁笛正横秋",均可证明时为秋季。

八月,士标满考,诰封父母及妻刘氏。同日,冯溥亦满考受封。

梨本《世录》收《整饬庄浪兵备道兼理马政屯田水利陕西布政司右参议兼按察司佥事冯士标父母诰命》及《整饬庄浪兵备道兼理马政屯田水利陕西布政司右参议兼按察司佥事冯士标并妻诰命》,时间均为"顺治八年八月二十一日"。

冯溥亦同日受封,《内翰林弘文院编修冯溥父母诰命》及《内翰林弘文院编修冯溥并妻诰命》,时间亦为"顺治八年八月二十一日"。

顺治九年壬辰(1652)　溥四十四岁,士标四十三岁

春,溥任本年会试同考。

《易斋冯公年谱》:"四十四岁壬辰,会试同考,得张暧等二十三人。"法式善《清秘述闻》卷十三《同考官类一·顺治九年壬辰科会试》列同考二十人,其中"编修冯溥字孔博,山东益都人,丁亥进士。"《冯文毅公事略》:"壬辰,分校礼部试。"

士标迁四川建昌道副使。

《宗尼冯公行述》:"壬辰,升四川建昌道副使。"

顺治十年癸巳(1653)　溥四十五岁,士标四十四岁

五月,溥升司经局洗马兼修撰。七月,升侍读。

《易斋冯公年谱》:"四十五岁癸巳,升司经局洗马兼修撰。未几,升侍读。"

《清史列传·冯溥》:"十年五月,迁司经局洗马。七月,迁国史院侍读。"

《清世祖实录》卷七五"顺治十年五月丙寅朔":"丙子,升侍讲学士梁清标为詹事府詹事兼内翰林秘书院侍读学士……冯溥为司经局洗马兼内翰林国史院修撰。"卷七七"十年七月甲午朔":"乙卯,升詹事府少詹事胡兆龙为詹事兼内翰林秘书院侍读学士……司经局洗马冯溥为内翰林国史院侍读。"

顺治十一年甲午(1654)　溥四十六岁,士标四十五岁

七月,溥升国子监祭酒。

《易斋冯公年谱》:"四十六岁甲午,升国子监祭酒。旧例:考课拨历出咨给假皆有献,先生悉禁之。惟按期课士亲阅试卷,务使学术一底醇正。会秋试录科,或谓每科监元必以当科中式为胜,今抢卒恐未必得。先生笑答曰:'安知一顾无良马也?'既而以全椒吴国对卷置第一,果以是科中式,戊戌廷对第三人。"《清史列传·冯溥》:"十一年,授国子监祭酒。"《清世祖实录》卷八五"顺治十一年甲午秋七月戊子朔":"甲辰,升内翰林国史院侍读冯溥为国子监祭酒。"

冯雍选为贡生。

《光绪临朐县志》卷十二《科贡》。按,冯雍,冯士俑子,冯瑗孙,官至府通判。

顺治十二年乙未(1655)　溥四十七岁,士标四十六岁

士标改福建按察司副使,溥有《送宗尼叔之闽中海道任二首》。

九月,行至浙江,病卒。

《宗尼冯公行述》:"乙未,改福建按察司副使,巡视海内道。维时先君病初起,且资斧缺然。先君慨然就道。……行至浙江,复感时症,忽尔见背。"

车本《世录·奉祀神主》:"显考中宪大夫福建按察司副使府君冯公讳士标……卒于顺治十二年乙未九月初六日巳时,享年四十六岁……孝子旭奉祀。"

是岁,徐乾学入国子监。

徐乾学《憺园集》卷十九《太子太傅益都冯公年谱序》:"予小子以乙未岁入成均,公方为祭酒。受知最深,得悉公生平大概。公居家廉俭,食不过二豆。好读书,至老不倦。抱卷吟哦,萧然如寒士。性洞达无城府,闻非礼之言,即义形辞色。"

溥是岁访友人魏象枢。

魏象枢《寒松堂全集》卷五《次韵同年冯易斋先生见过,可亭家兄与坐》,有句"惟有清刚宜盛世,宝箴应献御前屏"。

王士禛中进士。

顺治十三年丙申(1656)　溥四十八岁

正月,溥升弘文院侍讲学士。十二月,转秘书院侍读学士。

《易斋冯公年谱》:"四十八岁丙申,升侍讲学士。"《清史列传·冯溥》:"十三年正月,迁弘文院侍讲学士。十二月,转秘书院侍读学士。"

《清世祖实录》卷九七"顺治十三年丙申春正月庚辰朔":"癸

未,(上)又谕曰:'自古治平天下,莫大乎孝……兹欲博采群书加以论断,勒成一编,名曰《孝经衍义》,特命冯铨为总裁,冯溥、黄机、吴伟业、王熙、曹本荣、姜元衡、郭棻、宋之绳为编纂官。'"壬辰,补原任少詹事王崇简为詹事府少詹事兼翰林弘文院侍讲学士……国子监祭酒冯溥为内翰林弘文院侍讲学士。"

顺治十四年丁酉(1657)　溥四十九岁
士桀卒。
　　车本《世录·奉祀神主》:"显叔考户部江西司主事府君冯公讳士桀……卒于顺治十四年丁酉八月十二日寅时,享年五十七岁……孝侄溁奉祀。"
溥转侍读学士。
　　《易斋冯公年谱》:"四十九岁丁酉,转侍读学士。考四品满,赐币二、羊酒各一。"

顺治十五年戊戌(1658)　溥五十岁
帝幸内阁,独重溥。
　　《易斋冯公年谱》:"五十岁戊戌,是时世祖章皇帝屡幸内阁。一日,指先生谓诸大学士曰:'汝等以何者为翰林?朕视冯溥真翰林也。'"《冯文毅公事略》:"累迁秘书院侍读学士,世祖幸内阁,指公谓阁臣曰:'朕视冯溥乃真翰林也。'"
　　《清史稿·冯溥传》:"世祖幸内院,顾大学士曰:'朕视冯溥乃真翰林也。'"
　　《佳山堂二集》卷三《予告赐游西苑纪恩诗》其十:"犹记先皇语,臣无忝翰林。官阶隆鼎鼐,老病只侵寻。一德虚难副,两朝望已深。游歌欣雨露,何以惬初心。"
九月,溥充《通鉴全书》纂修。
　　《清世祖实录》卷一二〇"顺治十五年九月乙未朔":"壬子,以詹事沙澄、侍读学士石申、冯溥、黄机,侍讲学士方悬成、庶子曹本荣、原任中允宋之绳、修撰史大成、编修宋德宜、王泽弘充纂修

《通鉴全书》官。"

顺治十六年己亥(1659)　溥五十一岁
九月,溥进吏部右侍郎。十一月,遭弹劾,帝置不问。

《清世祖实录》卷一二八"顺治十六年九月":"壬午……升翰林院侍读学士冯溥为吏部右侍郎,仍兼翰林院侍读学士。"

王先谦《东华录》顺治三十三:"(九月)壬午,转石申为吏部左侍郎,以冯溥为吏部右侍郎。由翰林院侍读学士迁。"

《易斋冯公年谱》:"五十一岁己亥,升吏部右侍郎。新例:学士皆兼内阁衔,不得复升侍郎。故先生以侍读学士佐铨焉。是时尚书为孙文定公廷铨,左侍郎为石公申。先生到任日,二公皆以目眚暂假,值各省学道缺,部郎不副,以知府补之。已经吏礼二部会同议放,而给事中张惟赤妄以徇私劾先生。有旨命先生回奏,先生奏略云:'臣初任吏部,此事同礼部公议,非臣一人所得私也。且徇庇何人?张惟赤既能发觉,亦何妨指名题参,而故为悬揣之词以快私意,何以服众?'世祖章皇帝曰:'吾固知冯溥不为也。'置不问。"

《清史列传·冯溥》:"十六年九月,擢吏部右侍郎。十一月,给事中张维赤疏言:'向例,各部郎中等咨送学道,听候吏部掣签,遇别项应升缺出,理合扣留。今郎中吴六一等待掣学道,竟行别补,显系朦混徇私。'上命吏部回奏,时尚书孙廷铨、侍郎石申并暂假,溥奏言:'学道员缺,以各部送到郎中、员外、主事考补,乃旧例也。此次已奉特旨停考,止论俸深部员及知府应升者补用。吴六一等虽经保送,不复候考,学道遇别项缺出,应即升补,实非朦混。臣初任吏部,此事同礼部公议,非臣一人所得行私。'奏入,事得释。"《冯文毅公事略》:"擢吏部右侍郎,会各省学道缺,部郎不副,以知府补之。经吏部共议奏,而给事中张惟赤以徇私劾公。有旨令回奏,公疏辩,世祖曰:'吾固知冯溥不为也。'置之不问。"

《清史稿·冯溥传》:"十六年,擢吏部侍郎……时尚书孙廷铨、侍郎石申并乞假;给事中张维赤因劾溥徇私,溥疏辩。上曰:

'朕知溥不为也!'置勿问。"

按:梨本《世录》收《吏部右侍郎兼翰林院侍读学士冯溥祖父母诰命》、《吏部右侍郎兼翰林院侍读学士冯溥父母诰命》及《吏部右侍郎兼翰林院侍读学士冯溥并妻诰命》,皆题日期为"顺治十四年三月初十日",该年冯溥始转侍读学士而未升吏部侍郎,当是《世录》传抄有讹。

顺治十七年庚子(1660) 溥五十二岁
是岁考察,溥奉旨考满官。

《易斋冯公年谱》:"五十二岁庚子,京堂三品以上官自陈。忽奉严旨黜去满尚书科尔坤及两侍郎,而独留汉官在部。先生偕孙公等上疏云:'部事满汉同办,今满臣得罪,汉臣安得免?臣等无状,伏候皇上一体处分。'有旨着供职,不必求罢。会满堂官缺,将以汉官考满官。未便,复疏请补满堂官,奉旨令。先生等得考察满洲大小官员,而先生等复疏辞谓:'汉人官员臣等不辞嫌怨,自行考察;若满洲则素无生平,第令其人当前,犹不能别识其面目而记其姓与氏也,况得而定其优劣哉。'奉旨会同五部尚书及都察院考察,此一时破例,其重先生等若此。"

顺治十八年辛丑(1661) 溥五十三岁,协一一岁
是岁,世祖崩。玄烨继位。

《易斋冯公年谱》:"五十三岁辛丑,世祖章皇帝升遐。皇上幼冲登极,四大臣同秉国政。有御史李秀者,旗下人,先以京察被黜而怨之,至是夤缘复故官,遂列四款参先生,谓先生为故相刘正宗党人,其主铨选时,尚书孙廷铨目昏不能视文书,侍郎石申多病不进衙门,而某以一手遮天,部事徇私,任行改易旧例。其言皆荒谬,无实据,先生一一面奏。奉旨谓:'李秀诬奏大臣,肆口横詈,殊不合理,着严饬行。'"按,李秀参冯溥事在康熙二年,此处当为《年谱》误记。

七月,孙廷铨乞假,溥有诗送之。

《清圣祖实录》卷三"顺治十八年秋七月":"辛亥,吏部尚书孙廷铨乞假省亲,允之。"

《佳山堂集》卷五有《送太宰孙枚先假还》。

八月,协一生。

赵执信《中宪大夫福建台湾府知府退庵冯君墓志并铭》:"君生于顺治辛丑八月十日。"

康熙元年壬寅(1662) 溥五十四岁,协一两岁

九月,溥转吏部左侍郎。

《清史列传》冯溥本传:"圣祖仁皇帝康熙元年,转左侍郎。"

《清圣祖实录》:"(康熙元年九月)甲戌,转吏部右侍郎冯溥为左侍郎,以原任吏部左侍郎梁清宽为吏部右侍郎。"

康熙二年癸卯(1663) 溥五十五岁,协一三岁

四月,溥被御史李秀所参。

《清圣祖实录》卷九:"(康熙二年四月甲寅)广东道御史李秀、疏参吏部尚书孙廷铨、左侍郎冯溥、溺职徇私。命孙廷铨冯溥明白回奏。"

《易斋冯公年谱》:"五十五岁癸卯,先生给假回籍。"《清史列传·冯溥》:"二年四月,御史李秀疏劾:'……'上谕责李秀恣词诟詈,仍命廷铨与溥回奏……七月,溥乞假迁葬。"

溥疏乞假获允。

《佳山堂集》卷五有诗《春日给假将归先寄乡中亲友》二首。

七月,冯溥乞假迁葬。

《清圣祖实录》卷九"康熙二年七月丙寅朔":"乙未,吏部左侍郎冯溥乞假迁葬,允之。"

康熙三年甲辰(1663) 溥五十六岁,协一四岁

冯虎臣中武进士。

按：冯虎臣，字孔武，临朐人。康熙二年中武举，本年参加武会试，中甲辰科武三甲榜武进士。宦迹不详。

康熙四年乙巳（1665）　溥五十七岁，协一五岁
夏，僧荜庵自京师赴青州探望冯溥，溥有《赠僧荜庵二首》。

《佳山堂集》卷五《赠僧荜庵序》："炎夏火流，山居卧疴，僧荜庵自京师不远千里过访，甚感其意，因赋近体二章为赠，时乙巳六月也。"

康熙五年丙午（1666）　溥五十八岁，协一六岁
七月，溥入都，以吏部左侍郎管右侍郎。

《清圣祖实录》卷十九"康熙五年秋七月庚辰朔"："戊戌，吏部左侍郎冯溥病痊，命以左侍郎管右侍郎事。"《清史列传·冯溥》："五年七月，命以左侍郎管右侍郎。"

《易斋冯公年谱》："五十八岁丙午，五月入都。七月，复补吏部侍郎。时四大臣欲各省差大臣二员设立衙门，于督抚之傍以廉督抚。吏部满尚书阿思哈侍郎太必兔议设衙门于各省，东西一切书役蒯隶人员听其招募颁与敕印等项，先生执不可。谓创造衙门费将不赀，内之伤度支，外之劳民力，毁房坏屋，势必不免。且国家设立督抚皆系重臣，今又不信，复遣两大臣，实逼处此东西相望而稽察之，甚无谓也。夫权太重则势相轧，势相轧则当之者碎，保无下属仰承左右讥苛为民害者。时太必兔蒙古人，性暴无礼，闻见先生语，则大恚，嗔目起，立张拳向先生。先生徐应曰：'鸡肋何足安尊拳哉？夫尔我等也，既系公议，汝必不容吾两议何耶？且议之可否自有圣裁，岂尔我所得而专主之？'时四司满汉官皆恐惧股栗，率书吏人等环跪先生前，请先生稍贬损从满议。先生曰：'国家大事，非汝等所知也。'坚执不可，疏遂上。上是先生议，其事得止。"《文华殿大学士冯文毅公溥事实》："康熙丙午，时四大臣欲省差大臣二员设立衙门于督抚之旁以廉督抚。吏部满尚书阿思哈、侍郎太必兔议设衙门于各省东西，一切书役蒯隶人员听其

招募,颁与敕印等项。先生执不可。"

按,《冯文毅公事略》将此事系四年,"康熙四年,停各省巡按,议遣大臣廉察督抚,每行省各二人,吏部尚书阿思哈、侍郎太必兔遂议设公廨、颁敕印,公执不可……太必兔性暴伉,闻公言大恚,瞋目起立,奋拳将殴公。"误。

康熙六年丁未(1667)　溥五十九岁,协一七岁

春,溥任会试副主考。建育婴会、万柳堂。

《易斋冯公年谱》:"五十九岁丁未,会试主考,得黄礽绪等一百五十人。时建育婴会于夕照寺,收无主婴孩,贳妇之乳者育之。就其傍买隙地种柳万株,名万柳堂。暇则与宾客赋诗饮酒其中,是年长孙肃生。"《冯文毅公事略》:"丁未会试,充主考官,奏设育婴堂于崇文门外,厥后宛平王相国熙继之,其式遂遍于天下。"

《钦定日下旧闻考》卷五六:"增育婴堂在广渠门内夕照寺西,本朝康熙元年建。臣等谨按,育婴堂创始于大学士金之俊、学士胡兆龙。继之者有冯溥、龚鼎孳、姚文然、赵之符、王熙,行之数十年。""增万柳堂在广渠门内,为国朝大学士益都冯溥别业。康熙时开博学鸿词科,待诏者尝雅集于此。检讨毛奇龄曾制《万柳堂赋》。今其基周围一顷余内有小土山,即昔莲塘花屿也。"

《清史列传·冯溥》:"六年,充会试副考官。明年,擢左都御史。"

《清圣祖实录》卷二一"康熙六年二月丙午朔":"辛亥……以户部尚书王弘祚、兵部尚书梁清标为会试正考官,吏部侍郎冯溥、内院学士刘芳躅为副考官。"法式善《清秘述闻》卷二《乡会考官类》:"康熙六年丁未科会试,考官:户部尚书王弘祚字玉铭,云南永昌人,庚午举人。兵部尚书梁清标字玉立,直隶正定人,癸未进士。吏部侍郎冯溥字孔博,山东益都人,丁亥进士。秘书院学士刘芳躅字增美,顺天宛平人,乙未进士。"

是年,文士数次雅集于万柳堂。朱彝尊有《万柳堂记》。

康熙七年戊申(1668) 溥六十岁,协一八岁

九月十五,溥升都察院左都御史。多指陈时政。因反对改批科钞忤鳌拜。

《清圣祖实录》卷二七"康熙七年五月丁酉朔":"辛亥……升吏部左侍郎冯溥为都察院左都御史。"

《易斋冯公年谱》:"六十岁戊申,升都察院左都御史,掌院事。先生首具王言不宜反汗一疏,谓当慎重于未有旨之先,不当更移于已奉旨之后。以是时盛京缺工部侍郎,多规避。已会推奉旨,不旬日而三易其人,故首及之。次有广东盗贼充斥总兵宜严加处分一疏,是时首相为班布尔善,恶先生言直,但拟旨云:'知道了。'上取先生疏阅之,即云:'此二本俱说的是,何以批知道了?'令改票,因得旨云:'这本说的是。'该部确议具奏时逃人法最严,先生疏根本之计,终及逃人大略。谓:'初年所逃皆系八旗战争所得之人,故禁之当严;今天下承平日久,或系投充,或系新买,或系入官,似此人等,即在地方有司尚难稽察,愚民无知,鲜有不为其所欺者,此非敢于抗朝廷之法也。臣以为若逃者系旧人则当用旧法,若系新人亦当稍示宽典,使督捕详议,分别以为定例,此亦本治之一端也。'又疏谓:'国家重兵多在闽粤,但各处驻防过多,恐转输易困。古者防边之士不带家口,及期则换。今皆携家而往,约略计之,十万之师,便有百万,途中口粮人夫及到地方一切养育之资,无一不取之朝廷。故藩王提镇其各处贸易虽曰扰民,其实不可禁止也。……其余敷陈时政有关民瘼者不可胜仆,即密疏入告,尚有请禁三藩贸易,酌议三藩买马诸疏,其稿不存,然载在政府,可稽也。"

《冯文毅公事略》:"戊申,迁左都御史,时有红本已发科钞,鳌拜取回改批,公奏言:'本章既经批发,不便更改。'鳌拜欲罪公,上特旨嘉公言,命辅政大臣此后当详慎批发。会盛京工部侍郎缺,规避者多,已会推奉旨矣,不旬日三易其人。公疏称'王言不宜反汉,当慎重于未有旨之先,不当更移于已奉旨之后'。又疏言'广东盗贼充斥,总兵宜严加处分'。首相班布尔善恶公言直,阁其

奏。圣祖取公疏览之称善,命饬部施行。时鳌拜晋太师,於二等公爵外,加赐一等公,专恣益甚,日与班布尔善等比党构陷,既族诛辅政大臣苏克隆哈,复矫诏杀大学士苏纳海、内大臣飞扬古、侍卫倭赫西住、折克图、觉罗塞尔弼及直隶总督朱昌祚、巡抚王登联等,满汉内外大臣莫敢撄其锋,其敢讼言其失者,惟公及侍读熊公赐履二人而已。"

《圣祖仁皇帝圣训》卷八:"(七月)辛酉,上谕大学士等曰:'朕自幼与旧时大臣同理国事,至十三岁亲政。颁恩诏时有奏误赦一人者,大学士李霨奏云:业已误矣,听之便。朕曰:宥人听其误,犹可也;若杀人听其误,可乎？李霨喜极涕零,奏云:圣谕诚可昭垂万世,臣甘待罪。曩朕与辅政大臣等共理政,时红批已发科抄之事,常有取回换本改批发出者。冯溥为给事中,奏云:凡事在内当即详定,已批出者不可反汗。遏必隆、鳌拜皆粗卤,即欲罪冯溥。朕以红批奏章所关甚要,冯溥言是,因于本上批奖之,自此遂无取回之事。'"

《清史列传·冯溥》:"时有红本已发科钞,辅政大臣取回改批。溥奏言:'本章既经批红发钞,不便更改。'鳌拜欲罪溥,上特旨嘉奖'溥所言是',谕辅政大臣此后益当详慎批发。"

按,冯溥忤鳌拜,虽冒大险,而因此获康熙帝之好感,其后入阁,当与此有关。

康熙八年己酉(1669)　溥六十一岁,协一九岁

溥上疏请旨严定失察官员处分例。又疏请省刑薄税。

《清史列传·冯溥》:"八年三月,溥因江南有捕役诬良、非刑毙命事,请旨严定失察官员处分例。又疏言:'皇上轸念民生穷困,令臣等各陈所见。臣以为欲民安居乐业,一在省刑……一在薄税……'得旨:'钱粮夏秋征收,本当允行,但国用尚在不敷,俟充足时,户部奏请更定。'"

《清史稿·冯溥传》:"八年夏,旱,应诏陈言,请省刑薄税……下户、刑二部议。"

五月,逮治鳌拜。

蒋良骐《东华录》卷九:"(康熙八年)五月,上以辅臣公鳌拜结党擅权,弗思悛改,命议政大臣等逮治鳌拜罪。"

康熙九年庚戌(1670) 溥六十二岁,协一十岁

三月,溥升刑部尚书,乞休,不允。

《清圣祖实录》卷三二"康熙九年三月戊午朔":"辛酉……转都察院左都御史冯溥为刑部尚书。""庚午,太子太保内国史院大学士杜立德、刑部尚书冯溥俱以老疾乞休,温旨慰留之。"

《易斋冯公年谱》:"六十二岁庚戌,升刑部尚书。先生甫到部,即有《愚民犯法日众朝廷教化宜先》一疏,上嘉纳之。未几,以年老疏请骸骨,不许。"《清史列传·冯溥》:"九年,擢刑部尚书。"《冯文毅公事略》:"庚戌,迁刑部尚书。甫莅任,即疏言愚民犯法日众,朝廷教化宜先。上韪其言。未几,引年请告,不许。"

颜光敏有诗贺溥。

颜光敏《乐圃集》卷四有《益都公晋大司寇喜赋》。

五月,诰封三代。

梨本《世录》收《刑部尚书冯溥祖父母诰命》、《刑部尚书冯溥父母诰命》及《刑部尚书冯溥并妻诰命》,后者曰:"奉天承运,皇帝制曰:……尔刑部尚书冯溥,性资端谨,才识宏通,俾掌比部,恪慎无惭于职守;宣劳政务,夙夜克矢乎寅恭。任用有年,小心益励;崇阶渐陟,历试能勤。欣兹庆典之逢,宜沛恩纶之宠。兹以覃恩,特授尔阶资政大夫,锡之诰命。於戲!恩推自近,乃弘奖夫崇阶;业广维勤,尚克承夫宠锡。钦予时命,励尔嘉猷!初任内翰林国史院庶吉士,二任内翰林弘文院编修,三任司经局洗马兼内翰林国史院修撰,四任内翰林国史院侍读,五任国子监祭酒,六任内翰林弘文院侍讲学士,七任内翰林秘书院侍读学士,八任内翰林秘书院侍读学士加一级,九任吏部右侍郎兼翰林院侍读学士,十任本部左侍郎,十一任本部左侍郎兼管右侍郎事,十二任加一级,十三任都察院左都御史,十四任今职。制曰:……尔刑部尚书冯溥

妻房氏……兹以覃恩封尔为夫人。……康熙九年五月初六日。"

康熙十年辛亥(1671)　溥六十三岁,协一十一岁
正月初七,宋琬邀冯溥、艾元徵、高珩。

　　宋琬《安雅堂未刻稿》卷七《人日请冯易斋司寇、艾长人总宪、高念东副宪启》。

二月初四,溥等充经筵讲官。

　　《清圣祖实录》卷三五"康熙十年二月癸未朔":"丙戌……命吏部尚书黄机、刑部尚书冯溥、工部尚书王熙、都察院左都御史明珠、礼部左侍郎常鼐、户部右侍郎田逢吉、刑部右侍郎多诺、中和殿学士折尔肯、保和殿学士达都、翰林院掌院学士折库纳、熊赐履、侍读学士傅达礼、史大成、侍讲学士胡密色、李仙根、国子监祭酒徐元文,充经筵讲官。"

十五日,溥授文华殿大学士。

　　《清圣祖实录》卷三五"康熙十年二月癸未朔":"丁酉,以刑部尚书冯溥为文华殿大学士。"亦见《清史稿·圣祖本纪一》、《清史列传·冯溥》。

　　《易斋冯公年谱》:"六十三岁辛亥,授文华殿大学士。有首荐原任光禄丞魏公象枢、兵部主事成性一疏;又以岁丰谷贱,有宜广行积贮一疏,上俱嘉纳之。"《冯文毅公事略》:"辛亥,授文华殿大学士。疏请于丰岁广行积贮,从之。"

十七日,上御经筵,溥有《上御经筵辛亥二月十七日侍班赐宴恭纪二首》。

十二月,溥患膝痛,有《膝痛行五首用东坡先生韵 辛亥除日作》。

康熙十一年壬子(1672)　溥六十四岁,协一十二岁
二月,溥往祭孔子。

　　《清圣祖实录》卷三八:"(十一年二月丁酉朔)遣大学士冯溥

祭先师孔子。'"

七月,溥上疏求去,不许。

《清圣祖实录》卷三九"康熙十一年闰七月甲戌朔":"癸巳,文华殿大学士冯溥以老乞休,慰留之。"

《易斋冯公年谱》:"六十四岁壬子,先生复上疏求去,有曰:'臣今年六十有四,筋力衰惫,机务何地,堪此昏愦?臣前任刑部时会以老病乞休,未蒙俞允;今相距又二年,精力愈衰,不得不冒昧再渎天听。'上曰:'不肯相助为理耶?朕岂不知卿年高,但六十四岁未衰也,俟卿七十乃休耳。'"《冯文毅公事略》:"明年复乞骸骨,圣祖云:'六十四岁未衰也,俟卿七十乃休耳。'"

溥疏请积贮。荐魏象枢、成性等。

按:《清史列传·冯溥》言疏请积贮及荐起魏象枢、成性皆在本年:"十一年五月,疏言:'直隶、山东、河南、山西、陕西二麦皆登,秋禾并茂。民间谷价每斗不过值银三四分。当此丰稔之时,宜广为积贮,以备荒年……'是年,荐起原任光禄寺丞魏象枢、兵部给事中成性,俱得旨以科道起用。"《清史列传·魏象枢》亦云:"康熙十一年,母忧服除,用大学士冯溥荐,授贵州道监察御史。满岁,晋四品卿衔,仍掌御史事。"《清史稿》冯溥本传未载此事,而魏象枢本传(卷二六三)载:"康熙十一年,母丧终,用大学士冯溥荐,授贵州道御史。入对,退而喜曰:'圣主在上,太平之业方始,不当以姑且补苴之言进。'"魏象枢《佳山堂集序》:"壬子入都以后,先生居揆席,枢列台班,体先生东华侍漏之劳,不敢轻渎。"而《年谱》言在上年,或为《年谱》误记,或为溥上年上疏,本年魏始被起用。

十二月,溥寿诞,友人法若真有诗。

法若真《黄山诗留》卷五《壬子十二月五日上冯相公易斋二首》,其一有"定业两朝重沂国,扶天八水见贞观"之句;其二云"肯访卢敖寄钓纶,可知调燮问何人。一言夜识星云色,千晦花迎海岳臣。自是求贤归博陆,岂关脱粟拜平津。吾家尚有《三都》在,留取封醅曲米春。(左太冲亦齐人,献赋张华,荐入秘书。公时有去志。)"按:法若真,字汉儒,号黄山、黄石,胶州人。顺治三年进士,官至安徽布政使,以事去官。十八年,冯溥以博学宏词荐之,不就试。然此诗求荐之意颇明。

康熙十二年癸丑(1673)　溥六十五岁,协一十三岁

正月,上幸南苑。溥有诗纪之。

《康熙起居注》"康熙十二年正月":"十九日庚寅,辰时,上服圆补黄袍,诣太皇太后问安毕,遂以大阅幸南苑。"冯溥《佳山堂集》卷四《扈从圣驾南苑阅武应制》题注:"是日上以前代朋党为戒。"按:据《清圣祖实录》卷六八"康熙十六年秋七月":"甲辰,上御便殿。召大学士等入,赐坐,论经史大义,因及前代朋党之弊。"然未载阅武事,幸南苑阅武当在本月。

二月,上赐宴。

《清圣祖实录》卷"十二年二月辛丑朔":"壬子,上御经筵,讲毕,赐大学士、九卿、詹事及讲官等宴。"

六月,上幸瀛台,溥有《癸丑六月上幸瀛台,赐诸王大臣宴,泛舟竟日,恭纪二首》。

《清史稿·圣祖本纪一》:"十二年癸丑春正月庚寅,上幸南苑,大阅。……六月……丁未,上御瀛台,召群臣观荷赐宴。"

七月,溥任重修《太宗实录》总裁。

《清圣祖实录》卷四二"康熙十二年秋七月戊辰朔":"壬午,以重修太宗文皇帝实录,命大学士图海为监修总裁官,大学士索额图、李霨、杜立德、冯溥为总裁官。"

八月,万柳堂成,溥有诗《癸丑八月万柳堂成志喜》、《客有欲为余种万柳者因预写其景》。

九月,溥任武会试主考,溥有诗《廷试武进士阅卷即事》二首、《武闱即事简同事诸公》、《和李坦园先生重阳武闱监射遇雨》、《和李坦园先生武闱监射再宿金刚寺志感》。

《清圣祖实录》卷三二"九月丁卯朔":"庚辰,以大学士冯溥

为武会试正考官,侍讲学士陈廷敬为副考官。"

十一月,上赐溥狐裘,溥有《癸丑仲冬上赐黑狐裘一袭,实出异数,恭纪》。吴三桂反。

> 《易斋冯公年谱》:"六十五岁癸丑,武会试主考。冬十一月,吴三桂反,时阁事旁午,先生早入晚出,不敢言去。"

> 按,冯溥本年主武闱,然《清史列传·冯溥》载:"十二年,充会试正考官,又充重修《太宗文皇帝实录》总裁官。"《冯文毅公事略》载:"癸丑典会试。冬十一月,吴三桂反,公不敢言去。"皆误为会试。

十二月,溥作《癸丑六十五岁初度二律》。

康熙十三年甲寅(1674)　　溥六十六岁,协一十四岁

吴三桂连陷沅州、长沙。耿精忠反。四川叛。

十二月,孙廷铨卒。

康熙十四年乙卯(1675)　　溥六十七岁,协一十五岁

正月,溥妻房氏卒。

> 车本《世录·奉祀神主》:"显妣诰封一品夫人房氏,行口,神主生于万历三十八年庚戌二月初四日申时,卒于康熙十四年乙卯正月初十日酉时,享年六十六岁……孝子治世奉祀。"《易斋冯公年谱》:"六十七岁乙卯,夫人房氏卒。"

九月,上赐阁臣锦缎貂皮,溥有诗《乙卯九月十八日上念天寒赐阁臣锦缎貂皮恭纪二首》。

是年建储礼成,内阁议恩赦,满臣以八旗逃人应不赦,溥不可。

> 《清史稿·冯溥》:"十四年,建储礼成,内阁议恩赦,满大臣以八旗逃人应不赦,溥不可,遂两议以进。诏下,阁臣画一奏闻,有谓当从满大臣议者,溥持之力,仍以两议进,上卒从之。"

十一月,吴三桂犯高州,连陷廉州。郑锦攻漳州,黄芳度

死之。

《清史稿·圣祖本纪一》:"十一月……壬寅,叛将马雄纠吴三桂兵犯高州,连陷廉州。命简亲王喇布自江西援广东。是月,郑锦攻陷漳州,海澄公黄芳度死之。戮其家。"

按:溥有《送少宗伯富云麓奉使还闽》,注云:"时闽疆初复,海澄公黄芳度全家殉难,朝廷嘉之,锡以王爵,予祭葬,谥曰'忠烈'。公以闽人奉使,乱后还乡,因宣朝廷德意,缙绅荣焉,赋赠。"

十二月初五,溥有诗《乙卯六十七岁初度》。十四日,诰赠曾祖父子临、祖父珦、父士衡为刑部尚书、文华殿大学士、加一级,曾祖母李氏、祖母张氏、母白氏、妻房氏皆为一品夫人。

梨本《世录》收《刑部尚书文华殿大学士加一级冯溥曾祖父母诰命》、《刑部尚书文华殿大学士加一级冯溥祖父母诰命》、《刑部尚书文华殿大学士加一级冯溥父母诰命》、《刑部尚书文华殿大学士加一级冯溥并妻诰命》,时间皆为"康熙十四年十二月十四日"。冯溥在京同年宴集,溥因事未预。

法若真《黄山诗留》卷五有诗《乙卯冬夜艾长人、于岱仙、任海湄招同谱宋子飞、冀公冶、王迂叟、林北海、刘公愚、孔心一、刘潜夫、魏环极、田兼三、朱小晋、马幼石咸集,时朱右军治礼中堂,冯易斋、李坦园秉政,皆未遑及也。於戏!从龙者三十年,而十八人落落长安子,亦以下走从诸公卿后,良可悲也,为之纪事》。

康熙十五年丙辰(1676)　溥六十八岁,协一十六岁

九月,刑部尚书艾元徵卒,溥有《挽大司寇长人艾老先生二首》。

九月,溥于诸友宴集于万柳堂,溥有《重阳前一日万柳堂雅集》。

康熙十六年丁巳(1677)　溥六十九岁,协一十七岁

正月,溥有诗《丁巳正月二日己卯是日立春》、《三日庚辰》、《四

日辛巳》。

二月十七日,上幸晾鹰台大阅,溥有诗纪之。

> 《康熙起居注》"康熙十六年二月":"十七日甲子,早,上幸晾鹰台大阅……上从晾鹰台北亲擐甲,命内大臣、侍卫、大学士、学士、起居注官俱各擐甲。"冯溥《佳山堂集》卷四有《扈从圣驾猎晾鹰台,先日大雨,泥淖难行,三鼓入红门,阴晦不辨道路,与同列马上口占》。

三月,上赐溥等团龙纱服。溥有诗《丁巳三月二十九日上赐团龙纱服恭纪》。

溥疏乞休,不许。

> 方象瑛《健松斋集》卷十《万柳堂铭并序》:"丁巳之冬,屡疏请告,上温旨慰留。相国之贤、圣恩之厚,有非偶然者。"

康熙十七年戊午(1678)　溥七十岁,协一十八岁

正月,康熙帝诏令求贤,溥有《戊午春正月捧诵求贤上谕恭纪》二首。

> 《清圣祖实录》卷七一"康熙十七年正月癸酉朔":"乙未,谕吏部:'自古一代之兴,必有博学鸿儒,振起文运,阐发经史,润色词章,以备顾问著作之选。朕万几余暇,游心文翰,思得博学之士,用资典学。我朝定鼎以来,崇儒重道,培养人材。四海之广,岂无奇才硕彦,学问渊通,文藻瑰丽可以追踪前哲者。凡有学行兼优文词卓越之人,不论已仕未仕,令在京三品以上及科道官员,在外督抚布按,各举所知,朕将亲试录用。其余内外各官果有真知灼见,在内开送吏部,在外开报督抚,代为题荐。务令虚公延访,期得真才,以副朕求贤右文之意。尔部即通行传谕。'于是大学士李霨等荐原任副使道曹溶等七十七人。上命俟各员赴部齐集之日请旨,其在外现任者不必开缺。"《清史稿·本纪第六·圣祖一》:"十七年戊午春正月己丑,副都统哈当、总兵许贞击韩大任于宁都,大任遁之汀州,诣康亲王军前降,命执送京师。壬辰,以

郭四海为左都御史。乙未,诏曰:'一代之兴,必有博学鸿儒振起文运,阐发经史,以备顾问。朕万几余暇,思得博通之士,用资典学。其有学行兼优、文词卓越之士,勿论已仕未仕,中外臣工各举所知,朕将亲试焉。'于是大学士李霨等荐曹溶等七十一人,命赴京齐集请旨。"

秦瀛《己未词科录》卷首:"康熙十七年正月二十二日,奉上谕:'自古一代之兴……务令虚公延访,期得真才,以副朕求贤右文之意。尔部即通行传谕遵行。特谕,钦此。'"

二月,溥受命祭孔子。

《清圣祖实录》卷七一"二月壬寅朔":"丁未……遣大学士冯溥祭先师孔子。"

是年,福建平,溥有五绝《闽中奏凯歌十二首》。溥上疏求归,不许。本年诏举博学鸿儒,溥荐多人。

《易斋冯公年谱》:"七十岁戊午,福建平。时先生以蒙上许可,又上疏求去。大略云:'礼曰:大夫七十致政。今臣年已七十矣,臣向所以不即请者,缘时方多事,皇上宵旰不暇,臣何敢以犬马余生为自便之计。今四方渐次平定,皇上盛德大业与日俱新,而臣以衰朽之躯溷玷朝右,此臣所梦寐不宁者也。且皇上曾许臣七十乃休,息壤在彼。'不许。"

《清史列传·冯溥》:"十七年,诏举博学鸿儒,溥同大学士李霨、杜立德合荐原任布政使法若真,副使道曹溶,参议道施闰章,进士沈珩、叶舒崇,中书曹禾、陈玉璂,知县米汉雯,并得旨召试……是年,疏言:'向者逆贼狂逞,圣主宵旰不暇,臣何敢为自便之计。今四方渐次平定,盛德大业与日俱新。臣已衰朽,乞赐罢归。'上慰留之。"

《清史稿》冯溥本传:"十七年,福建平,溥以年届七十,复申前请,上仍慰留。"

春夏间,应诏诸儒陆续入京。王嗣槐入京,溥延致邸第。

冯溥《〈桂山堂文选〉序》:"岁戊午,上徵海内鸿博诸儒,仲昭待诏阙下,为《长白山》、《瀛台》诸赋,余读而叹美之,以语中书舍人徐勿箴、许翼苍介而相见,客余东轩,日与论诗。"

七月十日,试庶吉士。次日,上幸内阁。

  溥有《戊午七月十日试庶吉士》、《戊午秋七月十一日上幸内阁阅庶常试卷应制》。

九月九日,与诸儒登善果寺。

十二月,溥七十寿辰,门人相聚庆贺。

  施闰章《学余堂诗集》卷十三有《奉益都相国冯公》三首,注曰"时七十初度,同人征诗为寿";魏象枢《寒松堂全集》卷七有《寿同年益都相国七十》;陈维崧《湖海楼诗集》卷六有《寿相国冯易斋先生七十》七律四首;潘耒《遂初堂诗集》卷三《梦游草上》有《寿冯益都相公》。

康熙十八年己未(1679)　　溥七十一岁,协一十九岁

二月,溥充会试主考。

  《清圣祖实录》卷七九"康熙十八年己未二月丙寅朔":"辛未,以大学士冯溥、兵部尚书宋德宜为会试正考官,翰林院掌院学士叶方蔼、都察院左副都御史杨雍建为副考官。"

三月初一,试博学鸿儒,溥为读卷官。

  《清圣祖实录》卷八〇"康熙十八年己未三月丙申朔":"试内外诸臣荐举博学鸿儒一百四十三人,于体仁阁赐宴。试题:璇玑玉衡赋、省耕诗五言排律二十韵。"

  蒋良骐《东华录》卷十一:"(康熙十八年)三月丙申朔,试博学鸿词,授彭孙遹等五十人翰林官有差。按诏试一等:彭孙遹编修、倪灿检讨、张烈编修、汪霦编修、乔莱编修、王顼龄编修、李因笃检讨、秦松龄检讨、周清原检讨、陈维崧检讨、徐嘉炎检讨、陆菜(按,当为棻)编修、冯勖检讨、钱中谐编修、汪楫检讨、袁佑编修、朱彝尊检讨、汤斌侍讲、汪琬编修、邱家穗检讨。二等:李来泰侍讲、潘耒检讨、沈珩编修、施闰章侍讲、米汉雯编修、黄与坚编修、李铠编修、徐釚检讨、沈筠编修、周庆曾编修、尤侗检讨、范必英检讨、崔如岳检讨、张鸿烈检讨、方象瑛编修、李澄中检讨、吴元龙侍

读、庞垲检讨、毛奇龄检讨、金甫编修、吴任臣检讨、陈鸿绩检讨、曹宜溥检讨、毛升芳检讨、曹禾编修、黎骞检讨、高咏检讨、龙燮检讨、邵吴远侍讲、严绳孙检讨。皆入史馆,纂修《明史》。"

王应奎《柳南随笔》卷四:"康熙戊午年正月二十三日,上有荐举博学鸿儒之诏,于是在京三品以上及翰铨科道官,在外督抚藩臬,各举所知以应。计北直与荐者十有九人,江南与荐者五十有八人,浙江与荐者四十有七人,山东与荐者十有二人,山西与荐者十有一人,河南与荐者四人,湖广与荐者六人,陕西与荐者十人,江西与荐者四人,福建与荐者二人,贵州与荐者一人。次年三月初一日,上御体仁阁,临轩命题,学士捧黄纸唱给,首题'璿玑玉衡赋',有序,用四六;次题'省耕诗',五言二十韵。散讫,命就坐,撤护军,俾吟咏自适。日中,鸿胪引出,跪听上谕云:'诸士皆读书博古,当世贤人,朕隆重有加,宿命光禄授餐,使知敬礼至意。'引上阁设席赐椅,四人一席,绣衣捧茶陈馈,十二簋四饭,古腆苾芬,缉御恭肃,诏二品三人陪宴。既毕,叩头谢恩,从容握管,文完者先出,未完者命给烛,至漏二下始罢。吏部收卷,翰林院总封,进呈御览。读卷者相国李蔚(霨)、杜立德、冯溥、掌院学士叶方蔼。取中一等二十名,二等三十名,皆授翰林职,令入馆纂修《明史》。其有举到京老病不能入试,及入试不与选者,年近七十以上,加中书、正字等衔以宠之。此一代抡才盛典,故备记之如右。"

秦瀛《己未词科录》卷首:"康熙十八年三月初一日,诏试于体仁阁。试题:璿玑玉衡赋(四六序)、省耕诗(五言排律二十韵)。阅卷官:大学士户部尚书李霨(字台书,号坦园,直隶高阳人,顺治丙戌进士,谥文勤)、大学士礼部尚书杜立德(号纯一,直隶宝坻人,崇祯癸未进士,谥文端)、大学士刑部尚书冯溥(字孔博,号易斋,山东临朐人,顺治丁亥进士,谥文毅)、掌院学士礼部侍郎叶方蔼(字子吉,号讱庵,江南崑山人,顺治己亥进士,谥文敏)。"卷一辑毛奇龄《制科杂录》:"是日(三月初一)平明,齐集太和门,以鱼贯入诣太和殿前,鸿胪唱行,九叩头礼毕。是日,上御殿祭,堂子回命诸荐举人员赴东体仁阁下,太宰、掌院学士捧题出,用黄纸十张,上写题二道,放黄帏桌上,跪领题讫,用矮桌列墀下,坐地作文,及巳牌,太宰、掌院学士复宣旨云:'汝等俱系荐举人员,有才学的,原不必考试。但是皇上十分敬重,特赐汝宴,凡是会试殿试馆试状元庶吉士俱没有的,汝等要晓皇上德意。'宣讫,命起赴体仁阁,设高桌五十张,每张设四高椅,光禄寺设馔十二色,皆大盌高攒,相传给直四百金。先赐茶二通,时果四色,后用馒首、卷子、红绫饼、粉汤各二套,白米饭各一大盂。又赐茶讫,复就试。时陪宴者太宰满汉二员、掌院学士满汉二员,皆南北向坐,谓之主席,以宾席皆东西向也。余官提调者皆不与焉。其夕,晚出者十余人,皆给烛竣事,然后弥封。诸试卷作四封,当夜呈进。先试一日,上命内阁诸学士及翰林院掌院拟题,皆一文赋一诗。高阳李师拟《璿玑玉衡赋》,得'雨中春树万人家';宝坻杜师拟《王者以天下为一家论》、《省耕诗》;益都冯师拟《十三经同异考》、《耕籍诗》;内阁学士项公拟《士先器识而后文艺论》、《赋得春殿晴薰赤羽旗》;阁学李师拟《峋嵝碑赞》、《远人向化歌》;掌院学士叶师拟《珪璋特达赋》、《三江九江考》、《赋得龙池柳色雨中深》。上用高阳师赋,题用宝坻师题。试之次日,上携卷至霸州观鱼,贮以黄绢箱至。初十日大风,帐房内亲看……十五日,发卷,出中堂、三相公暨掌院学士参阅。十六日阅讫,十七日启奏呈缴,照前代制科,等第进士,科分甲乙,例判作四等:曰上上、曰上、曰中、曰下……会二十日殿试,二十二日中堂、掌院俱作读卷官,上谕:'前所试上上卷、上卷著入史馆纂修《明史》,余具遣回。其年老者量加虚衔,未到者不再试,不必令来。'遂问:'有不完卷的,何以列在中卷?'众答曰:'以其賸词可取也。'……问:'有女娲补天事,信否?'益都师曰:'在《列子》诸书有之,似乎可信。'上曰:'朕记《楚词》亦有之,但恐燕齐物怪之词,不宜入正赋否?'益都师曰:'赋体本浮夸,与铭颂稍异,似可假借作铺张者。'上曰:'如此则其文颇佳,在何等?'答曰:'已置之上卷末。'上命稍移在上卷中。……遂定为五十卷,上上卷二十,作一等;上卷三十,作二等。余中卷下卷分作三等四等者,总名为下第,不填榜内。至拆卷毕,因于上卷中斥去一卷,上命择一有名者补之。时中堂、掌院各有所荐,皆不允。最后,益都师以徐咸清荐,上曰:'有著作乎?'曰:'有《资治文字》若干卷。'上曰:'《资治文字》何书也?'曰:'字书也。'傍一学士曰:'字书,小学耳。'遂置不问。后上自取严绳孙补之。"

《清史稿》本纪第六《圣祖一》:"三月丙申朔,御试博学鸿词于保和殿,授彭孙遹等五十人侍读、侍讲、编修、检讨等官。"列传二七一《彭孙遹传》:"康熙十八年,开博学宏儒科,诏中外诸臣广搜幽隐,备礼敦劝,无论已仕未仕,征诣阙下,月饩太仓米。明年三月朔,召试太和殿。发赋、诗题各一,学士院给官纸,光禄布席,赐宴体仁阁下。于是天子新擢孙遹一等一名,授编修。自孙遹外,其籍录浙江者,又有钱塘汪霦、秀水徐嘉炎、朱彝尊、平湖陆柔、海宁沈珩、仁和沈筠、吴任臣、邵远平、遂安方象瑛、毛升芳、萧山毛奇龄、鄞陈鸿绩,凡十三人。江苏二十三人,曰:上元倪灿,宝应乔莱、华亭王顼龄、吴元龙、无锡秦松龄、严绳孙、武进周清原、宜兴陈维崧、长洲冯勗、汪琬、尤侗、范必英、吴县钱中谐、仪真汪楫、淮安邱象随、吴江潘耒、徐釚、太仓黄与坚、常熟周庆曾、山阳李铠、张鸿烈、上海钱金甫、江阴曹禾。直隶五人,曰:大兴张烈,东明袁佑、宛平米汉雯、获鹿崔如岳、任邱庞垲。安徽三人,曰:宣城施闰章、高咏、望江龙燮。江西二人,曰:临川李来泰、清江黎骞。陕西一人,曰富平李因笃。河南一人,曰睢州汤斌。山东一人,曰诸城李澄中。湖北一人,曰黄冈曹宜溥。凡五十人,皆以翰林入史馆,其列二等者,亦多知名之士,称极盛焉。"

《易斋冯公年谱》:"七十一岁己未,会试主考。得马教思等一百五十人。时两广平,朝廷征天下文学之士,仿古制科例,名博学鸿儒。先后诣阙御试,赐酒馔,优礼选取五十人,皆授以翰林官。余高年者间授中书职衔,遣回籍。辟门之典,于此为最。但是时上亲阅卷讫,糊名付阁下覆阅。先生审慎甲乙,所取尽名士,一时伏先生冰鉴。是年五月,先生婴热疾,乞疏益切。上遣翰林满学士喇萨里就家问病,且传谕调理稍痊即出供职,不必求去。及小愈,先生复入阁,面奏请乞,上亲留先生,仍遣还宅调理,俟强健入阁。"

  法式善《清秘述闻》卷二《乡会考官类二》："康熙十八年己未科会试,考官:内阁大学士冯溥字孔博,山东益都人,丁亥进士。兵部尚书宋德宜字右之,江南长洲人,乙未进士。掌院学士叶方霭字子吉,江南崑山人,己亥进士。副都御史杨雍建字自西,浙江海宁人,乙未进士。"

  王嗣槐以诗韵误改一字落榜。冯溥《〈桂山堂文选〉序》："比上临轩亲试,余奉命入阁阅卷。卷尽而仲昭以诗韵误改一字,于落卷搜得之,余语阁中阅卷诸公曰:'此钱唐王仲昭卷也,赋既典赡,序尤庄雅。国家如此旷典,何可失此人?一字之误,余于上前白奏之。'甫签拟,而中书以上卷封记,钤印至矣。不得已,拟中卷第一。上既亲定上卷次第,出语阁臣:'中卷多佳篇,命更检知名十人以进。'上抑置九人,独取仲昭卷留案前,以不足充数而止,授中书舍人罢归。"

二十日,主会试。有诗《闱中闻湖南大捷志喜》。一时称得人。

  《清圣祖实录》卷八〇"康熙十八年己未三月丙申朔":"乙卯……策试天下贡士马教思等于太和殿前。制曰:'朕惟古帝王统御天下,建极绥猷,莫不简贤任能……尔多士留心经济,其详切敷陈,勿泛勿隐。朕将亲览焉。"

赵执信中二甲第六名。协一在京就学,因与执信订交。

  赵执信《祭冯退庵文》："弟康熙己未榜下,得厕先公之门,与兄相见。弟少于兄一岁,宛然雁行也。时兄犹在学舍,每欣赏兄文,期以腾上。"

会试后,溥集诸名士于万柳堂。即席作赋,时作者三十人,以毛奇龄《万柳堂赋》为压卷。

  毛奇龄《西河集》卷一二七《〈万柳堂赋〉序》："西河征车赴京,时益都相公大开阁请召诸门下士,共集于城东之万柳堂,即席为赋,时作者三十人,益都以是篇压卷。次日侍读乔君为传写一通,谬为己作,以示曹峨嵋司成。峨嵋曰:'此非君作也。''然则谁作?'曰:'此非西河不能也。'一时竞传之,以为佳话。其后益都致政去,西河致书有云:'昨以修禊复过万柳,虽风物犹昔,而追游非故,攀援柳枝,不觉泪下。"另,方象瑛有《万柳堂铭并序》、陈维崧有《征万柳堂诗文启》。

四月,帝以久旱步祷南郊。溥以诗纪之。

  溥诗《己未四月上以久旱步祷南郊升坛而雨,四野霑足,李坦园、杜纯一两先生皆有诗志喜,因和其韵》(《佳山堂集》卷六)。

  《康熙起居注》"康熙十八年四月":"十二日丙子,上因亢旱祈雨,躬祀天坛,斋戒三日,不理政事……十五日己卯,卯时,上躬诣天坛祈雨,自西天门步行至坛,致祭读祝甫毕,甘霖随降。祭毕,上冒雨步行,出西天门,方乘以马回宫。"

五月七日,上赐鲜鱼,溥有《己未五月七日上赐太液池鲜鱼恭纪二律》。

  《康熙起居注》"康熙十八年五月":"初七日庚子……是日,内阁、六部、都察院、翰林院、詹事府衙门官员各赐鱼,群臣随于瀛台前谢恩。"

二十一日,溥病,上遣使者即家问病。

  《佳山堂集》卷四《己未五月二十一日病热,遽至委顿,上遣翰林学士喇萨里问病安慰深至,具疏乞骸骨,未蒙俞允,及病稍愈,启奏,复亲承上谕:'再慎加调理,健后入署。'感恩恭纪四律》。

  《易斋冯公年谱》:"七十一岁己亥……是年五月,先生婴热疾,乞疏益切。上遣翰林满学士喇萨里就家问病,且传谕:'调理稍痊,即出供职,不必求去。'"《冯文毅公事略》:"是年夏,公得热疾乞归。上遣学士就家问疾,传谕'调理稍痊即出视事'。"

六月,溥为方象瑛撰序。

  冯溥《健松斋诗序》落款为"康熙己未长至日骈邑冯溥题"(见《健松斋集》)。

是年,博学鸿词科进士离京赴任,溥有《赠别己未诸子》。

七月二十八日,京师地震,溥有《纪异》诗。

《佳山堂集》卷二《纪异》:"己未秋七月,廿八直官廨。震动起重渊,衰老适相邂。初听蛟龙吼,水势涌澎湃。"尤侗亦有《地震纪异》(《西堂全集·于京集》卷二)毛奇龄《西河集》卷一八五有《康熙十七年七月二十八日京师地震,大侙,朝廷下诏修省,群工怵惕,予以谨戒之余,窃读政府作续纪一首和益都夫子韵》。

徐咸清以鸿博试下第南还,溥有诗送之。

《送徐仲山南还》题注:"仲山名咸清,浙之会稽人也,精字学,著有《资治文字》。"诗有"秋色满蒹葭,溯洄怀我友"之句,当在本年秋天。

八月,兵部侍郎孙光祀以降级归里,溥有诗送之。

《佳山堂集》卷二《送少司马孙怍庭归里》:"艺苑恣态如曳云,偶过青郡得投契。从此轗轲君备尝,时平乃会风云际……先帝咨嗟真谏臣,至主尧舜凤曾誓。"按,孙光祀,字溯玉,号怍庭,山东平阴人。顺治十二年进士,历官至兵部侍郎。本月以自陈降三级调用。

九月九日,溥与门人王嗣槐、毛奇龄、吴任臣、陆葇登善果寺,有诗纪之。次日,与诸门人宴于家中西斋,除王嗣槐、毛奇龄、吴任臣外,陈维崧、汪楫、潘耒、胡渭与会。

《佳山堂集》卷二《九日同王仲昭、毛大可、吴志伊、陆义山登善果寺毘庐阁》:"凄凄风雨连霄恶,九日登临问佛阁。出门快指新霁佳,西山翠色还如昨……寺僧却述去年事……亦是重阳佳节候,君贤倡和留连久。"《秋日王仲昭、毛大可、吴志伊、陈其年、汪舟次、潘次耕、胡胐明小集西斋,和其年重阳登高见忆之作原韵》。

十月初五,帝谕大学士等各处修造由都察院审察。

《圣祖仁皇帝御制文集初集》卷九《谕大学士索额图、明珠、李霨、杜立德、冯溥、学士噶尔图、佛伦、项景襄、李天馥》:"地震以来,修葺破坏工费甚多……除奉先殿皇太子宫并总管内务府监造工程外,其各处修造,着都察院逐一详察。康熙十八年十月五日。"

是月,溥与诸门人游怡园,有诗。

溥《佳山堂集》卷四有五律《冬日同诸子游王大司马园亭四首》,毛奇龄《西河集》卷一七三有《益都相公携门下诸子游王大司马园林,即时奉和原韵四首,时首冬雪后》、方象瑛《健松斋集》卷十八有《益都公招集王司马怡园和原韵》、潘耒《遂初堂诗集》卷三《梦游草上》有《从益都公游王大司马园亭作》。寻溥与方象瑛等复宴集于祝氏园亭。溥《佳山堂集》卷四有五律《冬日诸子邀饮祝氏园亭》四首,方象瑛《健松斋集》卷十八《展台诗钞》有《冬日陪益都夫子游祝园即席奉和原韵》。按:本年方象瑛等始赴京会试,而溥此诗收于《佳山堂初集》中,此集成于十九年(1680)秋,故此唱酬诗作于本年冬无疑。

康熙十九年庚申(1680)　　溥七十二岁,协一二十岁

正月,有谕大臣九卿议授赵良栋为云贵总督。

《圣祖仁皇帝御制文集》卷十《诏大学士索额图明珠李霨杜立德冯溥》云:"云南贵州系边疆重地,苗民杂处,总督关系最为紧要,必得才谋超众之人方克胜任。将军赵良栋勇略甚著,操守清廉,虽系武弁,通达文义,著改授云贵总督,仍兼将军,必能荡平地方,抚辑兵民。着议政王大臣九卿詹事科道官员会议具奏。康熙十九年正月二十九日。"

六月,帝赐溥等御笔,溥有七言古诗《上赐御笔石刻大字三幅恭记》、七律《上赐御笔石刻大字三幅恭记后再赋一首》。

《圣祖仁皇帝御制文集》卷十《大学士勒德洪明珠李霨杜立德冯溥》:"朕万几余暇,留心经史,时取古人墨迹临摹。虽好慕不衰,未窥其堂奥。岁月既深,偶成卷轴。卿等佐理勤劳,朝夕问对。因思古之君臣美恶。皆可相劝,故以平日所书者赐卿。方将勉所未逮,非谓书法已工也。卿等其知朕意。康熙十九年六月二十七日。"

是年,四川平,溥有诗《四川大捷志喜》。

《易斋冯公年谱》:"七十二岁庚申,四川平。"

七月初五,上御瀛台,溥随行。

  《康熙起居注》"康熙十九年七月":"初五日壬辰,早,上御瀛台,听部院各衙门官员面奏政事毕,部院官员出。大学士、学士随捧折本面奏请旨。"

八月,王士禛迁国子监祭酒,溥以诗贺之。

  《佳山堂二集》卷四《贺王贻上新简大司成》:"新纶特简大司成,中外欣瞻奎璧清。薄海文章衰渐起,圜桥模范论初平。"

秋,溥《佳山堂集》成,友人门生皆为作序。

  按:为《佳山堂集》作序者有高珩、魏象枢、施闰章、梁清标、汪懋麟、毛奇龄、曹禾、徐乾学、李天馥、王士禛、方象瑛、王嗣槐、陈维崧、陈玉璂、冯源济等。其中,高珩序落款为"康熙庚申菊月东蒙高珩拜手撰";毛奇龄序为"康熙十九年八月西河门人毛奇龄百拜谨识于长安邸舍";曹禾序为"康熙十九年岁在庚申九月望日门人曹禾顿首";而梁清标序落款为"康熙壬戌秋日河北梁清标谨序";徐乾学序落款为"是岁皇帝御极之二十年也。门人徐乾学谨撰"。可知,《佳山堂初集》成书于本年秋,而徐乾学作序于明年。梁清标作序于后年(1582),徐、梁之序皆付于《初集》、《二集》合刊时。

十月二十三日,刑部侍郎高珩乞休。溥有诗送之。

  《康熙起居注》"康熙十九年辛丑":"(十月)二十三日戊申……又为刑部侍郎高珩乞休事。上曰:'尔等所议若何?'明珠奏曰:'杜立德与学士等公议,高珩系都御史魏象枢所荐之人,既不称职,应问象枢何为荐举?冯溥谓象枢乃伊荐举之人,不便与议。'上问冯溥曰:'尔意云何?'冯溥奏曰:'象枢先荐高珩时,皇上亦曾问臣,臣以高珩素好神仙,难以办事。今既不称职,应当议处。'上曰:'大臣荐贤原属美事,但出于至公则善耳,宁可怀私耶?……着魏象枢明白回奏。'"

  冯溥《佳山堂集》卷六《简高念东》:"我过古稀君欠一,频年苦忆话通宵。论诗止许谐情性,作客何堪涴市朝。禾黍故乡今岁好,鸡豚旧社里朋邀。卜期携手同归去,皓发商山未寂寥。"

十二月,高珩将行,移居宣武门西松筠庵。冯溥携王士禛访之,有诗唱和,士禛亦有诗和。

珩有《易斋相公过松筠庵见访》(《栖云阁诗·拾遗》卷三),冯溥作《和高念东松筠庵诗》四首,跋语曰:"附原倡:念东先生将东归,余就晤松筠庵,念老口占一绝云:'户倚双藤禅宇开,无人知是相公来。从容一笑忘朝市,风味依然两秀才。'喜其敏妙出于自然,便成佳话,因依韵和之。"其一云:"隐几僧寮户不开,天亲无着忆从来。而今相对浑忘却,祇识维摩是辨才。"其三云:"丰干饶舌道眸开,却引寒山拾得来。煨芋夜深真误听,邺侯谁信具仙才。"(《佳山堂二集》卷八)王士禛和曰:"二老前身二大士,相逢半日尽炉灰。它年古寺经行地,记取寒山拾得来。"(《池北偶谈》卷十七《松筠庵诗》)

约是年,溥弟冯虎臣来京师。溥有《舍弟虎臣省余京师,即有江左之行,诗以送之_{虎臣甲辰武进士}》。

康熙二十年辛酉(1681)　溥七十三岁,协一二十一岁

三月,葬仁孝、孝昭二皇后于山陵。溥有《辛酉二月十九日沙河恭送仁孝、孝昭皇后两梓宫赴葬山陵,三月初八日葬礼成谨述三首》纪其事。

《清史稿·圣祖本纪》:"三月……辛酉,葬仁孝皇后、孝昭皇后于昌瑞山陵。"

溥有《三月三日万柳堂修禊倡和诗》,众人和之。

施闰章《学余堂诗集》卷四一有《冯相国上巳日招集万柳堂限韵》、毛奇龄《西河集》卷一七八有《上巳易园修禊奉和益都夫子原韵二首》,注云:"时同游者皆同馆前辈二十八人。"

溥《〈倡和诗〉序》云:"莺啼绿树,最怕春归;燕语红桥,重招我友。溯遗风于洛水,正郏鄏定鼎之年;寻胜会于兰亭,多少长流觞之句。乃花迎人面,纷抱膝以言愁;况柳映河渠,恒回车而不度。昔贤有序,尤传感慨之文;今日无诗,何当风流之目。不辞鄙

拙,倡巴里之章;嵩望瑶华,竞柏梁之七字。"

溥另有诗《三月八日万柳堂》、《岁前愚山以自制绿茶见惠赋此志谢兼索新茗》、《有人送碧桃一株,繁叶压枝,轻红盈干,适值宴客,率尔口占》。

四月,云南大捷,溥有《大兵由广西、贵州两路入滇,诸郡皆降,遂薄贼城,荡平旦夕可俟,志喜十首》。溥另有诗《四月八日集万柳堂》。

> 《清史稿·圣祖本纪一》:"夏四月甲辰朔,王用予复纳溪、江安、仁怀、合江。己酉,贝子彰泰遣使招抚诸路,武定、大理、临安、永顺、姚安皆降。"

夏秋间,溥有《数月无雨酷暑不解,是晚偶凉因而有作》、《冶湖四首》、《送何云子之任湖广江陵道,何以御史屡任至福建漳泉道,逆变不屈,间关归朝复有此除》、《大宗伯沙公会清家居者十六年矣,辛酉还朝询其山中之乐,但云闭门省事而已,有味乎其言,感而赋此》。

七月初五日,上御瀛台,溥随行。

> 《康熙起居注》"康熙二十年七月":"初五日庚戌,早,上御瀛台门,听部院各衙门官员面奏政事毕,部院官员出。大学士、学士随捧折本面奏请旨。"

九月,毛端士返乡,溥与众友生送之,有诗《九日集万柳堂》、《重阳后一日毛大可、陈其年、方渭仁、徐胜力、徐电发、汪舟次、潘次耕邀予集长春寺兼送毛行九南还即席赋》、《李坦园先生园亭宴集》。

> 毛奇龄《西河集》卷一八一有《重阳后一日奉陪益都夫子游长椿寺,兼送家行九南归,同方象瑛、徐嘉炎、陈维崧、潘耒、汪楫诸同馆和夫子首倡原韵即席》二首;潘耒《遂初堂诗集》卷四《梦游草中》注:"起辛酉秋,尽壬戌冬",卷中有《奉和益都公重九后一日集长椿寺送毛行九南还二首》。

是秋,协一应顺天乡试不第。遂与谒选,授绍兴府同知。

赵执信《中宪大夫福建台湾府知府退庵冯君墓志并铭》:"应顺天乡试一不售,语人曰:'丈夫贵自表见,胡争此区区为?'因随例谒选人。"

十月,溥有诗《十月八日集万柳堂》、《曹峨嵋典试山左,文风丕振,偷儿不知,误入其室,诗以慰之》。月底,云南平,溥有诗。

《滇平志喜四首》注云:"辛酉十月二十九日,克取滇城,诸郡皆平。"

十一月,溥求去,不允。有《上疏乞休二首》。次子治世来京迎溥,溥有《喜儿治世至京二首》。

《易斋冯公年谱》:"七十三岁辛酉,云南平。先生复求去,上曰:'朕知卿年高,顾朝有老臣不綦重耶?'因以其疏还先生,不许。"

《清史稿·圣祖本纪》:"十一月辛亥,诏从贼诸人,除显抗王师外,余俱削官放还。以诺迈为汉军都统。癸亥,定远平寇大将军贝子彰泰、平南大将军都统赖塔、勇略将军总督赵良栋、绥远将军总督蔡毓荣疏报王师于十月二十八日入云南城,吴世璠自杀,传首,吴三桂析骸,示中外,诛伪相方光琛,余党降,云南平。"

吴兆骞至自塞外,谒溥。溥有《喜吴汉槎至都赋赠》、《用徐健庵韵再赠汉槎》二诗。

《喜吴汉槎至都赋赠》序曰:"汉槎孝廉一代才人,以小误移塞外,盖二十有三年矣。诸友人怜之,助其修工,得还故里。至都谒予,丰神未改,著述尤多。询其高堂,尚健饭无恙也。喜而赋此。"

按:吴兆骞由宁古塔放还,徐乾学有诗赠贺,京师名流纷纷和之,除冯溥《用徐健庵韵再赠汉槎》外,王士禛《渔洋续集》卷十四有《和徐健庵宫赞喜吴汉槎入关之作》、陈维崧《湖海楼诗集》卷八《喜汉槎入关和健庵先生原韵》、徐釚《南州草堂集》卷八《喜汉槎入关和健庵叔韵》。溥赠兆骞诗,有不见于上述二首者,刘禺生《世载堂杂忆·顺治丁酉江南科场案》:"汉槎获赦还,京师朝野名流欢宴无虚日,投赠盈尺。益都冯相国诗:'吴郎才调胜诸昆,多难方知狱吏尊',又'太息梅村今宿草,不留老眼待君还',最为动人。"

十二月三日,溥与诸人集万柳堂。

溥有七律《初度》二首,汪懋麟《百尺梧桐阁遗稿》卷三有《腊月三日,同诸子携酒佳山堂与益都公为寿,蒙示二诗,即席奉和》。

五日,溥七十三寿辰,众人共集长椿寺,僧弥壑说法。

《佳山堂二集》卷五有七律《长椿寺听弥壑大师说戒漫赋俚言兼示诸子》,毛奇龄《西河集》卷一八一)有《辛酉腊月奉陪益都夫子长椿寺饭,僧说法,即和夫子首倡原韵,兼示弥壑和尚》和之;施闰章《学余堂诗集》卷四一有《冯相国生日同诸君移尊长春寺宴坐》,注云:"公即席有诗,率尔和韵。"

按:汪懋麟诗第一首注云:"原倡有'虽老宁无二顷田'之句",溥《初度》其一末句云"衰老宁无二顷田";汪诗第二首注云"原倡云'熏冶池边修竹多'",此句则《初度》其二首句也。施闰章此诗,未标年份,但末联云"忻逢初度成高会,况复昆明奏凯年",是年十一月云南平,故此诗亦作于此次宴集无疑。

以滇平、上两宫徽号两次颁赦。

溥有《十二月二十日午刻以滇平颁赦,二十四日午刻以加上两宫徽号再颁赦,次日迎春,时积雪未消,人占丰年》、《阳日侍宴》、《守岁二首》。

《清史稿·圣祖本纪》:"十二月……癸巳,群臣请上尊号。敕曰:'自逆贼倡乱,莠民响应,师旅疲于征调,闾阎敝于转输。加以水旱频仍,灾异叠见。此皆朕躬不德所致。赖宗社之灵,削平庶孽。方当登进贤良,与民休息,而乃侈然自足,为无谓之润色,能勿恧乎!其勿行。'……癸卯,加上太皇太后、皇太后徽号,颁发恩诏,赐宗室,赉外藩,予封赠,广解额,举隐逸,旌节孝,恤孤独,罪非常赦不原者悉赦除之。"

康熙二十一年壬戌(1682)　溥七十四岁,协一二十二岁

正月初七,溥有《人日怀高念东先生》怀高珩。

十四日,帝赐宴大臣及词臣、讲官。次日,君臣赋柏梁体诗。

　　溥有《正月十四日乾清宫侍宴恭纪》,其一注"是夕命众臣以柏梁体赋诗,上首唱云'丽日和风被万方'";其二注"是夕,上亲赐酒命干,遂至大醉"。

　　《易斋冯公年谱》:",元夕前一日,上赐宴大臣及词臣、讲官以上于乾清宫,许群臣至御座傍观鳌山灯。上亲赐先生巨觥,命醨先生,不能饮,遂大醉。及先生捧觞稽首,登台献觞,旋下台复稽首候醨。上止先生曰:'汝老矣,登降不便,即在此候醨可也。'及出,上命二内侍扶掖。又传令先生家人辈用心扶侍到家。是日,上命赋柏梁体诗。上首唱云:'丽日和风被万方',群臣各续成之。"

　　《康熙起居注》"康熙二十一年壬戌":"(正月)十四日壬戌,午时,上御保和殿,宴外藩王、贝勒、贝子、公等,内大臣、满汉大学士、三旗都统、尚书、副都统、侍郎、学士、侍卫等。乐舞作,上进酒。上召外藩王、贝勒、贝子等至御座前,亲赐饮。又召大学士等至御座前,亲赐饮。……申时,上御乾清宫,赐廷臣宴,内阁大学士、学士,各部、院、寺、堂官,翰林院学士、讲读学士、侍读、侍讲及日讲官、编修、检讨,詹事府、坊、局等官,科、道掌印官九十三员,于乾清门序立。上命学士张英、侍讲高士奇传谕曰:'向来内殿筵宴,诸臣未与。今因海内乂安,时当令序,特于乾清宫赐宴,君臣一体,共乐昇平,用昭上下泰交之盛。诸臣当欢忭畅饮,以副朕怀。'……(大学士李霨)奏毕,分左右班,以次序进,乐作,于乾清宫各就位,叩头,坐。大学士明珠至御座前跪,进酒上寿……酒觞既陈,大学士勒德洪至御前跪,进酒上寿……饮数巡,大学士李霨至御前跪,进酒上寿,诸臣跪叩。霨饮赐酒,如前仪。大学士冯溥至御前跪,进酒上寿,诸臣跪叩如前仪。……乐奏二阕,上复命张玉书、张英传谕曰:'宴毕时,诸臣可近御座前看灯,朕更赐以卮酒。'……既彻筵,诸臣以次出,于乾清宫月台上,行一跪三叩头礼

谢恩,乐作。行礼毕,上命群臣霑醉者,令内官扶掖而出。时夜色已二鼓,上传内阁学士张玉书、翰林院掌院学士陈廷敬、学士张英近御座前,谕曰:'每见汉唐以来,群臣协乐,有赓和之诗。今朕虽不敢效古先圣王,亦欲纪一时之盛,可仿柏梁体赋诗进览。'……十五日癸亥……群臣集太和殿下,以次各赋诗九十三韵。御制序:'朕于宣政听览之余,讲贯经义,历览史册。于《书》见元首股肱赓飏喜起之盛,于《诗》见鹿鸣天保诸篇,未尝不慕古之君臣一德一心、相悦若斯之隆也。今际海内宴安,兵革偃息。首春令序,九陌灯辉,丰穰有征,吾民咸乐,思与诸臣欣时式燕。爰于乾清宫,广集簪裾,肆筵授几。斯时也,蟾光鳌炬,焜耀堂廉,采树琼葩,杂罗尊俎。许笑言之勿禁,宽仪法之不纠。复令次登文陛,渥以金罍,咸俾有三爵油油之色焉。《易》曰:上下交而志同。《传》曰:享以训恭俭,宴以示慈惠。则今日之兕觥旨酒,岂徒以饮食宴乐云尔哉。顾瞻诸臣,或位居谐弼,或职任卿尹,或典文翰,或司献纳,宜共成篇什,以绍雅颂之音。朕发端首倡,效柏梁体,班联递赓,用昭升平盛事,冀垂不朽云。'诗:'丽日和风被万方(御制)……蓼萧燕誉圣恩长(内阁大学士臣冯溥)……'"

《冯文毅公事略》:"壬戌上元,上赐宴诸大臣及词臣、讲官于乾清宫,许群臣至御座旁观鳌山灯,上亲赐公巨觥,命釂,公不能饮,遂大醉。寻捧觞稽首登献。及出,命内侍扶掖归。是日,上赋柏梁体诗,首唱云'丽日和风被万方',群臣各续成之。圣祖亲书,命曰'昇平嘉宴诗'。"

二月八日,溥与弟子集万柳堂,有七律《二月八日万柳堂》(《二集》卷五)。

三月三日,溥与弟子三十二人修禊于京城万柳堂,溥首唱,各赋七律二首。一时名流徐乾学、施闰章、陈维崧、毛奇龄、王嗣槐等均与会。

王嗣槐《桂山堂文选》卷一《万柳堂修禊诗序》:"康熙二十一年岁在壬戌,暮春三日,文华殿大学士兼刑部尚书益都冯公修禊事于万柳之堂,从游者三十有二人……是日微雨,车骑甫集,岚雾忽开,日光鲜洁,仓庚鸠燕之属,飞鸣于湿红浮翠之间,所为暮春洋洋,景物和畅,莫美于斯矣。公赋七律二章,属和既毕,就席而饮,笑谈弥日,油油如也……时从游者左春坊左赞善徐健庵乾学、翰林院侍讲施愚山闰章、编修徐果亭秉义、陆义山棻、沈映碧珩、黄忍庵与坚、方谓仁象瑛、曹峨眉禾、袁杜少佑、汪东川霖、赵伸符执信,检讨尤悔庵侗、毛大可奇龄、陈其年维崧、高阮怀咏、吴志伊任臣、严藕渔绳孙、倪闇公燦、徐胜力嘉炎、汪悔斋楫、潘稼堂耒、李谓清澄中、周雅楫清原、徐电发釚、龙石楼燨,纂修主事汪蛟门懋麟、刑部主事王叐迪无忝、中书舍人林玉岩麟焻、督捕司务冯玉爽慈彻、候选郡丞冯躬暨协一,与嗣槐三十有二人,各为七言律诗二首。"

溥作七律《三月三日万柳堂雅集》(《二集》卷五),毛奇龄作《上巳雨中陪益都夫子修禊万柳堂奉和夫子原韵》二首(《西河集》卷一八一)和之;溥另有《三月三日万柳堂雅集》二首(《二集》卷三),毛奇龄作《上巳万柳堂修禊奉和益都夫子原韵二首即席》(《西河集》卷一七三)和之。溥另有《书万柳堂修禊倡和诗后》(《二集》卷五)。

八日,溥与门人再集万柳堂,有《三月八日万柳堂》(《二集》卷五)。

四月七日,礼部题遣往册封琉球国王,翰林院检讨汪楫为正使、中书舍人林麟焻为副使。溥有诗赠行。

见《康熙起居注》"康熙二十一年"四月。溥有《送汪舟次奉使册封琉球国王》四首、《送林玉岩副使册封琉球国王》二首。(《佳山堂二集》卷五)

八日,溥与门人集万柳堂,有《四月八日万柳堂》(《二集》卷五)。

五月初七日,陈维崧卒,溥有《挽陈其年》二首吊之。

夏,杜立德归里,溥有《送杜纯一先生归里》四首。

《清史稿》卷二五〇《杜立德传》:"二十一年夏,复乞休,上许之,赐御制诗及'怡情洛社'篆章,驰驿遣行人护归。《太宗实录》成,进太子太师,赐银币、鞍马。"

六月,溥乞去,上优礼之,准其请。慰谕秋凉发。

《〈予告赐游西苑纪恩诗〉序》:"予于康熙二十一年六月二十四日上疏乞骸骨,蒙恩予告七月二日赴乾清门谢恩,上赐饭,复传旨云:'汝自今以后无有职掌,可常至瀛台一看。'初四日,予至瀛台,上令人引至所御东小阁内,赐饭讫,复传旨令各处游玩。……复传旨云:'今日甚热,俟天气凉爽再来。'因以果品诸物付予人带出。"

门人弟子相送于万柳堂。

《佳山堂二集》卷五有《致仕将归诸同人置酒万柳堂话别漫题二律》,众人依韵和之,朱彝尊《曝书亭集》卷十二有《送益都冯先生集万柳堂次韵二首》,汪懋麟《百尺梧桐阁遗稿》卷四有《万柳堂饯送益都公和席间原韵》,施闰章《学余堂诗集》卷四二有《万柳堂合饯益都相国即和元韵》,潘耒《遂初堂诗集》卷四《梦游草中》有《万柳堂公饯益都相公次韵奉和二首》。

将归,有诗《赠僧苄庵》、《送徐电发翰林假归》、《别万柳堂》、《濒行,上遣侍卫臣二格、翰林院掌院学士臣牛钮、臣陈廷敬赍捧御制诗文一轴、墨刻升平嘉宴诗一册、'适志东山'印章一方,到寓颁赐。自念衰庸,乃叨异数,衔恩感愧恭纪三章》、《予告赐游西苑纪恩诗》及《秋日瀛台即事应制二首》。

《清圣祖实录》卷一〇三"康熙二十一年壬戌六月":"甲辰,文华殿大学士冯溥以老乞休,得旨:'卿辅弼重臣,端敏练达,简任机务,效力有年。勤劳素著,倚毗方殷,览奏以年迈请休,情词恳切,准以原官致仕,乘驿回籍,着差官护送,以示眷怀。'"

《易斋冯公年谱》:"七十四岁壬戌……既而上东出阙祭告诸陵,先生日入阁,不敢怠。暨上归,先生复上疏请。奉旨:'卿辅弼重臣,端敏练达,简任机务,效力有年,勤劳素著,倚毗方殷,览奏以年迈请休,情词恳切,准其原官致仕,驰驿回籍。遣官护送,以示眷怀。'及先生谢恩,上赐饭,复传旨云:'卿自今后无有职掌,可常至瀛台一看。'越数日,先生至瀛台,上令人引至上所御阁东小阁内,赐饭讫,命先生遍游西苑,遣内侍二人扶先生登舟,历诸亭台及曲槛回廊岩壑之胜。内有御书'曲涧浮花'四大字。迤逦登陟,至浮杯亭,上遣侍臣携酒果随先生,令每至一处坐饮三爵。力倦,且稍憩,勿遽出。游毕告归,即以酒果送至家。先生遂有《微臣去国恋主》一疏,内列五事:一曰皇上不宜费财;二曰皇上不宜远出;三曰皇上勿轻遣官;四曰台湾不宜轻剿;五曰关税盐课不宜增额。上嘉纳之。上遣翰林院掌院学士牛钮、陈廷敬、侍卫二格到宅颁赐御制诗文一轴,内云:'内阁大学士冯溥,赞襄密勿,著有劳勤,乃以高年数请归老。念深箕颖,顿谢簪绂,怅别之心,聊书四韵:环海销兵日,元臣乐志年。草堂开绿野,别墅筑平泉。望切岩廊重,人思霖雨贤。青门归路远,逸兴豁云天。康熙二十一年八月廿六日御笔。'又印章一方,上勒'适志东山'四字;又墨刻《升平嘉宴诗》一册。次日辞谢,上遣中书舍人罗映台护送到家。京朝官数百人同饯之彰义门外,祖帐相望十余里,京城小民有牵车泣下者。时值太宗文皇帝实录告成,赐银币鞍马,加太子太傅,一时荣之。"

《圣祖仁皇帝圣训》卷五一:"上谕讲官牛钮、陈廷敬曰:'大学士冯溥效力有年,请老归里。今特赐诗一章、篆章一方、墨刻一册,尔等往宣朕意。朕闻山东之仕于朝者大小固结、互相援引,凡有涉于己私之事,不顾国家,往往造为议论,彼倡此和,务使济其私心而后已。又闻居于乡者多扰害地方,朕皆稔知其弊。冯溥久在禁密之地,归里后可教训子孙,务为安静。故大学士卫周祚居乡谨厚,在闾里中若未尝任显秩者,必如此人,方副朕优礼之意。'"亦见《清史列传·冯溥》、《清史稿·圣祖本纪二》及《冯溥传》。

七月,溥将归,友人法若真有诗送行。

　　法若真《黄山诗留》卷九有《益都相公以老归,奉旨驰驿护送,即以诗寄》。诗下注曰"七月二十六日"。另有《益都阁下予归,即用纪恩原韵呈正二首》,其二有"秦砂自渡十船藕,宣室曾招半菽魂",注云"叨谬荐,辞归"。即指冯溥荐之博学宏词而若真辞归一事。另有《益都公泛舟野园(冶源)二首》。

八月,溥东归,诸门人送之。

方象瑛有文送之,毛奇龄《西河集》卷一八六有《恭饯冯相国夫子还山》四首、施闰章《学余堂诗集》卷四二有《益都相国夫子予告归里奉送四首》、王士禛《渔洋续集》卷二五有《送相国冯公致政归益都二首》、汪懋麟《百尺梧桐遗稿》卷四有《奉送益都公致政归里五十韵》。

溥途中有《宿良乡县》、《宿新城县》、《过河间府连日天气甚热如同初夏也》、《景州作》、《近章丘道中见其村居幽邃、林木茂密、土田沃衍、风俗醇朴,顾而乐之》、《宿长山县悯其水患民无宁居也》、《过芦沟桥》、《过涿州家弟胎仙设席旅店,丰腆华鲜,情文备至,眷念今昔,不无时势之殊,又时当远别,怆焉于怀,感而有赋,时弥壑大师亦在坐》、《过雄县》、《过献县,时县无一官,一典史守之》、《宿阜城县,闻其令甚贤,诗以赠之》、《过德州》、《九日宿禹城县》、《夜宿禹城,风雨骤至,黎明冒雨趋齐河道中作》、《宿齐河县》、《自济南至章丘揽其风土阅其人物慨焉有作》。

方象瑛《健松斋集》卷四《送座师益都先生致政东归序》:"康熙二十一年夏六月,吾师相国益都先生请告归青州,上命驰驿遣官护送。七月,召游瀛台,复赐石章,其文曰'乐志东山'。亲为诗宠其行,一时朝野知与不知,莫不叹皇上优礼老臣始终无间,而先生之进退以道,其精诚上格,有非近代所能及也。"

王嗣槐《桂山堂文选》卷二《送相国冯公荣归青州序》:"康熙二十一年壬戌六月二十四日,相国益都公复上疏乞休,皇上允其请。于时在朝满汉诸臣及草野之人,莫不咨嗟太息,谓公宜留其身以辅吾君,奈何使东归,此为国而惜公之去者也。其士大夫之贤、在野之名人高士,又莫不咨嗟太息,谓公历事两朝,定祸乱,赞治平,引年而退,古大臣进止以道如是,此为公去而称美其难得者也。"

《清圣祖实录》卷一○四"八月丙子朔":"辛丑,上谕讲官牛纽、陈廷敬曰:'大学士冯溥,效力有年,请老归里,今特赐诗一章、"适志东山"篆章一方、墨刻一册,尔等传谕朕意。朕闻山东之仕于朝者,大小固结,彼此援引,凡有涉于己私之事,不顾国家,往往造为议论,彼倡此和,务使有济于私而后已。又闻其居乡多扰害地方,朕皆稔知其弊。冯溥久在禁密之地,归里后可教训子孙,务为安静。故大学士卫周祚居乡谨厚,在闾里中若未尝任显秩者,必如此人,方副朕优礼之意。尔等偕侍卫二格,往宣朕旨。'"

溥归,协一侍归。归乡后,溥有《初归游佳山堂园》、《游冶湖五首》等。冯协一赴京旋返京师,溥有《儿协一赴京,口占送之》。

溥有《冶湖泛舟之作简毛大可》。毛奇龄有《益都相公归田后,以冶湖泛舟之作见简,且自叙晨夕乡游之乐,谨依原韵和答成诗》(《西河集》卷一八○)答之。

是冬,《太宗皇帝实录》告成,帝加溥太子太傅,赐银币、鞍马。十二月,溥有《初度二首》。

《清圣祖实录》卷一○六"康熙二十一年壬戌十一月甲辰朔":"丁巳,谕吏部:殚心效职者,臣子之常经;赠爵酬庸者,朝廷之大典。兹太宗文皇帝实录告成,……加总裁武英殿大学士礼部尚书勒德洪、明珠太子太傅……予告太子太傅保和殿大学士礼部尚书杜立德太子太保、予告文华殿大学士刑部尚书冯溥太子太傅。"

康熙二十二年癸亥(1683)　溥七十五岁,协一二十三岁

正月,溥有《人日迎春》、《小阁》、《夜坐》、《寄王仲昭》、《赠别蒋鸿绪》等诗。临朐县令廖宏伟以鹿赠溥,溥有诗《朐令廖松庵送鹿赋赠,时令将去官》。

按:张敦仁《临朐编年录》卷七云:"十七年戊午,知县廖弘伟至。江西奉新人,进士。""二十二年癸亥,知县何如苓至。"《光绪

> 临朐县志》卷十一《秩官表》亦云:"廖宏伟,江西奉新进士,十七年任。何如苓,二十二年任,有传。"可知,廖去官在本年。

溥有《春日村居》四首、《春日饮佳山堂》。寻僧弥壑自京师访溥,溥有《同弥壑和尚游法庆寺》、《弥壑和尚不远千里过访,数日言别,诗以赠之》。

溥居益都家乡。

> 《易斋冯公年谱》:"七十五岁癸亥,先生家居。"

是年,溥于家建适志堂,以志帝"适志东山"之赐。毛奇龄《西河集》卷六七有《冯太傅适志堂记》。

夏秋间,有《秋禾将登霪雨不止庐舍倾颓民无宁处诗以悯之》。毛奇龄有书寄至,溥以《毛大可书来言约伴游万柳堂,一望荒凉,凄然泪下,感而有作却寄》答之。毛升芳来访冯溥,溥有《行九不远数千里过访,诗以赠之》、《秋日同行九泛湖有作,时行九将赴都门,兼勖其连翩高第,光宠老夫也》。

是年,溥手次年谱一编,由毛奇龄撰写,此即《文华殿大学士太子太傅兼刑部尚书易斋冯公年谱》。徐乾学为作《太子太傅益都冯公年谱序》。

> 徐乾学《憺园集》卷十九《太子太傅益都冯公年谱序》:"吾师益都公致仕归之明年,手次年谱一编,以书抵京师,属予小子序之。"

秋冬之际,友人法若真来访。

> 法若真《黄山诗留》有《登佳山三首》。题注曰:"冯青州家园",其一有"雪淡齐宫分水北,霜含楚岭半城东。寻秋叶落书床上,问偈声喧石洞中"。其三有"避地离家羞白发,清秋江山不堪闻"之句,俱写秋冬之景。

康熙二十三年甲子(1684) 溥七十六岁,协一二十四岁

协一授绍兴府同知。岁暮,中途归青省亲。

赵执信《祭冯退庵文》:"迨甲子,弟出使并门,而兄分麾越州,并以岁暮纡道归省。虽同州邑,实隔二百里,仅以握手而别矣。"《(乾隆)绍兴府志》卷二六《职官二·国朝同知》:"冯协一,山东人,康熙二十三年任。胡文,天津人,康熙二十七年任。"《益都县图志》卷三七《人物·冯协一》:"冯协一……康熙二十三年以荫授绍兴府同知,升广信府知府。"

康熙二十四年乙丑(1685)　溥七十七岁,协一二十五岁
春,会试,毛奇龄任会试同考。

康熙二十五年丙寅(1686)　溥七十八岁,协一二十六岁
毛奇龄南还,赴青州拜谒冯溥。

按:毛奇龄《西河集》卷一八五有《康熙二十五年,予请急归里,自京门赴益都,特谒冯相公夫子,恭呈八章,共九十六句》,卷一八一有《南还候益都夫子未得,过淄川谒唐豹岩前辈,书此志怀》,其一颔联云"敢言客路逾千里,不到师门已四年",自康熙二十一年(1682)溥致仕归乡至本年恰四年。

康熙二十七年戊辰(1688)　溥八十岁,协一二十八岁
正月,以叩拜孝庄太后梓宫,溥与高珩同赴京。旋返,三月初抵青州。

王士禛《渔洋山人文略》卷十三《北征日记》:"(康熙二十七年戊辰正月)二十六日,前相国益都冯公、前刑部侍郎高公念东至……(二月)十二日,同年前左都御史徐公立斋邀饭长椿寺,同集者相国冯公、刑部侍郎高公……(十五日)是日,礼部启奏叩谒梓宫,在籍诸臣自大学士冯公已下十五人,其大学士杜公已下八人先到京者竟未启奏,盖先到即随朝班,反忽之也……(二十二日)是日有旨,大学士杜公、冯公陛见……(二十五日)晚,相国冯公使来,约以明日行。是日,公同宝坻杜公陛辞,各赐彩币五表

里,本朝阁臣恩礼始终如二公者,不多见也……(二十六日)遂发,晚宿窦店,冯公先至。二十七日,过涿州……晚宿新城县,过冯公寓,述昨陛见既出,传谕问:'向服至宝丹否?'对曰:'臣向实服之,今不服数年矣。'亦不测上何由知之也……(三月)初四日,冯公将往涞口,晨诣别。"

协一离绍兴同知任,赴京。升广信府知府。

  按,协一下任本年赴任,则协一离任当在本年。《(光绪)临朐县志》卷十四冯协一本传:"以浙江绍举府同知升江西广信府知府。耿精忠乱后,协一抚绥倍至,流民渐复,豪右田多隐占,病民而漏赋,上饶尤甚。协一力行'清丈法',官民称便。"《益都县图志》卷三七《人物·冯协一》:"升广信府知府,承耿精忠兵乱之后,协一抚绥甚至,流民渐复。豪右田多隐占,病民亏课,上饶尤甚,协一行'清丈法',官民称便。"

是冬,协一请毛奇龄校订溥诗稿,是为《佳山堂二集》。

  毛奇龄《西河集》卷四二《佳山堂二集序》:"佳山堂诗集锓自庚申,阅二年而后致政。今之二集,则半犹壬戌以前诗也。自庚申以后戊辰以前,同一适志,亦同一乐志。所谓夫子之诗不以出处殊,不以显晦异,不以劳逸岐,不以安危变,犹造化然。独是予壬戌岁随诸朝士钱夫子东归,阅四年而始请急过谒通德,又三年而钱夫子之子。椎轮卧辙,始得读夫子二集,较雠之而附以一言,然犹未得决从游而遂以志也。若夫佳山堂,则已别名为适志堂云。"

  按:毛奇龄序此序亦见于《佳山堂集》后,题云"后叙",落款为"康熙戊辰孟冬月门人毛奇龄百拜谨书"。可知《二集》所收诗为庚申至戊辰(1688)冬以前作品,毛奇龄自壬戌(1682)送溥归,四年后(1686)曾前往青州探望,又三年则指别后第三年,即本年,遇溥子协一,始校《佳山堂二集》。

十二月,溥八十寿诞,友人法若真有诗寄之。

  法若真《黄山诗留》卷十二《寄寿冯相国易斋八十》。题注:"十二月朔五日。"

康熙二十八年己巳(1689)　溥八十一岁,协一二十九岁
四月,王嗣槐求序,溥为作《〈桂山堂文选〉序》。

　　冯溥《序》末题"时康熙岁次己巳孟夏中澣骈邑冯溥拜题"。
潘耒来访冯溥,有《呈益都相公二首》及《佳山堂四首》。

康熙三十年辛未(1691)　溥八十三岁,协一三十一岁
十二月十一日(1692.1.28),冯溥卒。

　　车本《世录·奉祀神主》:"显考光禄大夫太子太傅刑部尚书文华殿大学士加一级谥文毅府君冯公讳溥……卒于康熙三十年辛未十二月十一日子时,享年八十三岁……孝子治世奉祀。"

　　王士禛《居易录》卷十四:"十二月十一日,前太子太傅文华殿大学士兼刑部尚书冯溥卒。公益都人,本籍临朐。顺治丙戌会试中式,丁亥进士。卒年八十三。是岁内阁大学士卒者凡六人。"

　　《清史列传·冯溥》:"三十年十二月,卒于家,年八十有三。遗疏上,赐祭葬如典礼,谥文毅。"《清史稿·冯溥》:"三十年,卒,年八十三,谥文毅。"张敦仁《临朐编年录》卷七:"(三十年辛未)十二月十一日,前太子太傅、文华殿大学士兼刑部尚书冯溥卒。"

潘耒《遂初堂诗集》卷十六有《哭益都相公》十首。

康熙三十一年壬申(1692)　协一三十二岁
春,协一由广信府任丁忧归。

　　赵执信《祭冯退庵文》:"壬申冬,先公薨逝。兄以来春自广信守奉忧归,弟已投闲,驰往相唁,共语才一夕耳。"
三月,上赐溥谥号曰"文毅"。

　　王士禛《蚕尾集》卷二有《太子太傅文华殿大学士刑部尚书谥文毅易斋冯公挽词》。

　　《居易录》卷十四:"三月二十三日,内阁传问九卿故大学士冯溥品行宦业,皆奏云'品行端方,服官敬慎',遂覆旨。上谕内阁云'溥有耿介之气',赐谥文毅。"

《临朐编年录》卷七:"三十一年壬申三月二十三日,前文华殿大学士冯溥谥文毅。上谕内阁九卿云:'溥有耿介之气。'"

《清圣祖实录》卷一五四"三十一年三月庚戌朔":"甲戌,予故原任太子太傅文华殿大学士兼刑部尚书冯溥祭葬,谥文敏(毅)。"

法若真有诗。

《黄山诗留》卷十四"壬申"《闻野园》诗,题注:"冯相国祖园,今售民家"。诗云:"曾约联帆到野园,十年不复礼云门。穆陵影落千行泪,洱水萦分百道源。石阙笙歌留夜月,湖阴柴琐结山村。谁家沽酒新从事,宸翰空悬圣主恩。(上有今上书额。)"按:此得之传闻,不足据。冯溥去世后,冶源一直为冯氏世守,未"售民家"。另,冯溥致仕前,康熙帝赠诗一首,赐篆章"适志东山"一方,御诗墨刻一册,似未有御笔书额。

士标妻刘氏卒。

车本《世录·奉祀神主》:"显妣诰封恭人刘氏,行一,神主生于万历三十七年己酉(1609)十月二十七日申时,卒于康熙三十一年壬申九月初一日巳时,享年八十四岁……孝子旭奉祀。"

康熙三十四年乙亥(1695) 协一三十五岁

秋,赵执信访协一,订婚姻。

赵执信《祭冯退庵文》:"乙亥秋,弟东过海上,访兄于庄,居留之数日,复叙欢言,始有婚姻之约。时兄子女尚无多也。"按,冯协一女嫁赵执信子赵念。

康熙三十五年丙子(1696) 协一三十六岁

协一服阕,进京候补。

康熙三十六年丁丑(1697)　　协一三十七岁
协一补广东广州知府。

《(光绪)广州府志》卷二三《职官七·知府》:"冯协一,益都人,监生,三十六年任。"赵执信《退庵冯君墓志并铭》:"服阕,补广东广州知府。粤之首郡,经逆乱盘踞,人怀疑贰,君智驭而德绥之,骤得民和。属县相沿,岁派数千金纳之令,为顾(雇)役直,不问其出入,号曰均平,非功令也。君严禁绝之。巡抚萧公永藻素清峻,于属吏中独器重君,每有委任。一守藩司,两摄转运,咸著声绩。连州生猺作乱,至烦禁旅,君献四策于制府,用之,俄而大定。两台稔其干略,合疏请用为雷琼道,部格不行。后以小误镌级去官,士论惜焉。"《光绪临朐县志》卷十四冯协一本传:"丁父忧,服阕,补广东广州府知府。尚之信初平,人怀疑贰,盗贼肆行,圣祖降旨切责。大吏采协一议,崔符顿息。又连州生瑶为乱,协一请用明王守仁雕剿法平之,大吏皆倚重焉。广东有'均平银',出之各里,大县动至累万,协一请于巡抚彭鹏革除之。以吏议去。"

康熙三十七年戊寅(1698)　　协一三十八岁
协一在广州任。

康熙三十八年己卯(1699)　　协一三十九岁
协一在广州任。中秋,潘耒至,作《中秋冯躬暨太守招集衙斋二首》。

　　按:潘耒《遂初堂诗集》卷十三《楚粤游草下》注:"起己卯夏,尽庚辰夏",此诗见于本卷,故知作于本年。

康熙三十九年庚辰(1700)　　协一四十岁
协一在广州任。两台疏请用为雷琼道,部格不行。

康熙四十年辛巳(1701)　协一四十一岁
协一在广州任。

康熙四十一年壬午(1702)　协一四十二岁
协一以失事去官。

  按,据《(光绪)广州府志》卷二三《职官七》"知府",冯协一后任"朱国宁,浙江人,岁贡,四十一年任",可知协一去任当在本年或上年,暂系于本年。

康熙四十三年甲申(1704)　协一四十四岁
是岁山东大旱。协一周济赵执信。

  赵执信《祭冯退庵文》:"申岁凶灾,蒙兄周急。"《(咸丰)青州府志》卷三〇《邮政上》:"(康熙四十三年)昌乐、诸城大饥,蠲免明年租银,并振济。"《(光绪)益都县图志》卷六《大事志》:"(康熙)四十三年春,大饥,诏免租税,遣官养民。秋,大疫。"青州诸县中,临朐更甚。据张敦仁《临朐编年录》卷七:"(康熙)四十三年甲申,诏全蠲本年税银,止收临德二仓粮。春夏大旱,赤地千里,人相食,道路死者枕藉。遣官养民,四乡设立饭厂赈饥。秋七月,蚜蚄为灾,豆亦不登,饿莩载道。"

康熙四十四年乙酉(1705)　协一四十五岁
春,赵执信访协一于青州。

  赵执信《祭冯退庵文》:"酉春奉诣,痛饮留连,宿兄斋五日。"

康熙四十七年戊子(1708)　协一四十八岁
协一补福建汀州知府。

  《汀州府志》卷十八《职官三》"知府":"冯协一,益都监生,康熙四十七年任。吴澍,高邮监生,康熙五十二年任。"赵执信《退庵冯君墓志并铭》:"再补福建汀州知府。汀士不知学,君创书院,资生徒,讲诵其中,亲课其文艺,由是始有科第。宁化县武生曹祖乾者,聚族一村,性并犷悍。祖乾与其四子尤凶狡,倚众横行,阴蓄异志。其人四出,诱结奸民,乘岁旱,遂大肆劫掠,张旗帜,焚村落,势汹汹……君闻之,诣镇将,谋发兵出不意……既而按诛祖乾父子及同匿者,余一无所问。上官推君首功,欲上闻,时方清晏,讳言兵革,乱既消弥,不复敢张皇其事。"《(光绪)临朐县志》卷十四冯一本传:"补福建汀州府知府。会漳州陈显五等倡乱,宁化曹祖乾应之,延及清流、永定诸县。协一会汀州总兵陈有功捕之。然后闻于上官,民建生祠祀之。"

康熙五十二年癸巳(1713)　　协一五十三岁

协一转知台湾府。

《(光绪)临朐县志》卷十四冯协一本传:"调台湾府知府。台湾民成丁以上岁输银一钱六分于官,曰公用。协一曰'均平类也',除之。旋乞归。"赵执信《退庵冯君墓志并铭》:"君引疾请谢事,两台不许,反调之知台湾府……因俗济和,化行徼外。前守创例:民成丁以上者,每名岁入银于府,为船政需。君曰:'是又均平也',亟除之。恒巡行属邑,宣布朝廷威德,使民谙法令,习礼让,华风郁然。"

刘良璧《重修福建台湾府志》卷十三《职官一·台湾府知府》:"冯协一:江南人。康熙五十二年任,五十四年致仕。"

三月,肃父母及妻皆受诰命。

梨本《世录》收《户部江西司郎中冯肃父母诰命》、《户部江西司郎中冯肃并妻诰命》,日期均为"康熙五十二年三月十八日"。按:冯肃(1667—?),冯治世之子、冯溥之孙,历任行人司司正、刑部员外郎、户部郎中,官至扬州知府,卒于任。

康熙五十三年甲午(1714)　　协一五十四岁

肃升扬州知府。

《(嘉庆)扬州府志》载:"冯肃,益都人,进士,五十三年任。"

按：冯肃以荫选官，未中进士。

康熙五十四年乙未（1715）　协一五十五岁
协一致仕，仍留居台湾。

康熙五十六年丁酉（1717）　协一五十七岁
协一启程回内地。

康熙五十七年戊戌（1718）　协一五十八岁
协一留居于南京。

《益都县图志》卷三七《人物》冯协一本传："调台湾府。台湾民成丁以上岁输银一钱六分于官，曰公用。协一曰'均平类也'，亟除之。五十七年，以耳病归。"

赵执信《退庵冯君墓志并铭》："居（台湾）二载，重听愈甚，听断多误，况未有子，退志遂决。申前请，至于数四，经岁不移，乃得归。抵吴留止，子愿生焉。然岁必一还青州理家政。"《祭冯退庵文》："及戊戌岁，兄以重听引还……于是登堂下榻，宴乐如旧，遂以季女许字念儿……是岁，兄携家居吴，果生令子。弟将儿遂往就婚，迟久成礼，因循返舍，凡三载有余。"

按：据前引刘良璧《重修福建台湾府志》，协一致仕在康熙五十四年，其后任王珍，山西长治人，康熙五十五年任。然《益都县图志》及赵执信《祭冯退庵文》皆言康熙五十七年归，则是冯协一致仕后未立即动身，居留一段时间后方才离台湾，康熙五十七年方抵达南京。

雍正四年丙午（1726）　协一六十六岁
协一探视赵执信于里第。

《祭冯退庵文》："雍正丙午，以间至弟山中，适有家难，三日而去。"

雍正八年(1730)　协一七十岁

协一离南京,携家北返青州。

　　赵执信《退庵冯君墓志并铭》:"年七十,尽室北返。城东三里,先公所授庄,是宋王沂公别墅,君于其中作池亭,恣闲适乐而忘老。"

雍正十一年(1733)　协一七十三岁

冬,协一探视赵执信于里。

　　《祭冯退庵文》:"癸丑冬,兄复来视弟,弟已肓废,对饮强欢,又三日而去,斯为长别矣。"

乾隆二年丁巳(1737)　协一七十七岁

春,协一继室吴氏卒。

　　赵执信《祭冯退庵文》:"兄家连岁小有灾眚,众谓不祥。今年春,嫂夫人逝,弟以为应之矣,寄声相安慰。兄亦能顺时自遣。孰料一朝忽有此变!"

冬十月,协一卒。

　　赵执信《退庵冯君墓志并铭》:"(君)卒于乾隆丁巳十月二日,得年七十有七。"

附　录

冯氏世家著述考略

临朐冯氏号称"文献世家",以著述称于世。兹将冯氏著述可考者胪列于下。

一、冯裕《方伯集》、《海岱会集》

（一）《方伯集》

据《光绪临朐县志》卷九《艺文》载:"冯裕《方伯集》一卷。（此集无单行本,裕曾孙琦刻五大夫集,取以冠首。五大夫者,裕及子惟健、惟重、惟敏、惟讷也。）"《方伯集》一卷,即《冯氏五先生集》（又称《五大夫集》）之一。由冯琦于万历二十四年冬编选,友人康丕扬负责校刻。《方伯集》前弁以李维桢为冯裕及其四子惟健、惟重、惟敏、惟讷所作的传记,实即《大泌山房集》中之《冯氏家传》。文中写道:"（惟重）孙琦今为少宗伯学士",又据《陂门集》前的康丕扬《刻四冯先生集序》:"先生别有行谊、宦迹,具在云杜李太史传中"和"万历丙申孟冬日"的落款,则表明李维桢《冯氏家传》作于"四冯"集汇刻之前。而康丕扬《刻四冯先生集序》则表明"四冯"诗集同时刊刻,此时似未刻《方伯集》,当是冯琦、康丕扬刻完"四冯"集后,冯琦又刻《方伯集》,并取李维桢《冯氏家传》冠于首。

《方伯集》收诗128首,与《海岱会集》所收冯裕诗大致相同。

（二）《海岱会集》十二卷

《光绪临朐县志》卷九《艺义》载:"《海岱会集》十二卷。（冯裕与益都石存礼、陈经、黄卿、杨应奎,寿光刘澄甫、渊甫,即墨蓝田,林下闲居结社酬唱,非一人之作也。诗凡四百七十九首,裕得诗一百二十八首。此书无刻本。《四库全书》著录注云:"兵部侍郎纪昀家藏本",盖传写流播,达于秘府也。)"此集是冯裕与友人结"海岱诗社"的唱和集,凡十二卷,收冯裕等上述七人之诗(集中无蓝田之诗)。其冯氏家藏稿本早已亡佚,王士禛访得钞本后曾抄录一部收藏①。后纪昀亦藏有钞本,《四库全书》据以收录。原序是冯琦友人魏允贞所作,序中云:"友人冯用韫一日以《海岱会集》自远寄至",作序时间为"万历己亥(1599)夏六月朔日"。此集另有民国间钞本,卷首弁以《钦定四库全书简明目录》,并抄附王士禛《古夫于亭杂录》中的有关记载。钞本较四库全书本多出"海岱会集名氏"和"海岱会集条约",集后则附有李文藻《海岱会集跋》和无名氏校勘、识语数十则,对研究海岱结社和此集的版本情况颇有裨益。此本的《简明目录》下附"香亭"的考证:"王渔洋、李南涧俱云《海岱会集》无刻本,而四库何以有是书?盖南涧当日以钞本送其房师纪晓岚,时晓岚为总纂官,故目录中有之也。"南涧为李文藻之号,文藻为纪昀门生,这种推测当有可能。但此钞本所附无名氏识语中说:"南涧钞本正与晓岚藏本多少不同,香亭附识所云'南涧当日以抄本送其房师纪晓岚',此亦是臆度。"其根据是据纪昀藏本而抄录的《四库全书》本与此钞有异文。

《海岱会集》实收冯裕诗127首,其中4首不见于《方伯集》。另外,《嘉靖青州府志》中收冯裕佚诗5首(《云门山大云寺翠微亭》、《劈山》、《表海亭》、《富公亭》、《朐山书院》),以笔者所见,冯裕目前存诗137首。

二、《陂门山人集》、《陂门集》及《大行集》

(一)《陂门山人集》八卷

前四卷为诗赋,后四卷为文,嘉靖三十五年冯惟讷刻。此刻本

---

① 《古夫于亭杂录》卷五称《海岱会集》"倡和诗凡十二卷,无刊本。余近访得钞本,诗各体皆入格,非浪作者……此集惜不行于世,乃钞而藏之"(中华书局,1988年,第120页。)案《池北书目》(道光十二年東武劉氏味經書屋鈔本)中列"海岱倡和诗",正是此钞本。

天津图书馆、山东省图书馆、山东省博物馆、福建师大图书馆均有藏。明人王道明《笠泽堂书目》集部载"《陂门集》二册,冯惟健;《山堂稿》二册,冯惟健",其中《陂门集》当即此书,后者则为"冯惟敏"之讹。

钞本《陂门山人集》每页分上下两栏抄写,版心上方抄"陂门集"三字,中间抄卷、叶,下方有"宋氏抄本"四字。《中国古籍善本书目》卷二六载录其版本为"清商丘宋氏抄本"。《千顷堂书目》和《明史·艺文志》载:"冯惟健《陂门集》八卷。"《光绪临朐县志·艺文》载:"冯惟健《陂门集》八卷。赋诗四卷,文四卷,见《明史·艺文志》。其选入五大夫者,赋二篇,诗一百三十首,即所谓《孝廉集》是也。"所称即此《陂门山人集》。

宋氏钞本《陂门山人集》的脱讹甚多。如卷一的《五歌赠胡益都梅林》,钞本竟脱漏后章竟。除脱文外,亦时有手误,实非善本。在钞本之前,《陂门山人集》有嘉靖三十五年的冯惟讷刻本,宋氏钞本应出自此刻本无疑。

《陂门山人集》冠以冯惟健友人陈凤的《陂门集叙》,交代了作序的始末:"予上京师,时其季氏驾部君汝言适免丧待次公车。会其叔氏汝行上南宫,自其家携所遗稿授予,俾任后死之责,既定著为如干卷,为诗若文总如干首,驾部将刻梓以传,属予为序。"落款为"嘉靖丙辰(1556)王正月南都友人陈凤元举序",是冯惟敏赴会试时托陈凤所撰。

《陂门山人集》卷一除收《圣泉》、《南征》二赋外,收古诗12首;卷二收五言古诗41首、七言古诗12首;卷三收五律64首、长律4首、绝句20首;卷四收七律58首、绝句50首、词1首;卷五收序文类15篇;卷六收记、说、书启共30则;卷七收书启53则;卷八收诔、传、祭文31篇。全集共计赋2篇、诗261首、词1首、文129篇。

(二)《陂门集》一卷

《冯氏五先生集》之一,由冯琦校、康丕扬选刻,弁以康丕扬《刻四冯先生集序》。此集所收全为诗赋,赋两篇:《圣泉赋》、《南征赋》,均作于贵阳,时其父冯裕由石阡知府迁贵州按察副使。诗116

首(其中有一题数章者,若按每章为一首计,则有133首,与《光绪临朐县志》所载130首大致吻合)。

(三)《大行集》一卷

《冯氏五先生集》之一,《千顷堂书目》载"冯惟重《大行集》一卷",即指此本。此集共收诗53首,其中古诗11首,其余42首皆为律诗,数量远逊于惟健、惟敏、惟讷,钱谦益《列朝诗集小传》之"冯举人惟健"称:"兄弟四人,三人皆有集,以才名称于齐鲁间,独惟重无闻焉。"故《列朝诗集》未录其诗,朱彝尊《明诗综》亦未采择,然宋弼《山左明诗钞》、陈田《明诗纪事》皆收录其诗。宋弼认为其诗"清新俊逸,直逼盛唐",评价颇高。

三、冯惟敏著述

冯惟敏著述宏富,据石茂华的《明故保定府通判海浮冯公行状》载:"有《山堂缉稿》、《南游稿》、《燕山稿》、《保定府志》行于世,而《青州府志》、《临朐县志》其删润之笔居多。"《千顷堂书目》卷二三载:"冯惟敏《前山堂缉稿》(字汝行,号海浮,惟健弟,工乐府,历官保定通判)、又《山堂词稿》、又《击节余音》。"《光绪临朐县志·艺文》载:"冯惟敏《临朐县志》(见《昌国艅艎》,卷数未详。)《山堂诗稿》、《击筑余音》(见本传,均无卷数)《石门集》(即五大夫集内之别驾集也,赋二篇,诗一百五十首。)《山堂词稿》(旧志云四卷,考原书只二卷,命之曰词,实曲类也。王世贞称其"杰出",李维桢号为"专家",盖皆指此。)"兹将其著述一一胪列。

(一)《山堂缉稿》、《海浮山堂诗稿》、《海浮山堂文稿》

《山堂缉稿》,最早见于冯惟敏为《海浮山堂词稿》所撰的《山堂词稿引》:"余今刻《山堂缉稿》于润州,既讫工,乃别辑此卷刻之……丙寅闰月海浮山人题",可知《山堂缉稿》于嘉靖丙寅(1566)刻于镇江。但此书除了石茂华所撰《行状》和傅国的《昌国艅艎》外,《千顷堂书目》作"《前山堂缉稿》"。郑骞《冯惟敏及其著述》说:"《临朐县志》又著录《山堂诗稿》,无卷数,其书未见,或即《山堂辑稿》耶?"直至近年,李简《冯惟敏〈山堂缉稿〉说略》才认定《山堂缉稿》即是现藏于北京大学图书馆的《海浮山堂诗文稿》。

《海浮山堂诗文稿》其实是《海山堂诗稿》、《海浮山堂文稿》的合称。《中国古籍善本书目》著录："海浮山堂诗稿五卷文稿五卷,明冯惟敏撰,明嘉靖四十五年刻本"。此书已收入上海古籍出版社出版的《续修四库全书》,卷首冠以许毂作于"嘉靖丙寅秋八月"的《山堂缉稿序》,《序》中说："海浮君由涞水令改教京口,言念通家,停车见访,则又识海浮君……既而海浮别去,俄王、孟二文学持所刻《山堂缉稿》问序,余昔盖尝窥见一斑,而今何幸得尽睹其全也。"可知许毂作序时(1566年秋八月)《山堂缉稿》已问世,则书中所收当为此前的作品。但集中有此后的作品,如《西津折柳卷送蒋山人》,其《序》中有"乃余应滇南之役,逾年归郡,复苦奔命"一句,惟敏"应滇南之役"在隆庆元年(1567);另有《燕州别驾行》"吾当行,君出祖……江南信美非吾土",是作于隆庆三年春天(1568)离开镇江之时。很明显,今本《海浮山堂诗稿》并非嘉靖丙寅所刻的《山堂缉稿》。李简《冯惟敏〈山堂缉稿〉说略》从《诗文稿》的题名、刊刻时间、版式及《海浮山堂词稿》中的内证等四个方面认定《诗文稿》即《山堂缉稿》,虽颇有创见却不准确。今所见《诗文稿》十卷乃是《山堂缉稿》的递修本,或者说,《山堂缉稿》是《海浮山堂诗稿》、《文稿》的前身。《诗稿》、《文稿》在《山堂缉稿》的基础上递修,而仍用许毂原序。

另外,岳濬等《山东通志·经籍志》载："冯惟敏《山堂诗稿》十卷,惟讷弟。又《击筑余音》一卷。"其所称的《山堂诗稿》十卷,当指十卷的《海浮山堂诗稿》、《文稿》。

《海浮山堂诗稿》卷一五古52首、卷二七古44首、卷三五律103首、卷四七律88首、卷五收五言排律、五绝、六绝、七绝共115首,实收诗402首(李简《冯惟敏〈山堂缉稿〉说略》统计为404首),是冯惟敏诸集中收诗最全者。《海浮山堂文稿》五卷,其中卷一收录叙13篇;卷二亦收叙13篇;卷三收叙17篇;卷四收录墓志、行状、祭文24篇;卷五杂著类13篇(《贺王指挥君辅平盗帐词并引》的序文亦计作一篇),全集共计80篇。总之,《诗文稿》囊括了冯惟敏诗文的大部。

(二)《冯海浮集》一卷

俞宪所编《盛明百家诗》之一种,其刊刻稍晚于《海浮山堂诗文稿》,俞宪在《冯海浮集》前的小序中云:"予参东藩,海浮忽为一巡院所虐,因得纵观其诗文,然未有集也。故尝刻少洲诗而不及海浮。比得其集并南游诗数十篇。"文末题"隆庆戊辰长夏"(1568)。俞宪任山东左参政时段顾言曾任山东巡按(1557—1558),冯惟敏因与段交恶而被逮至省城,俞宪得以"纵观其诗文"。隆庆二年戊辰,俞宪"得其集并南游诗数十篇","其集"即《海浮山堂诗稿》,俞氏从中拣择134首,编诗次序一仍其旧;"南游诗"当是冯惟敏往返云南途中所作诗,俞宪从中拣择19首,全集共收153首。

(三)《石门集》一卷

即为万历丙申(1596)康丕扬选、冯琦校刻的《冯氏五先生集》之一种。《光绪临朐县志·艺文》载:"《石门集》,即五大夫集内之别驾集也,赋二篇,诗一百五十首。"郑骞《冯惟敏及其著述》载之甚明:"《石门集》一卷(又名《别驾集》)。万历二十四年丙申,康丕扬选,侄孙琦校刻本;与兄惟健《陂门集》(又名《孝廉集》),惟重《大行集》,弟惟讷《光禄集》合称《四冯先生集》;有康丕扬序;冠以父裕《方伯集》,称《五大夫集》;《光绪临朐县志》卷九上《艺文》著录。原本写刻颇精,燕京大学图书馆藏。"《石门集》中除有几首重收外,实收诗153首(五古26首、七古18首、五律45首、五排2首、七律26首、五绝17首、六绝10首、七绝9首),其中33首不见于《海浮山堂诗稿》。

(四)《南游稿》、《燕山稿》

两集均亡佚,著录仅见于石茂华所撰《行状》。俞宪在为《冯海浮集》所撰小序中称"南游诗数十篇",当即《南游稿》,内容应是冯惟敏应云南乡试之聘途中所作,今可见者即《冯海浮集》中19首不见于《山堂诗稿》的作品。《燕山稿》当即冯惟敏任保定府通判期间的作品,冯琦在编选《石门集》时曾从中选择,其中不见于《诗稿》的33首,除了《别郭山人》、《月夜进舸》、《束李太守磐石》、《石头城有怀》四首亦见于《冯海浮集》外,其余29首当出自《燕山稿》。

综上所论,冯惟敏的诗,《诗稿》、《冯海浮集》、《石门集》三集相加,去其复重,共得诗 450 首。另外,尚有散见于各处的佚诗:①郑骞、李简两文都提到《直隶易州志》所载《仙台》一诗;②刘侗、于奕正《帝京景物略》卷六录冯惟敏诗四首,其中《香山寺》两首不见于上述各集,《上妙高台》和《碧云寺》实乃《石门集》的《碧云寺二首》,《上妙高台》乃《碧云寺二首》其二,只是略有异文而已;③王居易《东镇沂山志》载录了冯惟敏诗两首,其中《御祀东镇》实即《诗稿》卷五中的《采辑先皇实录恭述》十首之七,而《雨余游沂山闻莺》为诸集所无;④临朐梨花埠藏本《冯氏世录》的"诗稿"部分中收惟敏诗 12 首,其中《晓达岳州始知子履应举》、《灞上示舍侄子履》二首为诸集所无;⑤在冯惟敏本人所修《保定府志》中,收录《白沟水》、《咏燕王仙台》、《遂城道中》、《登横翠楼》、《中秋诗》、《安肃故城》六诗,《咏燕王仙台》实即《直隶易州志》之《仙台》一诗,其它五首不见于诸集。

总之,上述共有 11 首诗不见于《石门集》、《冯海浮集》、《海浮山堂诗稿》三个诗集,共得冯惟敏诗 461 首。郑骞《冯惟敏及其著述》(统计为 244 首)、李简《冯惟敏〈山堂缉稿〉说略》(统计为 453 首)两文所计尚不完全,而《冯惟敏全集》(收诗 458 首)亦未称全璧。

此外,《嘉靖青州府志》卷六《地理志》之"云门山大云寺翠微亭"还有"知县冯惟敏诗(同友人赋)"二首,其实就是见于上述诸集的《同罗山父登云门二首得云字、得门字》。《昌国艅艎》卷九和《康熙临朐县志》卷四之"纪诗赋铭"都收录《游冶水》四首,其中第一首乃《秋日小园杂兴》之四(《诗稿》卷三)第二、三首乃《斋居夏夜》七首之一、之三(《诗稿》卷五),第四首乃《沈氏伯仲过访山居》之一(《诗稿》卷一),实不出诸集范围。

惟敏文,除了上述《文稿》中的 80 篇外,尚有佚文如下:①《冯氏世录引》见于冶源车家沟本和青州本的《冯氏世录》,《冶原竹林纪略》见于青州本《世录》;②《山堂词稿引》,见于《海浮山堂词稿》卷首;③在其主纂的《保定府志》中,除《修志自叙》、《后记》、《征收钱粮札子》、《关于保定府官司盐事谍文》、《重修三义祠碑记》、《高阳县度田记》六文外,还有各类序、跋、按、论83则①;④在其主纂的《嘉靖临朐县志》中,有冠以"冯惟敏曰"的文字五则,冠以"敏按"的文字一则。综上所述,若将各类文字统计在内,惟敏存文共180篇。

(五)《海浮山堂词稿》四卷

有题为嘉靖四十五年的刻本和天启六年(1626)刻本。此外,还有汪廷讷环翠堂刻坐隐先生选本、任中敏《散曲丛刊》本、郑振铎藏钞本等。"嘉靖刻本"由上海古籍出版社影印收入《续修四库全书》,因卷首的《山堂词稿引》题有"丙寅闰月,海浮山人题",遂被误认为嘉靖间刻本。然集中实收录不少丙寅年(1566)以后的作品,此本应是嘉靖丙寅刻本基础上的增修本。郑骞《冯惟敏及其著述》对此考证颇为可信:"冯氏家刻本,前有惟敏手书自序,署'丙寅闰月',嘉靖四十五年也……今所见本,载丙寅以后曲甚多,自是后来印本。全书依年分类,编次井然,各曲后时有自记:盖惟敏晚年手订本,而仍用原序耳。全书四卷,卷为一册,每册封皮皆有写刻题签曰'海浮冯先生词稿'盖冯氏后人印本。观其刻工字体,至晚在万历末年,而书中所收万历初年作品甚多,故可定为万历中叶刻本。传世冯曲旧刻,只有此本,或题曰嘉靖刻本,盖据卷首旧序也。嘉靖丙寅原刻,今已不可复见。""编次井然"则未必,因为卷二、卷三有重出小令八首;卷三有杂剧《僧尼共犯》第一折,但是作为散套的形式存在,卷四附录又有整本《僧尼共犯》,实难称"井然"。《光绪临朐县志》考证说:"旧志云四卷,考原书只二卷,命之曰词,实曲类也。"编者所见二卷本极可能是嘉靖原刻本,今所见之四卷本当是在原刻基础上的递修本。

全书共四卷,郑骞《冯惟敏及其著述》云:"卷一:大令(即套数)三十二套,皆北曲。卷二:(1)归田小令二百二十七首,(外《耍孩儿》'十自由',《散曲丛刊》本移于卷四之末)(2)海浮山堂小令一百六十六首。卷三:《击节余音》。散套十一套,南北俱有,内《僧尼共犯》第一折,与附录重,实得十套;杂曲小令一百三十九首(原本一百

---

① 此据曹立会《冯惟敏年谱》所附冯惟敏文统计。

三十六首,《散曲丛刊》本据汪刻选本增补三首),内有《倚马待风云》'悼妓琴仙'四首,南《黄莺儿》'赠妓仙台'四首,重见卷二,实得一百三十一首。此卷皆狎邪谑浪之作,明人结习,存而不论可也。卷四:附录(1)套数五套,皆悲愤寓言之作。《散曲丛刊》本移《耍孩儿》'十自由'于此。(2)杂剧二本:《玉殿传胪》、《僧尼共犯》,《散曲丛刊》本删去此二种。"谢伯阳先生主编的《全明散曲》收冯惟敏作品小令518首,包括《僧尼共犯第一折》在内的散套49套,与上述大致吻合。

(六)《击筑余音》、《石门乐府》

两集均亡佚。《击筑余音》见于四库全书本《山东通志·经籍志》、《光绪临朐县志·艺文》和《益都县图志·艺文》,《千顷堂书目》卷二三则录作"《击节余音》",当为一书异名。其实,《击筑余音》应即《海浮山堂词稿》卷三《击节余音》,《光绪临朐县志》著录《山堂词稿》只有二卷当为嘉靖四十五年冯惟敏原刻本,惟敏卒后,万历年间重刻时,又将嘉靖四十五年(1566)之后的作品收入,并将一卷本的《击筑余音》收入作为第三卷,卷四则收录了五个散套《县官卖酒》、《县官卖柳》、《吕纯阳三界一览》、《骷髅诉冤》、《财神诉冤》,和两个杂剧《玉殿传胪》、《僧尼共犯》,前面仍冠以冯惟敏嘉靖四十五年的原序。这样,原来的两卷本《山堂词稿》便成了四卷本,也因其收录了《击节余音》,原来的单行本《击筑余音》便不再流行。

另外,惟敏在《山堂词稿引》中说:"余弟在秦州刻《诗纪》,以其羡刻《石门乐府》",《石门乐府》当为曲集,今已不见,其中散曲或存于家刻本《海堂山堂词稿》中?

(七)《不伏老》杂剧

共五折,全称为《梁状元不伏老玉殿传胪记》,即家刻本《海浮山堂词稿》中的《玉殿传胪》。敷演的是宋初梁颢的故事。除上述《词稿》收录之外,还有两种较常见:一为孟称舜编《新镌古今名剧酹江集》,明崇祯刻古今名剧合选本;一见于《盛明杂剧二集》中。孟本题为"《一世不伏老》明冯惟敏著、孟称舜评点、刘启胤订正",正目为"王从善自负青春小,刘贤良开樽延旧老;贾希德下第送长亭,梁状元一世不伏老"。此本为双层栏,每栏十九行,行二十字。中缝处有孟称舜的眉批。如首页的眉批云:"有气蒸云梦、波撼洛(岳)阳之概,此剧堪与王渼陂《杜甫游春》曲媲美,置之元人中,亦未肯低眉也。"钱谦益《列朝诗集小传》称"余所见《不伏老》杂剧,当在王渼陂《杜甫春游》之上",即袭取孟语。盛明杂剧本不著冯惟敏名,仅题"北海冯氏编、栩庵居士评;西湖玉汝丁必成、仕元冯士鳌阅"。剧名也仅题作《不伏老》。正目与孟称舜评本同;每页九行,行十九字;页眉处有栩庵居士的评语。《不伏老》全用北曲写成,曲词典雅本色,艺术成就较高。

(八)《僧尼共犯》杂剧

共四折,亦见于家刻本《海浮山堂词稿》。除此之外还有涵芬楼印行的《孤本元明杂剧》本、脉望馆《古今杂剧》校本,后者题作"无名氏"。全剧叙述一僧一尼苟合被逮后还俗事,通过对僧尼行为的肯定,表露作者反清规戒律、反封建礼法的立场,具有以情反理的倾向。全剧四折,以僧尼还俗成亲收场,富于喜剧色彩。作为一部社会风情剧,它有异于历史剧和脱胎于前人作品的戏剧,祁彪佳《远山堂剧品》将此剧列为"逸品",称曰:"本俗境而以雅调写之,字句皆独创者,故刻画之极,渐近自然。"

(九)《(隆庆)保定府志》四十卷

《千顷堂书目》卷六载"冯惟敏《保定府志》四十卷。隆庆辛未修、郡判",隆庆辛未(1571)是成书时间,而其纂修则始于隆庆三年秋。冯惟敏《修志自叙》称:"作志始于己巳之秋,告成于今,近三年矣。而吏事间之者三之二,录刻不给者亦如之,是以久而后成。逮余改官,膏车之日,始稍稍印布焉。"落款时间"隆庆辛未冬十有二月,保定府通判临朐冯惟敏叙"。己巳为隆庆三年,辛未为隆庆五年,从创修至竣工刊印,历时近两年半,除去隆庆三年春至秋这半年时间外,冯惟敏在保定通判任上一直从事修志的工作。

此志仅存一部,藏日本内阁文库,国家图书馆藏影印本。此志图、表、志俱全。图分天文图、地理图;表分封建表、职官表、选举表等;志则有地理、山川、古迹、郡国、政事、祥异、风俗、学政、田赋、户役、兵政、树渠、边政、盐政、屯政、马政、仓厂、驿传、封爵、宦迹、人物、艺文、杂志等。此志与其它成于众手的官修志书不同，每一志前皆作有小序，另加按语，对历史沿革、时事利弊、社会风俗等多有议论和考辨，有鲜明的个人化的特点。

(十)《(嘉靖)临朐县志》四卷

《光绪临朐县志》之凡例云："旧志创始于明嘉靖三十一年，董其事者知县王家士，总纂者邑人冯惟敏……今明志不存。"可知光绪年间修志者未曾见此志，郑骞承袭其说，以为已亡佚。其实，此志现存于宁波天一阁，《天一阁藏明代方志选刊》影印收录。此志非冯惟敏一人之作，据王家士《临朐志叙》，王家士令朐后，"爰议于邑博豫川祝子、草堂夏子、石谿严子，豫川、草堂皆尝考索往事，严子尝草创之，会其迁去，遂托海浮冯子终厥事焉。"祝文(号豫川)、夏云鹏(号草堂)、严怡(号石谿)先后任临朐训导，王家士曾与祝、夏商订，严怡草创体例，而由冯惟敏负责纂成。王家士在《临朐县志叙》中又说："是志也，邑之士大夫皆有商订，不克悉录。如少洲冯子尝之南都，过朐一阅，雅有是正。而石溪、海浮实专其任，可谓有功于朐矣。"可知此志由严怡和冯惟敏先后负责，冯惟讷也参与了修订。此志完成于嘉靖三十一年冬，是临朐县历史上现存最早的县志。

本志共四卷，"风土志"18条，"官政志"10条，"人物志"12条，"杂志"8条，每条实为一类别。虽颇简略，却颇有特色，即编者写入了一些议论性文字，王家士《临朐志叙》说："志风俗、民业则直书弊源，志诡寄、冗兵之类则附以论断，盖天道人事莫不有是非利害之究，不去其害民者，其能有济乎！"全书中除按语外，题为"××曰"的议论凡十二处，其中"马珩曰"一见，"冯惟健曰"两见，"冯惟敏曰"五见，"王家士曰"四见。这些议论都是针对当时的社会弊端而发，体验深切，深中肯綮，体现出鲜明的时代色彩。

另外，冯惟每从涞水罢官后家居期间，曾参与《嘉靖青州府志》的纂修。

四、冯惟讷著述

冯惟讷著述宏富,冯惟敏《明通奉大夫光禄寺卿少洲冯公行状》载:"所著有《风雅广逸》、《楚辞旁注》、《选诗约注》、《汉魏六朝诗纪》、《文献通考纂要》、《少洲初稿》若干卷。"余继登《明通奉大夫光禄寺卿少洲冯公墓志铭》据此写作:"所著有《风雅广逸》、《楚辞旁注》、《选诗约注》、《汉魏六朝诗纪》、《文献通考纂要》、《唐音翼》、《杜律删注》、《冯光禄诗集》若干卷行于世"。四库全书本《山东通志·经籍志》载:"冯惟讷《文献通考纂要》(六十四卷),又《汉魏六朝诗记》(一百卷),又《风雅广韵》(一卷),又《楚词旁注》(一卷),又《选诗约注》(一卷),又《杜律删注》(一卷),又《唐音翼》(一卷)。"《光绪临朐县志·艺文》载:"冯惟讷《青州府志》十八卷(钟志全祖其例),《光禄集》十卷(选入《五大夫集》者一百七十九篇),《古诗纪》一百五十六卷(前集十卷,正集一百三十卷,外集四卷,别集十二卷,《四库全书》所采,乃吴琯所刊,通为一集,卷数次第窜乱,非原书也。国朝冯舒撰《诗纪匡谬》凡一百二十条,亦见《总目》。)《风雅广逸》八卷(以上并见《明史·艺文志》。《府志》作《风雅逸篇》七卷,疑误。)《楚词旁注》、《选诗约注》(《府志》作《逸诗约注》,亦误)、《文献通考纂要》、《杜诗删注》(俱见本传,卷数未详。《府志》又有《光禄诗》,盖即《五大夫集》内之《光禄集》)"兹据文献所载,一一考证如下。

(一)《冯少洲集》一卷

嘉靖间俞宪刻《盛明百家诗》本,现藏浙江省图书馆。此本每半页十行,行二十一字。卷首俞宪识语云:"北海冯汝言,名惟讷,号少洲。原籍辽东广宁卫,今居山东之临朐。父裕、兄惟重皆举进士;长兄惟健、次惟敏皆举于乡。兄弟四人,各抱奇质,好问学。少洲尤称俊雅,予同年中莫逆交也。迩以督学两浙过予,论文多所契。晤既别去,哀其平日所遗诗,刻如左简。少洲锐志篇章,进往未艾,尚虚木以俟云。"识语未言选刻时间,但当距惟讷迁任浙江提学副使(嘉靖四十一年)不远,故此集的刊刻当在嘉靖四十一年至四十二年间(1562—1563)。因此时惟讷诗尚未厘定,此集收诗各体混杂,颇为芜乱。共计136首,其中五古10首、七古3首、五律39首、七律46

首、五绝8首、七绝30首。这是冯惟讷诗集的第一个刻本。

(二)《冯光禄集》十卷

冯惟讷的诗文,除俞宪选刻《冯少洲集》一卷外,生前未曾整理付梓。冯惟敏所撰《行状》称"《少洲初稿》若干卷",当是《冯光禄集》的前身。此集最早见于余继登所撰《墓志铭》:"《冯光禄诗集》若干卷",而《千顷堂书目》、《明史·艺文志》及《光绪临朐县志·艺文志》皆著录"《光禄集》十卷"。其不同在于前者为"诗集"后者为"集",且卷数也由"若干卷"变为"十卷"。究其原因,在于《墓志铭》作于万历十五年(1587),而此时《冯光禄诗集》七卷已刻印,但后三卷尚未配齐。据《中国古籍善本书目》卷二六所录,其版本为"明万历十四年冯琦、冯珣刻本(卷八至十、墓志铭配抄本)"可知,万历十四年(1586),冯琦、冯珣曾将冯惟讷诗整理付梓,于慎行为之作《〈冯光禄诗集〉叙》,其中云:"先生文赋稍多,尚未及梓,先刻诗若干卷。"当时惟讷文赋未及付梓,其后人编为三卷,与先前刻印的《冯光禄诗集》七卷并为十卷,定名《冯光禄集》。此集北图有藏本,青州图书馆有残本。

(三)《光禄集》一卷

即《冯氏五先生集》之一,题"北海冯惟讷著、侄孙琦校、平原康丕扬选",是冯琦、康丕扬从十卷本《光禄集》选择刊印的。此集仍按五古、七古、五律、七律、五绝、七绝的顺序编排。《光绪临朐县志·艺文》认为从十卷本《冯光禄集》中"选入《五大夫集》者一百七十九篇",其实,《光禄集》收五古22首、七古7首、五律79首、五排3首、七律61首、五绝7首、七绝19首,共计198首。因为此集是从十卷本《冯光禄集》中选出,所以编选次序与十卷本一致。

上述三集,《冯少洲集》付梓于嘉靖年间,《冯光禄集》(前七卷)付梓于万历十四年(1586),《五先生集》之《光禄集》则付梓于万历二十四年(1596),其中十卷本《冯光禄集》收录最全而流传最稀。

(四)《诗纪》一百五十六卷

亦称《古诗纪》,亦即冯惟敏所撰《行状》、余继登所撰《墓志铭》所载之《汉魏六朝诗纪》。《诗纪》的编纂始于嘉靖二十三年冬,到嘉靖三十六年(1557)冯惟讷任陕西佥事时全书完成,张四维《古诗纪原序》曰:"始事于甲辰之冬,集成于丁巳之夏,凡十四稔,先生宦迹且遍四方矣。"嘉靖三十七年,陕西御史甄敬为之付梓,三十九年(1560)完工,这便是《诗纪》的初版。此版正集130卷,前集十卷、附录一卷、外集四卷、别集十二卷,共157卷。初版刻印不精,鲁鱼亥豕,所在多有。万历前期,著名刻书家吴琯在南京重刻《古诗纪》,刻成后请王世贞作序,王世贞《古诗纪序》称:"惟讷竭生平之精力为此书,书成而御史甄敬刻之陕西行台。其刻既不能精,又无为之校订者,豕鱼之误相属。盖至万历中而古鄞吴琯氏与其乡人谢陛氏、江都陆弼氏、吴郡俞策氏,相与雠校而复刻之金陵。大约吴氏居其资,而谢氏、陆氏、俞氏居其力。其书遂完好无遗憾。属不佞贞序之。"(《弇州续稿》卷四七)据此,可知这次重刻由吴琯出资,谢陛、陆弼、俞策等人负责校刻。据汪道昆《诗纪序》:"北海冯汝言既辑历代诗纪版之关中,坐踔远而迻之难,且病校者疏而梓者拙也。吴琯自新都起,拓什二以张东秦,身帅吴俞策、歙谢陛、江都陆弼分校之,名吴工敦剞劂,既告成事,莫不精良,则王元美序之矣。"汪序作于万历十四年(1586),王序更在此前,则万历十四年以前,此书已刻成。

吴琯刻本《诗纪》计156卷,其中"前集十卷,皆古逸诗;正集一百三十卷,则汉魏以下陈隋以前之诗咸在焉;外集四卷,旁采仙鬼之作;别集十二卷,则前人论诗之语也"(《四库全书总目》卷一八九《〈古诗纪〉提要》)书中大量的民歌童谣,都从各种典籍搜罗而来,其显著特点就是不仅录出古诗,而且叙述诗的本事,兼注诗中地名及僻字。其"凡例"云:"作者氏系历履、行谊封谥,俱查史传,书其要略,著于名氏之下,庶观者有考焉。"全书以年代编次,各代又以体分,"各家成集者,编法:先乐府,次诗。各分四言、五言、六言、七言、杂言,齐梁以下诸体渐备。今各以体相从,而诸体之中,又以类相附"。

此本刻成后,又有方天眷的重订本,据王重民《中国善本书提要》所录北大图书馆所藏五种善本,皆为万历间刻本。其中,有两种是四十册本:其一有原题"北海冯惟讷汇编,鄞郡吴琯校订",王重民认为"此本纸墨俱佳,且无汪道昆与《唐诗纪》合刻序,盖刷印在《唐纪》刻成之前也"；另一种除原题相同外，卷内还有"种桐仙馆珍藏书籍之印"等印记。另外三种分别是六十册本、三十二册本和三十六册本：六十册本卷一题"北海冯惟讷汇编，海宁方天眷重订"，他卷重订人有方家振、方湛、李秘等名。此本是与《唐诗纪》的合刊本，但王重民认为"此两书非同时所印，《唐诗纪》为吴中珩为版主时所印，《古诗纪》为方氏所印，此则后人配为一部者"。三十二册本和三十六册本均题"北海冯惟讷汇编，鄀郡吴琯校订"，除了张四维和王世贞序外，都有汪道昆作于万历十四年（1586）的《古诗纪》与《唐诗纪》的合刻序，可能和六十册本同出一版。

除吴琯本外，又有万历后期的冯珣刻本。万历四十年（1612），惟讷孙冯珣任陕西长武县令，请于巡按毕懋康，重刻《古诗纪》。此刻由黄承玄、冯珣董理，于次年竣工，卷次一仍其旧。虽对初版多有是正，但仍未尽善。这是《诗纪》的第三个版本。

据《中国古籍善本书目》卷二六列《诗纪》印本共九种，除上述嘉靖三十九年甄敬刻本、万历四十一年黄承玄、冯珣刻本外，其它版本都属吴琯刻本这一系统：吴琯本刷印后，方天眷稍事剟劂，重新刷印，另又有聚锦堂印本，属于同一刻本的三种印本。四库全书本《古诗纪》即以吴琯本过录。

冯惟讷是在前后"七子"主张"诗必盛唐"的诗学背景下编纂此书的，目的是通过编纂此书，让人们了解诗歌史的全貌，并以此纠"七子派"之偏。此书网罗放佚，采摭繁富，凡孤章浩帙、片辞只语，无不搜辑，是对唐前诗歌最早进行的全集式整理，对古诗的辑佚做出了极大贡献。此书一出，即备受文坛关注，名流王世贞、汪道昆、胡应麟等都给予高度评价。并引起了古诗编纂的热潮，较著者有：张之象辑《古诗类苑》120卷、臧懋循辑《诗所》56卷、梅鼎祚《八代诗乘》。《四库全书总目》卷一八九《〈诗纪匡谬〉提要》云："古诗全本，明代凡有四家：梅禹金之《诗乘》，惟汉魏全录，而六朝则删节不完；张之象之《古诗类苑》，近于隶事之书，但供剽掇，不足见作者源流。臧懋循之《古诗所》，分体猥杂，补缀冗胀，义例尤不足观。惟惟讷书自古逸以至隋末，沿革正变，始末秩然，号为善本而不免小有疏漏。"

不仅如此,当时具有明显流派意识的选本如李攀龙的《古今诗删》、钟惺、谭元春的《诗归》,都是从《古诗纪》抄撮而来,连错讹都辗转相沿。

此书也存在诸多不足。首先是颇多真伪错杂、舛漏抵牾之处。许学夷就说它"世次稍紊,真伪相杂,或彼此误入,不能辩证,盖功多而识浅耳"(《诗源辩体》卷三六),胡应麟的《诗薮》亦有多处是正。其次是体例不一:一是各集先以类分,各类又以体分,这种编排颠倒了旧集原本之次序,割裂窜乱,贻误后人;二是所收诗许多是从类书中辑出,冯氏不注出处,如从本集中抄来;三是伤于嗜博,诗文分界不清,冯班曾就此批评道:"近世冯惟讷撰《诗纪》,首纪古逸,尽载铭诔、箴诫、祝赞、繇词,殆失之矣。"(《钝吟杂录》卷三)四是杜撰题目,仿佛原作即有题。针对上述不足,清人冯舒作《诗纪匡谬》一卷,补其阙失112条;杨守敬针对冯书不注出处而多漏误,撰《古诗存目》144卷,既逐篇为之索引,又补其未见之什若干。

《古诗纪》为唐前古诗的辑佚和研究提供了重要借鉴,清初张溥编纂《汉魏六朝百三名家集》、沈德潜编《古诗源》、丁福保辑《全汉三国晋南北朝诗》、逯钦立编《先秦汉魏晋南北朝诗》,无不以之为蓝本。总之,《古诗纪》虽存在不少缺憾,但代表了明代古诗辑佚整理的最高水平,对后世旨在一代之全的全集整理有深远影响。

(五)《风雅广逸》十卷附录一卷

冯惟讷纂,嘉靖三十年刻本,上海图书馆有藏本。据《天一阁藏书目录》,其"往"字号廚藏《风雅广逸》一本,残",此本现在可能亡佚。《千顷堂书目》卷三一称"《风雅广逸》七卷",《明史·艺文》因袭之;《光绪临朐县志·艺文》作"《风雅广逸》八卷"。此书实有十卷,后编入《古诗纪》,《四库全书总目·古诗纪提要》已有精审考辨:"惟讷别有《风雅广逸》十卷,核其所载,即此编之前集。盖初辑古逸诸篇,先刊别行,后乃续成汉魏以下,并为一篇,实非有二。"《风雅广逸》编成之初,冯惟讷曾请何良俊帮助删定,何良俊《四友斋丛说》卷三六载:"冯少洲《风雅逸篇》尝托余删定。其所载'道门'一卷,皆取之《真诰》与《云笈七签》等书。盖佛经诸偈皆出六朝人手,犹有可观。道家诸书,皆张君房辈所纂,乃科书之类,极为芜陋,一无足取者,如何一概混入,余皆删去,今十不存一矣。"《风雅逸篇》为杨慎所辑,此为何氏误记。此集嘉靖三十年(1551)由乔承慈刻印,后来《古诗纪》行世,此书便流传颇罕。

(六)《汉魏诗纪》二十卷

嘉靖三十八年自刻本,每半页九行,行22字,藏国家图书馆、上海图书馆、华东师大图书馆、浙江大学图书馆等。《古诗纪》编成之后,由于卷帙浩繁,刻印不易,冯惟讷从中拣择出汉魏部分,厘为二十卷(汉十卷、魏九卷、吴一卷),定名《汉魏诗纪》,于嘉靖三十八年(1559)刻于武昌。友人乔世宁为作《武昌刻汉魏诗纪序》,乔氏在《序》中说:"少洲冯子类辑古诗,自上古迄秦别为前编,汉为一编,六朝又为一编,唐以下弗录者,盖曰士多有其集云。其博综精鉴,详自著凡例中……刻既成,属余为叙。"除乔世宁序外,友人徐南金亦为作序。

此书除冯惟讷自刻本外,还有嘉靖年间王应璧刻本,此本稍晚于冯氏自刻本,今社科院文学研究所、上海图书馆、南京图书馆、福建省图书馆等均有藏。因此书为《诗纪》节本,故影响较小,流传不广。

(七)《文献通考纂要》、《选诗约注》、《楚词旁注》、《杜律删注》、《唐音翼》

这五部著作,均见于余继登所撰《墓志铭》和四库全书本《山东通志·经籍志》。其中《文献通考纂要》、《楚词旁注》、《选诗约注》亦见于冯惟敏《行状》和《光绪临朐县志·艺文》。《文献通考纂要》,卷数不详,四库全书本《山东通志·经籍志》著录:"冯惟讷《文献通考纂要》六十四卷",不知何据。《选诗约注》,卷数不详,四库全书本《山东通志·经籍志》注为一卷,亦不知所据。《楚词旁注》,卷数不详,亦见《千顷堂书目》卷三一《骚赋类》著录,王道明《笠泽堂书目》"集部"载"《楚词旁注》二册,冯惟讷",可知此书当有多卷。《杜律删注》亦见于《千顷堂书目》卷三二《文史类》,王道明《笠泽堂书目》"集部"载"《杜律刚(删)注》二册,国朝冯惟讷",可知此书亦有多卷。《光绪临朐县志·人物·冯惟讷》载:"其《楚辞旁注》、《逸诗约注》、《文献通考纂要》、《杜诗删注》皆根据赅博,上淹前贤。"其中将《选诗约注》作《逸诗约注》,可知光绪年间《县志》编者未见惟讷书,当时传本已罕。《唐音翼》,《千顷堂书目》卷三一《总集类》亦著录,均不著卷数。四库全书本《山东通志》卷三四《经籍志》著录为一卷。

此五部书可能未曾刊刻,稿本藏于家,后遂亡佚。

(八)《(嘉靖)青州府志》十八卷

嘉靖四十四年刻本,全书共十八卷十二册,版心单鱼尾,黑口,左右双边,每半页九行,正文满行十九字,注文一栏双行并排,每行亦十九字。仅天一阁有藏,影印收入《天一阁藏明代方志选刊》中。

此志实是一部官修府志,成于众手。卷首弁以雷礼和李攀龙《青州府志序》各一篇,钱有威《青州府志后序》一篇。雷礼《序》说:"嘉靖壬戌春,宪副洪洞刘君应时慨青郡久阙志,无以章往开来,与郡人参政冯君惟讷议叶,敦请宪副陈君梦鹤等分类纂辑。草具,未及删订,继慈豁秦君钫秉宪饬戎兹土,与太守古鄞杜君思议",钱有威《后序》也说:"壬戌岁,洪洞刘公以按察副使饬兵青郡,按图抚籍,谓为阙典,以属郡守杜君,鸠度以请。乃罗旧闻,搜遗帙,历访故老,得其梗概,参以少洲冯先生辈志草,征文学四明薛子晨考订而编次之。"可知此志始于嘉靖四十一年,历时三年,完成于四十四年,由按察副使刘应时和青州知府杜思等人主持,依据冯惟讷草稿,又采访搜集,由薛晨编次而成,故"纂修"一栏中首列冯惟讷。另有数十人,其中冯子益、冯子临、冯子履等冯氏子弟都参与了纂修,"同订"一栏中亦列"涞水知县郡人冯惟敏"。

此志卷一为图表,有府总图、府治图、十四州县境图、沂山镇图、颜神镇图、安东卫图、莒州所图、诸城所图、塘头寨图、沿革表;卷二为封建表,卷三为职官表,卷四为选举表,卷五为天文志、星野;卷六卷七为地理志,包括山川、风俗、户口、田赋、物产、古籍等;卷八至十一为人事志,包括官署、学校、祀典、兵防、城池、关梁、驿传、乡社、陵墓、寺观;卷十二至十六为传,分圣贤、封建、名臣、宦绩、人物、忠义、孝友、儒林、文学、武功、隐逸、侨寓、卓行、列女、方伎、仙释、外传等17类。卷十七为艺文,卷十八为遗文。

图、表、志、传具备,编排较为合理,是青州历史上第一部府志,对研究青州的地理人文等都极具史料价值。另外,此志中还收罗了前人时贤的对当地景观的歌咏,如此书中收录冯裕诗五首,均不见于冯裕的《方伯集》和《海岱会集》,对于海岱文人作品的辑佚,亦有一定价值。此书《千顷堂书目》和《明史·艺文》均归于冯惟讷名下,盖因其主纂之功。

五、冯子咸《日进札记》、《自警私录》、《读礼抄记》、《耕余笔谈》

冯子咸的著述均已亡佚,据冯琦《贞静先生行状》:"所著书有《日进劄记》、《自警私录》、《耕余笔谈》、《读礼抄记》,往往有深识精诣,然不欲以著述名。"《光绪临朐县志》、《益都县图志》皆据此著录。

《日进札记》,卷数不详,《千顷堂书目》卷十一《儒家类》亦著录。从书名看,当是冯子咸研修理学的心得体会。《自警私录》,卷数不详,《千顷堂书目》卷十一《儒家类》亦著录。从书名看,当为作者研习理学的经验教训,与《日进劄记》内容相类。《读礼抄记》,卷数不详,从书名看,或是冯子咸读"三礼"的心得体会。《耕余笔谈》,卷数不详,《千顷堂书目》卷十二《杂家类》亦著录,从书名看,当属笔记类著作。冯子咸身为理学家,重躬行而轻言论,"不欲以著述名",所以其著作均未付梓,导致过早亡佚。

六、冯琦著述

冯琦英年早逝,生前又尽瘁国事,但他仍然留下了大量作品。以学问宏博而论,冯琦决不逊于叔祖冯惟讷,《经济类编》、《宋史纪事本末》皆属未竟事业,《北海集》、《方伯集》则为后人整理的诗文集,最可考见其思想与生平。黄虞稷《千顷堂书目》载录《经筵讲义》一卷、《两朝大政纪》(未载卷数)、《宋史纪事本末》二十八卷、《通鉴分解》(未载卷数)、《经济类编》一百卷、《北海集》四十六卷、《宗伯集》八十一卷、《唐策》十卷、《明策》三卷、《正士风文体疏》一卷、《唐诗类韵(注:"一作编")》(未载卷数)等11种撰著。以上撰述,足见冯琦在当时之影响。但其中数种已亡佚,所存者也多有分合重叠。兹将冯琦存世和亡佚著述分别条列:

存世著述:

(一)《冯用韫先生北海集》四十六卷、《冯琢庵先生北海集》五十八卷

1、《冯用韫先生北海集》,简称《北海集》,即黄虞稷《千顷堂书目》所录,明万历林有麟刻本,台湾文海出版社1970年影印收入《明人文学集丛刊》。该书每半页九行,行二十字,白口,四周单边。首有万历三十三年(1605)于慎行序。题"云间林景旸绍熙父校"。林景旸,字绍熙,华亭人。隆庆二年(1568)进士,与冯琦之父冯子履同榜,历官至南太仆寺卿。林有麟,字仁甫,景旸之子,官至龙安府知府。此46卷《北海集》由林景旸校雠,未竣而卒,由其子有麟付梓。据有麟跋语,此本"皆公(冯琦)所手定,尤为善本"。此本在上海、天津、南京、山东、浙江等省市图书馆均有藏本。此本编排井然,前五卷为诗:卷一收四言一首、拟古乐府五首、五言古诗42首、七言古诗25首;卷二收五律125首;卷三存目者112首,漏刻五首,实存106首;卷四收七律104首;卷五收五排八首、七排一首、五绝38首、七绝71首、词五首。共计诗526首、词六首。后四十卷为文(卷46除外):卷六、卷七共收赠序22篇;卷八收送序12篇;卷九、卷十共收寿序27篇;卷十一收录序七篇;卷十二收记13篇;卷十三收传五篇、赞四篇、箴一篇、题跋三篇;卷十四收墓表八篇;卷十五至十七共收墓志铭24篇;卷十八收行状七篇;卷十九、卷二十共收祭文25篇;卷二十一收启24篇;卷二十三至二十九为书牍,共有286封;卷三十、三一共收代万历帝拟写的敕谕一则、诰敕66则;卷三二至卷四〇为奏疏,共97篇;卷四一收议六篇;卷四二收论二篇、表八篇;卷四三至四五共收策14篇。卷四六为附录:收王锡爵所撰《冯琦墓志铭》和公鼐所撰《行状》,而林景旸本人所撰《宗伯冯公传》有目无文,可推知未撰而景旸卒。短长弗计,后四十卷共收冯琦文632篇。

2、《冯琢庵先生北海集》,五十八卷,亦简称《北海集》,万历三十七年刻本,每半页十行,行二十字,白口,左右双边。国家图书馆、南京图书馆、河南省图书馆及南京大学、首都师大、武汉大学等校图书馆均有藏。所收诗文范围与四十六卷本《冯用韫先生北海集》大致相同。

(二)《宗伯集》八十一卷

此书有两种刻本:万历三十五年(1607)刻本和在此基础上的增修本。万历刻本每半页九行,行十七字,白口,左右双边。弁以于慎行的《宗伯冯先生文集叙》、《冯宗伯诗序》和李维桢的《冯宗伯集序》。前六卷为诗:卷一收四言诗一首,拟古乐府五首、五古42首;卷二收七古25首;卷三收五律105首;卷四五律130首;卷五收七律110首;卷六收五言排律八首、七言排律一首、五绝38首、七绝72首、词五首。共计诗537首,比46卷本《北海集》多出11首;词六首,与《北海集》所收相同。卷七至卷八十一为文:卷七至卷十四共收序67篇,比《北海集》少收一篇;卷十五收记10篇;卷十六收记三篇、题跋三篇、传五篇;卷十七收赞四篇、箴一篇、墓表七篇;卷十八、十九共收行状六篇(墓表、行状各比《冯用韫先生北海集》少一篇);卷二十至卷二十三共收墓志铭24篇;卷二十四收表八篇;卷二十五收启28则;卷二十六、二十七共收议六篇;卷二十八、卷二十九收敕谕一篇、诰敕64篇,比《冯用韫先生北海集》少两篇;卷三十收经筵讲章六篇;卷三十一至卷四十七为"日讲通鉴直解",共252则;卷四十八至卷五十九为奏疏,共97封;卷六十至卷六十六共收论两篇、策14篇;卷六十七、六十八共收祭文25篇;卷六十九至卷八十一收书牍共286则。如此,《宗伯集》共收各类文体达919篇。除两书所收各类文体数目略有不同外,《宗伯集》比《冯用韫先生北海集》多收"经筵讲章"和"日讲通鉴直解"两类文体。据《中国古籍善本书目》,《宗伯集》初刻本在北大、清华、中央民族学院、复旦、华东师大、南开、中山大学等高校图书馆和上海、天津、辽宁、吉林、山东、湖北各省图书馆共28家均有藏本。其中浙江图书馆藏本附有康有为跋。增修本仅上海图书馆存有一部。是书策论中多涉及明廷与建州边事,清乾隆年间被定为全毁书,《四库禁毁书丛刊》据天津藏本影印。

(三)青箱本《宗伯集》六卷、萃庆堂刻本《宗伯集》六卷、《文敏冯先生诗集》六卷

冯琦的诗集亦曾单行,其中有《宗伯集》两种、另有《文敏冯先生诗集》一种。《宗伯集》有两种版本:

1、青箱本《宗伯集》六卷,万历三十五年刻本,每半页九行,行二十字,白口,四周单边,现存于中山大学图书馆。此书和八十一卷本同刻于万历三十五年,当时从中拣择而出。

2、另一种林余泗泉刻本,晋江李廷机校,门人庄天合、李腾芳同辑,万历三十九年林余泗泉刻本。每半页九行,行二十字,无直格,白口,单鱼尾,四周单边。书中钤有"朱□之印"、"九丹一字淹颂"、"从光之印"、"松风水月"等印。是书收序五十四篇、记八篇、传二篇、赞二篇、箴二篇、墓表四篇、行状二篇、墓志铭五篇、表五篇、启五篇、引一篇、议三篇、疏七篇、论二篇、策十三道、书牍三十六通。共收文145篇,每篇之后附《篇意》和《释义》,前者概述内容大意,后者注解名词、典故,当是校者所加,亦为本书一大特色。书前弁以万历三十三年于慎行序。国家图书馆、北京大学、中国社科院、广东中山图书馆均有藏本。此书和《冯用韫先生北海集》均出于云间林氏,可知此书当从后者精选而出。

3、《文敏冯先生诗集》六卷,明末刻本,收诗500多首,附录词九首。山东省图书馆和首都图书馆有藏本。清冯溥藏《佳山堂书目》的"家刻"一类中列《文敏公诗集》,当即此书。

(四)《宗伯冯先生尺牍》四卷、《冯用韫先生书牍》四卷

1、《宗伯冯先生尺牍》,明末刻本,国家图书馆和山东省图书馆有藏本。所收书牍不出八十一卷本《宗伯集》范围。清冯溥藏《佳山堂书目》的"家刻"中有《宗伯尺牍》,当即此书。

2、《冯用韫先生书牍》,清乾隆三年程岑刻本。每半页九行,行二十四字,无栏线,白口,单鱼尾,左右双边。是书共收尺牍二百通,书前弁以程岑之序,称冯琦尺牍"周挚条畅,词采彬郁,不染纤毫尘俗气习,尤堪宝贵"。北京大学、中国社科院文研所和浙江省图书

馆、山东省博物馆均有藏本。杜泽逊先生影印收入《山东文献集成》。

上述八种,共收冯琦文章900余篇、诗500余首、词九首。这些集子多刻于明末,可知冯琦诗文曾在明清之际广为流传。另外,明代总集如《增定国朝馆课经世宏辞》、《皇明经世实用编》、《明文奇赏》、《明文在》、《列朝诗集》、《山左明诗钞》、《明诗纪事》、《青州明诗钞》等均收录其诗文,足以证明冯琦诗文的地位和流传情况。

冯琦之文尚有未见于以上诸集者:《条麓堂稿序》(见张四维《条麓堂集》,明万历二十三年刻本)、《笔麈题辞》(见于慎行《谷山笔麈》,万历四十一年刻本;亦见天启五年刻本)、《兖州府志序》(见于慎行《兖州府志》,齐鲁书社影印万历二十四年刻本)、《国朝典汇序》(见徐学聚《国朝典汇》,北大图书馆藏明万历刻本)等序文四篇;另外,见于临朐冯氏家谱《冯氏世录》的《显考河南布政使司右参政诰封通议大夫礼部右侍郎兼翰林院侍读学士府君行略》和《敦睦论》、《修建祠堂约单》三文也未收入其文集。

（五）《经济类编》

《经济类编》是冯琦编纂的一部类书,《明史·艺文志》亦著录。书成于冯琦去世的次年(1604),此书刻本前有其从弟冯瑗所作《经济类编序》,称:"先兄琢庵先生弱冠读中秘书,则厌薄菁藻,留志经济。与同馆于公下帷读史,时瑗从先生问字,间窥帷中,每有札记,必刉截至笥箧,余即弃去。及读他书亦然。阅数年,笥箧渐满,遂分类目。手自缀演成数十编,散置几案间,若将更有论著……会虎林郑生之惠过北海,从先生问字。先生与抵掌千古及当世务甚惬,因出视是编,欲广陆文裕《同异录》之意,节采编中政最巨、论最畅者,稍为论著,成一家言,并以《录》受生。"冯琦卒后,冯瑗与郑之惠"相与整齐其绪,厘为百卷,属总类其上,以便编检,间遇一事数见者,稍芟其复。副墨将半,以质侍御周公……趋取卒业,手定编次,捐四十万钱,属嘉禾曹理君遍告同举诸君,而以剞劂役属仁和吾令君及郑生董焉。令君就郑生所肄业南屏山开局鸠工,簿书稍暇,躬诣督校,凡六阅月。瑗及瓜当代,生以刻成编目来,几十之八矣。千金之役、千指之役、亦千日之役"。冯梦祯《〈经济类编〉序》亦载:"公没无几,而是编出于公弟民部郎瑗。盖主于经济,而杂采秦汉已下鸿儒著作、名臣奏对,旁及百家杂猥,为类二十有三目,俪之凡三百余条,盖大宗伯东阿于公尝参其画。民部所云割截群书、手自演缀者,因忆在馆时阖扉静哦,是编实托始矣……整齐厘次,存公手泽,则公之门生侍御周公、仁和令吴公有功焉,而受其成于郑生孔肩。剞劂之役,则周公而下出赀共成之,而我吴明府之劳勤尤剧"①。据以上记述可知:一、此书筹划始于冯琦任职词馆时,于慎行曾参与其体例和条目的商订,冯琦去世后,冯瑗和郑之惠整理编次,冯琦门人周家栋出资,而另一门人吴光仪负责鸠工刊刻,"千金之役、千指之役、亦千日之役"说明此编耗费财力、人力、精力之大。二、此书基本上一依冯琦"手泽",冯瑗等人仅是"整齐其绪,厘为百卷"、"属总类其上"、"稍芟其复"。

全书100卷,共分23类:帝王类(卷一至卷六),政治类(卷七至卷十四),储宫类(卷十五、十六),宫掖类(卷十七至十九),臣类(卷二〇至二五),谏诤类(卷二六至二八),铨衡类(卷二九至三四),财赋类(卷三五至三八),礼仪类(卷三九至四五),乐类(卷四六),文学类(卷四七至五四),武功类(卷五五至六七),边塞类(卷六八至七〇),刑法类(卷七一至七三),工虞类(卷七四),天类(卷七五至七八),地类(卷七〇至八〇),人伦类(卷八一至八三),人品类(卷八四至八八),人事类(卷八九至九三),道术类(卷九四至九七),物类(卷九八),杂言类(卷九九、一〇〇)。其中,帝王、政治、臣、铨衡、礼仪、文学、武功内容较为丰富,而物、乐二类各一卷,则过于粗略,诚如《四库全书总目·〈经济类编〉提要》所言"此书既非琦所手校,其间所录诸条,瑗等有所损而弗能益,故或详或略,不尽均齐。又离析合并,未必一一得琦之本意"。四库馆臣认为此书可与《册府元龟》比美,"《册府元龟》惟隶事迹,此则兼录文章;《册府元龟》惟以

---

① 冯梦祯:《故大宗伯临朐冯公经济类编序》,《快雪堂集》,明万历四十四年黄汝亨朱之蕃等刻本。

史传为据,此则诸子百家靡不捃拾";又称其内容"采摭繁富,颇为赅洽",资料来源"网罗繁富,大抵采自本书,究非明人类书辗转稗贩者比"。所论洵为公允。但批评"'道术类'中有神妖诸琐说,'物类'中及宝鼎、琴、酒诸琐事,概以体例,颇属芜杂,是则尺璧不免于微瑕,大木不免于寸朽",似未深晓冯琦崇儒而黜佛道的用意。《经济类编》内容驳杂、征事宏富,非明代一般类书可比。但由于较《册府元龟》晚出数百年,故鲜有人征引,其作用尚未引起注意。

《经济类编》目前存抄本和刻本。抄本在明代已流传,目前上海图书馆存有卷四十九至卷五十三共五卷;天一阁文物保管所亦存有抄本卷一至卷二十四、卷二十九至卷四十八、卷五十四至卷六十一,共计52卷;复旦大学图书馆则藏有明吴氏丛书堂抄本,存卷三至卷五、卷十四至卷十七、卷二十至卷二十三、卷二十七至卷三十一、卷三十三至卷三十六、卷三十九至卷五十、卷五十八至卷六十一,共存36卷。刻本即冯琦去世次年(1604)周家栋等人的刻本,此本每页十行,行二十字,白口,四周单边。刻本目前在国家图书馆、山东省图书馆、山东省博物馆及北京大学、清华大学、南开大学、山东大学等41家图书馆均有藏本。常见者是《文渊阁四库全书》本。

(六)《宋史纪事本末》

《宋史纪事本末》是冯琦的史学著作,也是未完之书,由陈邦瞻续成。《本末》有十卷本、二十八卷本和一百九卷本三个系统。十卷本是万历三十三年(1605)刘曰梧、徐申刻,今国家图书馆、北京师大图书馆、社科院文学研究所以及上海、天津、浙江、安徽、河南、湖南各省图均有藏。二十八卷本亦为万历年间所刻,今北京大学、南京大学以及辽宁、吉林、山东、浙江、河南、四川、甘肃各省图书馆均有藏。一百九卷本题"冯琦撰、陈邦瞻补、张溥论正",有明末张溥刻本和清初张闻升刻本,明末本在中国人民大学、复旦、华东师大等高校图书馆和山东省图等均有藏,清初本现藏于中山大学图书馆。较常见者是《四库全书》本和中华书局1977年出版的校点本。

四库全书本《宋史纪事本末》共28卷,110篇,因篇幅不齐,各卷中篇数不一,如第一卷含"太祖代周"等十篇,而卷八只有"王安石变法"一篇。

《总目》之《宋史纪事本末提要》云:"初,礼部侍郎临朐冯琦欲仿《通鉴纪事本末》例,论次宋事,分类相比,以续袁枢之书,未就而没。御史南昌刘曰梧得其遗稿,因属邦瞻增订成编,大抵本于琦者十之三,出于邦瞻者十之七……于一代兴废治乱之迹,梗概略具……诠叙颇有条理。诸史之中,《宋史》最为芜秽,不似《资治通鉴》本有脉络可寻。此书部列区分,使一一就绪。其书虽亚于枢,其寻绎之功,乃视枢为倍矣。惟是书中纪事既兼及辽、金两朝,当时南北分疆,不能统一,自当称'宋、辽、金三史纪事',方于体例无乖。乃专用'宋史'标名,殊涉偏见。至《元史纪事本末》,邦瞻已别有成书,此内如蒙古诸帝之立、蒙古立国之制诸篇,皆专纪元初事实,即应析归元纪之中,使其首尾相接。乃以临安未破,一概列在宋编,尤失于限断。此外因仍宋史之旧,舛讹疏漏未及订正者,亦所不免。然于记载冗杂之内,实有披榛得路之功,读《通鉴》者可无袁枢之书,读《宋史》者不可无此一编也。"

其实,在陈邦瞻之前,南京的沈越也曾编纂《宋史事纪》,据刘曰梧《刻宋史纪事本末序》:"余师临朐冯先生盖尝慨然于斯,稍为编次,凡例初具,天复不予。及余行部旧京,从京兆徐公所,得故沈侍御所辑《事纪》于其子朝阳,义例适与冯先生合,而删润未备,条贯稍遗。余乡司勋陈公德远,博观二酉之藏,能以精神疏观古人于千载之后,事惟择其关时,言无取于枝叶……盖经三公之手而书始成。"可知,刘曰梧得到冯琦遗稿后,又从友人徐申处获知沈越有遗稿《宋史事纪》,因将两部遗稿交由陈邦瞻,由其最后成书。

陈邦瞻也记撰述此书的原委:"《宋史纪事本末》者,论次宋事而比之,以续袁氏通鉴之编者也。先是,宗伯冯公欲为是书而未就,侍御斗阳刘先生得其遗稿若干帙,以视京兆徐公,徐公以授门下沈生,俾雠正之,因共属不佞续成焉。凡不佞所增辑几十七,大都则侍御之指而宗伯之志也。"作序时间是"万历乙巳(1605)仲春",即冯琦辞世两年后。此书短长已如四库馆臣所说,"失于限断"是最大不足。但冯琦、陈邦瞻继承了袁枢的本末体写法,对后世影响甚巨。清谷应泰编《明史纪事本末》,《序》曰:"通鉴纪事本末者,创自建安袁枢,而北海冯琦继之。其法以事类相比附,使读者审理乱之大趋,迹政治之得失,首尾毕具,分部就班。较之盲左之编年,则包举而该浃;比之班马之传志,则简练而橐括。盖史外之别例而温公之素臣也。"

中华书局校点本《宋史纪事本末》径署陈邦瞻,殊失公允。《四库全书》本署"明冯琦原编、陈邦瞻增辑",《山东文献书目》著录万历原刻本亦题"(明)冯琦撰　(明)陈邦瞻增订",更为允当。

(七)《唐策》十卷、《明策》三卷

1、崇祯五年张氏智居楼刻本,署张延登辑,而不题冯琦。此书每半页八行,行十六字,白口,四周单边。现藏于北大图书馆。按,张延登(？—1637),字济美,山东邹平人。万历二十年(1592)进士,官至右都御使。有关他的记载,如《民国邹平县志》,皆未载其辑《唐策》事。

2、今国家图书馆藏《明策》四卷,题"明冯琦、黄汝良撰,张延登辑",当即黄汝良在冯琦三卷本的基础上增修而成。此本为明崇祯间张延登刻本,附清李文田跋语,亦每半页八行,行十六字,白口,四周单边,版本特征与《唐策》完全一致。由此可以推知,张氏刻本《唐策》当亦冯琦之作,极有可能在冯琦卒后手稿辗转流入张延登之手,张氏崇祯间将《明策》、《唐策》一起付梓,而将《唐策》换署己名。黄氏《千顷堂书目》所记不误。

(八)《万历辛丑会试录》一卷

万历刊本,现藏台湾"国家图书馆"。实即《宗伯集》卷十四《辛丑科会试录序》一文。台北学生书局影印,收入屈万里主编的《明代登科录汇编》。

(九)亡佚著述

1、《经筵讲义》一卷。未见传本,疑即《宗伯集》卷三十的《经筵讲章》,原曾单行,八十一卷本《宗伯集》刊印后,此书遂亡。

2、《通鉴分解》。不载卷数,《光绪临朐县志》卷九《艺文》考证云:"此书不传,《宗伯集》内有《日讲通鉴直解》十七卷,岂即此书而目特重出欤?"所疑甚是:《宗伯集》卷三十一至卷四十七所收《日讲通鉴直解》,实为冯琦任讲官时的"讲稿",是对《资治通鉴》的讲解,其中以古为镜、借古讽今的用意至为明显。《通鉴分解》即此十七卷《日讲通鉴直解》无疑。此书原亦有单行本,后来亡佚当与《宗伯集》问世有关。

3、《两朝大政纪》。见傅国《昌国艅艎·艺文》和《千顷堂书目》,《光绪临朐县志·艺文》亦据傅书著录。

4、《唐诗类韵》。《千顷堂书目》、《昌国艅艎·艺文》、《光绪临朐县志·艺文》均著录。此书与《两朝大政记》均见于《昌国艅艎》,作者傅国与冯琦同邑同时,记载当可凭信。今题名《唐诗类韵》的明人著作有两种:一种四卷,张可大辑,明万历刻本;另一种二十九卷,题于承祖撰,明万历白雪斋刻本。这两种是否与冯著有关还不得而知。

5、《正士风文体疏》一卷。当即《宗伯集》卷54中的《为肃官常清吏治端士习恳乞圣明严为申饬以挽回世道人心疏》,此疏在晚明曾流传甚广,傅国亦载入《昌国艅艎》。

6、《北海书抄》。《昌国艅艎》著录,《光绪临朐县志》亦据以著录。从书名看,当系冯琦书牍之一种。

7、《文敏公奏疏》。见冯溥《佳山堂书目》之"家刻"类。按,《宗伯集》卷四十八至五十九为奏疏,当即此集。此《奏疏》原本单行,因《宗伯集》出而不复流行。

8、《宗伯遗稿》。亦见《佳山堂书目》之"家刻"类。此书与《宗伯尺牍》、《文敏公奏疏》、《文敏公诗集》并列,当为《宗伯集》中的其他文章。

七、冯瑗、冯珣著述

(一)《晋楚从政录》、《使越录》、《黄龙纪事》、《黄龙焚草》

冯瑗的著述,据钟羽正《明中宪大夫整饬辽东开原兵备道河南布政使司右参政兼按察司佥事栗庵冯公墓志铭》:"著有《晋楚从政录》、《使越录》、《黄龙焚草》、《黄龙纪事》藏于家。"董可威所撰《栗庵冯公行状》同此。这些著作未曾刊刻,至今都已亡佚。

《晋楚从政录》,卷数不详,冯瑗曾任湖广茶陵、山西泽州知州,此书当是在两地从政的纪录。《使越录》,卷数不详,冯瑗在任户部广东司员外郎时曾监兑两浙漕粮,此书当是出使浙江时的纪录。

《黄龙纪事》,卷数不详,《光绪临朐县志·艺文》著录:"冯瑗《黄龙纪事》(见本传,盖瑗在开原时作,傅国称其甚晰边情。)"据钟羽正《栗庵冯公墓志铭》:"予读《黄龙纪事》,抚卷于邑,弗忍竟也,辽事谬至此哉!世曷尝无沉几远虑之士,方危机交急,揣情势、沥肝胆而筹之,当事者曾不少顾,馁谏舆尸,天固夺之鉴也。"又董可威《栗庵冯公行状》:"当事者以规为瑱,若水投石不相入也。既不能审时观变以用其言,又复因言而挤之去,是诚何心哉?试读《黄龙纪事》及《焚草》诸书,令人涕零哽咽,恫乎有余悲也。"可知此书所记是冯瑗对女真诸部的策略和冯瑗的军事思想,成书于任开原兵备道时。

《黄龙焚草》,卷数不详,据董可威《栗庵冯公行状》:"公复条具奴之可亡者十,而我之可虑者亦十,语具在《黄龙焚草》中,顾与经台枘凿戾也。"奴即指努尔哈赤,可知此书和《黄龙纪事》所载内容相近,都是有关对努尔哈赤战争的策略。

(二)《开原图说》二卷

《行状》和《墓志铭》未著录的《开原图说》,是冯瑗仅存的著作。此书有万历末年的刻本,卷首第二行有"北海冯瑗辑",卷末有"金台魏祚、刘凤、陈玉写刊"。上单鱼尾,每半页九行,除顶格二十字外,一般每行十九字。据上卷抚安、白家卫、三岔儿堡图下均有"万历四十六年东夷入犯克去",可知辑成此书当在此年,因为次年三月明军有萨尔浒之败,六月开原陷落,所以此书可能在万历四十六年前后刊刻。

全书分上下两卷,内容可分为图说、女真枝系、军政三个部分。上卷叙开原及附近各城堡的防卫,先图后文,故称"图说"。凡27图,图后文字介绍每一处城堡的形势、守卫等情况,分城堡、职官、军马、墩台、边塞等情况,篇末附冯瑗的按语,是对各处防卫形势的分析和总结。下卷12篇,先考女真各部的枝派,包括海西夷北关枝派图考、海西夷南关枝派图考、福余卫夷枝派图考、东房二十四营枝派图考,是对女真各部的介绍;另有正兵营图说、奇兵营图说、奇正总营图说、对敌图说、行营图说、敕饬营伍公移、严谨传烽号令、稽查军马格式等8篇,属军政。此书对研究明末开原及周边防务以及满族枝派、起源的重要史料。

此书体现了冯瑗对于边事的深忧卓识,如他在开篇写道:"缺官废事,动经岁年,冲圉之常耳。非有殊异之擢,恐不能来死绥之士。至于营堡萧条,即墩台棋布,仅其名耳。额军耗矣,招募无几也,其谁与守?训练虽勤,稽查虽严,顾四钱月饷历三季而始得,枵腹荷戈,安责御戎哉?观斯图者,宁不为开原虑乎?"

此书刻本被影印收入《玄览堂丛书》。除刻本外,此书还以抄本流传。抄本除了冯瑗的韩国后裔保存的一部外,国内存四部,分别藏于华东师范大学图书馆、北京师范大学图书馆、上海图书馆、复旦大学图书馆,其中华东师大藏本收入《华东师范大学藏稀见方志丛刊》。

(三)《韫璞斋稿》

冯珣《韫璞斋稿》,卷数不详,《光绪临朐县志·艺文》著录。因此书亡佚,冯珣诗作全貌已难详知,但临朐梨花埠本《冯氏世录》收其诗百余首,几乎全是有关骨肉亲情的,可以悬想《韫璞斋稿》中诗作数量应颇为可观。清末民初赵愚轩编选《青州明诗钞》,选其诗十九首,有写景、咏怀、唱酬之作,亦当出自此书,则此书清末民初间犹存。

八、冯溥著述

(一)《佳山堂集》十卷《二集》九卷

冯溥留存的诗,全部保存在《佳山堂集》中。《佳山堂集》分为《初集》和《二集》,从两集的序跋看,《佳山堂集》十卷初刻于康熙十九年(1680)秋,《二集》刊刻于康熙二十七年(1688)冬。此本将众人作于不同时期的序跋罗列在一起,可以断定是《初集》、《二集》合刊,时间当晚于康熙二十七年付梓的《佳山堂诗二集》。《光绪临朐县志·艺文》著录:"冯溥《佳山堂集》四卷",明显讹误。此集藏本甚多,北京大学、清华大学、中央党校、中国科学院、复旦大学等的图书馆及上海图书馆均有藏。此合刊本已被《四库全书存目丛书》收录。

由于冯溥屡任考官,又喜延揽士人,故其诗集一成,一时士人,纷纷为序。《四库全书总目》云:"《佳山堂集》十卷(山东巡抚采进本),国朝冯溥撰,溥字易斋,益都人,顺治丁亥进士,官至大学士。康熙己未召试博学鸿词,溥与高阳李霨、宝坻杜臻、昆山叶方霭四人同为阅卷官,得人最盛,故毛奇龄等为作集序,皆称门人,其诗则未为精诣也。"此本前冠有高珩、魏象枢、施闰章、梁清标、汪懋麟、毛奇龄、曹禾、徐乾学、李天馥、王士禛、方象瑛、王嗣槐、陈维崧、陈玉璂、冯源济等人的序各一篇,高珩、毛奇龄、曹禾的序皆题作于康熙十九年(1680),徐乾学的序作于康熙二十年,梁清标的序作于二十一年秋冯溥致仕之际,陈玉璂、冯源济的序前标曰"旧序",可知《初集》即十卷本《佳山堂集》前只有陈、冯二人的序,后来合刊时才将众人之序附上。

《佳山堂集》十卷由冯溥众门人及三子负责校勘。如卷一收乐府诗,题"门人西河毛奇龄大可、阳羡陈维崧其年仝较";卷二为五言古诗,题"门人江都汪懋麟蛟门、遂安方象瑛渭仁仝较",十卷共计869首。

《二集》共九卷,卷首附冯溥门人黄与坚的序。亦由众门人和其三子负责校刊。如卷一为五言古诗,题"门人王嗣槐仲昭、男慈彻冒闻、治世虞臣、协一躬暨仝较"。《二集》中各类诗体共计439首。两集相加,得冯溥诗共1308首。

《二集》后附有冯溥诸门人跋作七篇,分别为徐嘉炎、倪灿、吴任臣、徐釚、毛奇龄、毛端士、陆葇所作。徐、倪之作未题年月,毛奇龄的"后序"题"康熙戊辰(1688)孟冬月",为《二集》付梓之时。其他四篇跋作皆作于康熙十九年秋冬之际,当是为十卷《初集》而作。

由于冯溥高居相位,又喜延揽学士,故其诗在清初影响甚大。

毛奇龄《佳山堂诗集序》评其诗"言大而旨博,义深而见远,絪缊阖辟,浑括万有,渢渢乎大人之言也。"王士禛《序》称:"窃惟国家值休明之运,必有伟人硕德以雄词巨笔敷张神藻,铿乎有声,炳乎有光……文章之用为经国之大业,而与治道相表里,夫惟先生之文为足以当之。"这些评价难免过分溢美,《四库全书总目》称其"得人最盛……其诗则未为精诣也",《重订清诗别裁集》卷二评曰:"其诗以雅正为宗,不争长于字句之间",均为中肯之论。

合刊本《佳山堂集》中的 1308 首诗,包括了目前所见的冯溥诗。冯溥文多不存。笔者所见,《康熙临朐县志》中载录三篇:卷首的《临朐县志叙》和卷四的《重修临朐县儒学碑记》和《东城隍庙记》。此外,方象瑛的《健松斋集》中冠以冯溥的《〈健松斋集〉序》,作于康熙己未夏(1689),另有王嗣槐《桂山堂文选》冠以冯溥的《桂山堂文选序》一篇。《清文汇》甲集卷四收录《学文堂集序》和《户部右侍郎郝杰墓志》两文,另外在《御定资政要览》(四库全书本)中附有冯溥的跋语一篇。冯溥文今可见者有上述八篇。

(二)《佳山堂书目》一卷

清冯溥藏,道光十二年诸城刘喜海钞本,现藏于国家图书馆。是书所列为冯溥藏书之一部分。首页行书题"益都冯相国佳山堂藏书目录",卷首刘喜海《序》称冯溥原书目"乾隆辛卯间,李南涧先生得于其家",刘氏"从南涧先生所录书目中钞得此种",刘氏又称"余过益都时,不全得写本《周益公集》一巨册,云是相国故物,冯氏售出者,而目中无此种,即此目亦恐非当时故籍也。"可知刘氏此本钞自李文藻藏本,而李氏所藏亦非全璧。刘氏此钞颇为精美,版心单鱼尾白尾,白口,左右双边,版心上方钤"佳山堂书目",下方钤"东武刘氏味经书屋藏书",左边框下方外侧有"燕庭校钞"字样,燕庭即喜海之号。全书共五十七页,分为经书、史书(附前明书)、志书、类书、文集、子书、诗集、韵书、医书、佛书、道书、天文、地理、杂记、家刻共十五类。末页题"道光壬辰春,兄雯改名如海书,时年七十有六"。

此目收罗广泛,与毛奇龄所撰《易斋冯公年谱》中称冯溥"穷极经史,旁及外氏六通、五觉、十秘、九府之书"的趣向是一致的。其中所收明人作品,作者大多与冯氏家族有所交往,"家刻"中则全是冯氏家族的著作,而"志书"中也以山东方志居多,可见其藏书的鲜明特点。其中相当一部分属冯氏数代所世守。

此目的不足是太过简略,只列书名而不署作者、卷数。且偶有手误,如《啄鸣文集》之"啄"当为"喙"之讹,《喙鸣文集》即明人沈一贯之集。总地来说,此目对于研究冯溥和冯氏家族都有一定研究价值。

九、冯协一等人著述

冯溥之后,临朐冯氏的仕宦和著述逐渐式微,兹将可考之著述简列如下:

(一)冯协一《友柏堂遗诗选》二卷

冯协一《友柏堂遗诗选》,二卷,《四库全书》所据为周永年家藏本。《总目》之《友柏堂遗诗选提要》称:"子愿检收遗稿,求正于其姻家赵执信。执信托目疾不省览,命门人常熟仲是保代删之,而执信为之序,是保跋焉。其诗虽未极工,亦非极恶,而执信序嘲诮百端,殊可怪讶!亦可云魏收惊蛱蝶矣。"亦见《皇朝文献通考》卷二三四《经籍考》和《皇朝通志》卷一○三《艺文略七》,另外《光绪临朐县志·艺文》和《益都县图志·艺文》均有著录。此书刻本现仅存于国家图书馆。

(二)冯灏《益都志续》一卷、《冯氏世录》一卷

冯灏著。冯灏,冯溥三弟。《益都县图志·艺文》载:"国朝冯灏(字孔素,号约斋,大学士冯溥弟,岁贡生)《益都志续》一卷、《冯氏世录》一卷(以上俱见《家乘》)。"《益都志续》已不见,当是《康熙益都县志》的续志。《冯氏世录》即是临朐冯氏的"家乘",从冯惟敏开始历代相传而有不断增益。

(三)冯钤《拙逸斋诗稿》二卷、《蕉砚录》六卷

冯钤,字孝明,号丽堂,晚号拙逸老人,冯溥之玄孙。《拙逸斋诗稿》二卷、《蕉砚录》六卷均见《益都县图志·艺文》载:"国朝冯钤(字丽堂,号拙逸老人,增广生,相国溥之裔)《拙逸斋诗稿》二卷、

《蕉砚录》六卷(多纪国初轶事)。"二书均不见他书著录,其中《拙逸斋诗稿》或已亡佚。《蕉砚录》六卷系冯钤稿本,清末民初邱琮玉从中抄录少许。现青州市政协主编的《青州文献》第二辑中据李明吾抄本排印。李明吾《蕉砚录跋》云:"邑先进冯钤……所著《蕉砚录》,闻见所及,笔诸简端,信而有征,堪称良史。无刻本,邑志仅就抄本采登。耳其名久矣,丁巳仲春,偶于姻丈锦方先生处睹此抄本,亟假归而景写,存诸箧衍,以俟世之稽古右文之士,镌诸梨枣,俾广流布,我得博一抄胥之名幸矣。中华民国十八年中秋前三日李明吾跋。"可知,李明吾于丁巳仲春(1917)从锦方先生(丘琮玉)处措抄,民国十八年(1929)才写此跋语。

以上考察冯氏各类著述编撰六十余种,兼考其散佚篇什,而见于方志、家乘之单文孤篇未成集者未作介绍。王士禛《居易录》卷十称"予乡文献旧家,以临朐冯氏为首",为之条列如上,以明王氏之不诬云。

参考文献

一、冯氏著述

冯裕等:《海岱会集》,《四库全书》本;民国山东省立图书馆钞本

冯裕等:《冯氏五先生集》(冯裕《方伯集》、冯惟健《陂门集》、冯惟重《大行集》、冯惟敏《石门集》、冯惟讷《光禄集》),明万历丙申临朐冯氏家刻本

冯惟健:《陂门山人集》,宋氏钞本

冯惟敏:《冯海浮集》,明嘉靖至万历俞宪《盛明百家诗》本

冯惟敏:《海浮山堂诗文稿》,嘉靖四十五年刻本递修本

冯惟敏:《海浮山堂词稿》,上海古籍出版社,1981年

冯惟敏:《梁状元不伏老》,孟称舜编《新镌古今名剧酹江集》,明崇祯刻古今名剧合选本

冯惟敏:《僧尼共犯》,涵芬楼印行《孤本元明杂剧》本

冯惟讷:《古诗纪》,《四库全书》本

冯琦:《宗伯集》,明万历刻本

冯琦:《北海集》,台湾文海出版社1970年影印明万历末云间林氏刻本

冯琦:《经济类编》,《四库全书》本

冯琦:《宋史纪事本末》,《四库全书》本,中华书局,1977年

冯琦:《冯用韫先生书牍》,清乾隆三年程崟刻本

冯瑗:《开原图说》,台湾正中书局影印明万历间刻本

冯溥:《佳山堂集》,清康熙刻本

冯溥:《佳山堂书目》,清道光十二年诸城刘喜海钞本

冯钤:《蕉砚录》,《青州文献》第二辑之《康熙益都县志》附录
冯氏家谱《冯氏世录》,临朐冶源镇车家沟冯氏家藏本
冯氏家谱《冯氏世录》,临朐七贤镇梨花埠冯氏家藏本
冯氏家谱《冯氏世录》,青州冯氏家藏本

二、总集类
宋弼编:《山左明诗钞》,《四库存目丛书》影印清乾隆三十六年李文藻刻本
赵愚轩:《青州明诗钞》,民国稿本;民国琴鹤堂印本
朱彝尊:《明诗综》,《四库全书》本
陈田:《明诗纪事》,上海古籍出版社,1993年
徐世昌:《晚晴簃诗汇》,中华书局,1990年
《续修四库全书总目提要》(稿本),齐鲁书社影印
谢伯阳:《全明散曲》,齐鲁书社,1994年
周维德:《全明诗话》,齐鲁书社,2005年
饶宗颐等:《全明词》,中华书局,2004年

三、明清别集
欧阳德:《欧阳南野文集》,《四库全书存目丛书》影印明嘉靖三十七年刻本
杨一清:《关中奏议》,《四库全书》本
欧大任:《欧虞部集》,《四库禁毁书丛刊》影印清刻本
徐阶:《世经堂集》,《四库全书存目丛书》影印万历间徐氏刻本
蓝田:《蓝侍御集》、《北泉草堂诗集》,《四库全书存目丛书》影印万历十五年蓝思绍刻本
李开先:《李中麓闲居集》,《四库全书存目丛书》影印明刻本
汪道昆:《太函集》,《四库全书存目丛书》影印明万历刻本
许榖:《许太常归田稿》,《四库全书存目丛书》影印明万历十五年吴自新刻本
李先芳:《东岱山房诗录》,《四库全书存目丛书》影印明嘉靖刻本

欧大任:《旅燕稿》,清刻本

李攀龙:《沧溟集》,《四库全书》本

王世贞:《艺苑卮言》,《四库全书》本

王世贞:《弇州四部稿》,《四库全书》本

王世贞:《弇山堂别集》,中华书局,1985年

张四维:《条麓堂集》,《续修四库全书》影印明万历二十三年张泰徵刻本

余继登:《淡然轩集》,《四库全书》本

李维桢:《大泌山房集》,《四库全书存目丛书》影印明万历三十九年刻本

于慎行:《穀城山馆文集》,《四库全书存目丛书》影印明万历于纬刻本

王锡爵:《王文肃公文草》,《四库全书存目丛书》影印明万历王时敏刻本

王家屏:《王文端公尺牍》,《四库全书存目丛书》影印明万历四十年至四十五年刻本

王骥德:《曲律》,陈多、叶长海注,湖南人民出版社,1983年

公鼐:《问次斋稿》,齐鲁书社影印清钞本

公鼐:《浮来先生诗集》,《四库禁毁书丛刊》影印明天启五年刻本

沈一贯:《喙鸣文集》,《续修四库全书》影印明刻本

沈一贯:《敬事草》,明刻本

朱赓:《朱文懿公文集》,《四库全书存目丛书》影印明天启刻本

祁彪佳:《远山堂剧品》,黄裳《远山堂明曲品剧品校录》,上海出版公司,1955年

冯梦祯:《快雪堂集》,《四库全书存目丛书》影印明万历四十四年黄汝亨等刻本

邢侗:《来禽馆集》,《四库全书存目丛书》影印万历四十六年刻本

沈恺:《环溪集》,《四库全书存目丛书》影印明隆庆五年至万历二年沈绍祖刻本

焦竑:《焦氏澹园集》,台湾伟文公司《明代论著丛刊》本

钟羽正:《崇雅堂集》,《四库全书存目丛书》影印清顺治十五年丁耀亢刻本

谭纶:《谭襄敏奏议》,《四库全书》本

袁宗道:《白苏斋类集》,明刻本

钱谦益:《列朝诗集小传》,上海古籍出版社,1983年

朱彝尊:《静志居诗话》,人民文学出版社,1990年

朱彝尊:《曝书亭集》,《四部丛刊》本

王士禛:《渔洋山人文略》,《四库全书存目丛书》影印清康熙刻王渔洋遗书本

孙廷铨:《沚亭删定文集》,《四库全书存目丛书》影印康熙十七年慕天颜刻本

高珩:《栖云阁诗》、《栖云阁文集》,《四库全书存目丛书》影印清乾隆刻本

梁清标:《蕉林诗集》,《四库全书存目丛书》影印清康熙十七年刻本

法若真:《黄山诗留》,《四库全书存目丛书》影印清康熙刻本

魏象枢:《寒松堂全集》,《四库全书存目丛书》影印清康熙刻本

颜光敏:《乐圃集》,《四库全书存目丛书》影印清康熙刻十子诗略本

安致远:《纪成文稿》、《纪成诗稿》,《四库全书存目丛书》影印清康熙刻本

张贞生:《庸书》,《四库全书存目丛书》影印清康熙十八年张世坤张世坊讲学山房刻本

毛际可:《安序堂文钞》,《四库全书存目丛书》影印清康熙刻增修本

丁耀亢:《陆舫诗草》,《四库全书存目丛书》影印清初丁野鹤集八种本

冯如京:《秋水集》,《四库全书存目丛书》影印清乾隆五年清晖堂刻本

叶方霭:《叶文敏公集》,《续修四库全书》影印抄本

陈维崧:《陈检讨四六》,《四库全书》本

陈维崧:《湖海楼诗集》,《清代诗文集汇编》影印乾隆六十年浩然堂刻本

施闰章:《学余堂文集》,《四库全书》本
毛奇龄:《西河集》,《四库全书》本
徐乾学:《憺园集》,清康熙冠山堂刻本
李焕章:《织水斋集》,《四库全书存目丛书》影印清乾隆间抄本
李焕章:《织斋文集》,清光绪刻本
陈廷敬:《亭午文编》,《四库全书》本
宋征舆:《林屋诗稿》,《四库全书存目丛书》影印清钞本
汪懋麟:《百尺梧桐阁集》,《四库全书存目丛书》影印清康熙刻本
潘耒:《遂初堂诗集》,《四库全书存目丛书》影印康熙增刻本
徐乾学:《憺园文集》,《续修四库全书》影印清康熙冠山堂刻本
徐釚:《南州草堂集》,《清代诗文集汇编》影印康熙四十四年刻本
方象瑛:《健松斋集》、《续集》,《四库全书存目丛书》影印清康熙刻本
王嗣槐:《桂山堂文选》,《四库未辑书丛刊》影印康熙青筠阁刻本
宋琬:《安雅堂未刻稿》,《四库全书存目丛书》影印清乾隆三十年刻本
尤侗:《尤太史西堂全集》,《四库禁毁书丛刊》影印清康熙刻本
赵执信:《因园集》,《四库全书》本
赵蔚芝等校:《赵执信全集》,齐鲁书社,1993 年
汪由敦:《松泉集》,《四库全书》本
冯舒:《诗纪匡谬》,《四库全书》本
冯班:《钝吟杂录》,《四库全书》本
张元:《绿筠轩诗》,《四库全书存目丛书》影印清钞本
王苹:《蓼村集》,《四库全书存目丛书》影印清乾隆三十八年刻本
清圣祖玄烨:《圣祖仁皇帝御制文集初集》,《四库全书》本
《碑传集》,周骏富辑《清代传记丛刊》,明文书局本

四、史料、笔记、年谱

张廷玉等:《明史》,中华书局,1974 年
《明实录》,国立北京图书馆红格钞本微卷影印

《明会典》,《四库全书》本
《万历起居注》,北京大学出版社,1988年,
谈迁:《国榷》,中华书局1958年
赵尔巽等:《清史稿》,中华书局,1977年
王钟翰点校:《清史列传》,中华书局,1981年
《清实录》,中华书局,1985年
《清太祖努尔哈赤实录》,上海书店,1989年
李元度:《清朝先正事略》,周骏富辑《清代传记丛刊》,明文书局版
蒋良骐:《东华录》,中华书局,1980年
王先谦:《东华录》,光绪十年长沙王氏刻本
《圣祖仁皇帝圣训》,四库全书本
《康熙起居注》,中华书局,1984年
顾起元:《客坐赘语》,中华书局,1987年
余继登:《典故纪闻》,中华书局,1981年
许学夷:《诗源辩体》,人民文学出版社,1987年
何良俊:《四友斋丛说》,中华书局,1959年
沈德符:《万历野获编》,中华书局,1959年
过庭训:《本朝分省人物考》,《续修四库全书》影印明天启刻本
王士禛:《池北偶谈》,中华书局,1982年
王士禛:《古夫于亭杂录》,中华书局,1988年
王士禛:《香祖笔记》,《四库全书》本
王士禛:《居易录》,《四库全书》本
金埴:《巾箱说》,中华书局,1982年
李斗:《扬州画舫录》,中华书局,1960年
李光地:《榕村语录　榕村续语录》,中华书局,1995年
王培荀:《乡园忆旧录》,《续修四库全书》影印清道光刻本
钮琇:《觚賸》,《续修四库全书》影印清康熙三十九年刻本
陈康祺:《郎潜纪闻初笔二笔三笔》,中华书局,1984年
徐珂:《清稗类钞》,中华书局,1984年
《清人逸事》,上海书店《清朝野史大观》本,1981年

《清代野史》,巴蜀书社,1987年
安致远:《青社遗闻》,广文书局影印民国十六年十笏园石印本
李春光:《清代名人轶事辑览》,中国社会科学出版社,2004年
易宗夔:《新世说》,周骏富辑《清代传记丛刊》,明文书局民国十一年
王蕴章:《然脂余韵》,上海书店出版社《民国诗话丛编》本,2002年
刘禺生:《世载堂杂忆》,中华书局,1960年
秦瀛:《己未词科录》,周骏富辑《清代传记丛书》,明文书局本
何出光:《兰台法鉴录》,《北京图书馆古籍珍本丛刊》本
刘侗、于奕正:《帝京景物略》,北京古籍出版社,1983年
于敏中等:《钦定日下旧闻考》,北京古籍出版社,1983年
法式善:《清秘述闻》,中华书局,1982年
王应奎:《柳南随笔》,中华书局,1983年
胡桂奇:《胡公行实》,国家图书馆藏清钞本
冯惟敏:《(嘉靖)临朐县志》,《天一阁藏明代方志选刊》影印嘉靖间刻本
冯惟讷:《(嘉靖)青州府志》,《天一阁藏明代方志选刊》影印嘉靖间刻本
傅国:《昌国艅艎》,山东省新闻出版局《临朐县旧志续编》,2003年
屠寿征:《(康熙)临朐县志》,康熙间刻本
张敦仁:《临朐编年录》,山东省新闻出版局《临朐县旧志续编》,2003年
姚延福:《(光绪)临朐县志》,光绪十年编民国十六年再版
毛永柏:《(咸丰)青州府志》,咸丰九年刻本
法伟堂等:《(光绪)益都县图志》,光绪间刻本
刘仞千:《(民国)临朐续志》,民国二十四年印本
陆釴:《(嘉靖)山东通志》,《天一阁藏明代方志选刊续编》影印嘉靖刻本
岳濬等:《山东通志》,《四库全书》本
孙葆田等:《(光绪)山东通志》,民国四年至七年山东通志刊印局排印本

郑大进:《(乾隆)正定府志》,乾隆二十七年刻本

郭建章、康如琏:《(康熙)晋州志》,咸丰十年刻本

冯鼎高等:《(乾隆)华亭县志》,《中国方志丛书》影印乾隆五十六年仪松堂刻本

杨开第:《(光绪)华亭县志》,光绪五年刻本

赵时春:《平凉府志》,《中国西北文献丛书》,第41册

周景柱:《(乾隆)蒲州府志》,乾隆二十年刻本

方岳贡等:《(崇祯)松江府志》,书目文献出版社《日本藏中国罕见地方志丛刊》

宋如林、孙星衍:《(嘉庆)松江府志》,嘉庆间松江府明伦堂刻本

陈杰:《(光绪)涞水县志》,光绪二十一年刻本

李培祜等:《(光绪)保定府志》,光绪十二年刻本

潘镕修、沈学渊:《(嘉庆)萧县志》,《中国方志丛书》影印嘉庆十九年刻本

刘溶修、潘宅仁:《(光绪)孝丰县志》,《中国方志丛书》影印清光绪三年刻本

阿克当阿等:《(嘉庆)扬州府志》,清嘉庆十五年刻本

郭子章:《黔记》,《北图藏古籍珍本丛刊》影印明万历刻本

江东之:《万历贵州通志》,《日本藏中国罕见地方志丛刊》,书目文献出版社,1990年

罗文思:《(乾隆)石阡府志》,《故宫珍本丛刊》影印清乾隆三十年刻本

胡德琳:《济阳县志》,乾隆三十年刻本

恩联、王万芳等:《襄阳府志》,光绪十一年刻本

迈柱等:《湖广通志》,《四库全书》本

王居易:《东镇沂山志》,《临朐县旧志续编》

陈崇砥等:《(咸丰)固安县志》,咸丰九年刊本

觉罗石麟等:《山西通志》,《四库全书》本

臧应桐等:《(乾隆)咸阳县志》,乾隆十六年刻本

李亨特、平恕等:《(乾隆)绍兴府志》,乾隆五十七年刻本

张九徵等:《(乾隆)镇江府志》,乾隆十五年增修本
刘良璧:《重修福建台湾府志》,台湾大通书局排印本
高步青、苗毓芳等:《(民国)交河县志》,民国五年本
瑞麟、戴肇辰等:《(光绪)广州府志》,光绪五年刻本
曾曰英等修、李绂等纂:《汀州府志》,乾隆十七年修、同治六年刊本
邢侗编纂、阮自华撰:《东阿于文定公年谱》,山东省图书馆藏明万历手稿本
丁宝铨:《傅青主先生年谱》,《北京图书馆藏珍本年谱丛刊》本
毛奇龄:《易斋冯公年谱》,《北京图书馆藏珍本年谱丛刊》本
尤侗:《悔庵年谱》,《北京图书馆藏珍本年谱丛刊》本
施念曾:《施闰章先生年谱》,《北京图书馆藏珍本年谱丛刊》本
杨谦:《朱竹垞先生年谱》,《北京图书馆藏珍本年谱丛刊》本
缪之镕:《文贞公年谱》,《北图藏珍本年谱丛刊》本
王士禛:《池北书目》,清道光十二年刘喜海钞本
晁公武:《郡斋读书志》,《四库全书》本
佚名:《天一阁藏书目录》,《宋元明清书目题跋丛刊》(第四册),中华书局,2006年
王道明:《笠泽堂书目》,《宋元明清书目题跋丛刊》(第五册),中华书局,2006年

五、近人著述及整理

孟森:《明清史论著集刊》,中华书局,1959年
李庆立:《谢榛全集校笺》,江苏古籍出版社,2003年
钱伯城:《袁宏道集笺校》,上海古籍出版社,1981年
任中敏:《散曲概论》,见《散曲丛刊》第十四种,中华书局,1931年
曹立会:《冯惟敏年谱》,青岛出版社,2005年
谢伯阳辑:《冯惟敏全集》,齐鲁书社,2006年版
李春光纂:《清代名人轶事辑览》,中国社科出版社,2004年
王重民:《中国善本书提要》,上海古籍出版社,1982年
王绍曾:《山东文献书目》,齐鲁书社,1993年

后　记

　　屈指算来,我接触临朐冯氏已有十四年了。当年在考虑硕士论文选题时,先师李庆立先生建议我从乡邦文献入手,冯氏世家自然进入了我的视野。在毕业提交的硕士论文中,附录了万余字的《冯氏年表》。2003年考入四川大学读博,在征得导师项楚先生的同意后,继续以临朐冯氏作为研究对象,其中年谱部分作为博士论文的下编,写成约八万字。2010年,我有幸参加齐鲁文化研究中心的《山东文化世家研究书系》丛书,书稿完成后,又对原来的《年谱》进行了扩充,字数也扩展到二十余万字。拙著《临朐冯氏家族文化研究》于2013年出版,因体例所限,许多有价值的资料无法呈现,所以编撰此年谱,以补其未尽之缺憾。

　　今年春,恩师李庆立先生因病仙逝。痛悼之余,想起恩师"人生在世,当有所作为,不能当衣架饭囊"的教诲,更觉岁月不可虚掷,遂利用暑期对旧稿作了细致的修改。今此书杀青,付梓在即,谨以此书告慰先师在天之灵!

　　另外,我的博士导师项楚先生、博士后合作导师杜泽逊先生也一直默默关注着我的成长,谨向两位先生表示感谢!在此也感谢冯惟敏研究专家郑树平先生的一再帮助,本年谱得以利用新近发现的青州本《冯氏世录》,就是郑先生惠赠的照片。还要感谢我的老同学孟川、王兴芹伉俪,总是有求必应地替我搜罗乡邦文献!承葛云波先生不弃,愿意将此书列入人民文学出版社的出版计划,并不厌其烦地帮助修改润饰书稿,付出了艰辛的劳动,在此也向云波先生聊表谢忱!书稿写成后,著名书法家、山东书协副主席黄斌教授赐题书签,在此也表感谢!蒙学院领导青眼,将此书列入学院的出版资助,在此也向文学院的诸位领导致以衷心的感谢!

乙未秋张秉国谨识